गृहदाह

शरतचन्द्र चट्टोपाध्याय

गृहदाह एक ऐसे धन सम्पन्न युवक की असफलता की कहानी है, जो अपने धन के प्रभाव और अपनी मक्कारियों द्वारा पहले तो अपने एक निर्धन मित्र की मंगेतर और उसके पिता को प्रभावित करके उसके साथ विवाह करने का प्रयास करता है। लेकिन जब उसे सफलता नहीं मिलती तो धोखे से उसे उड़ा ले जाता है। पराये शहर में दोनों पति-पत्नी के रूप में रहते हैं। लेकिन इतने प्रयत्न करने पर भी वह उस युवती से वह सब कुछ पाने में सफल नहीं हो पाता, जिसे पाने के लिए उसने मित्रघात किया था।

गृहदाह एक ऐसी अभागिन युवती कीं कहानी भी है, जिसे परिस्थितियों ने पति से दूर कर दिया। दो नावों में सवार युवती भली-भांति जानती है कि न तो उसे उसका पति स्वीकार कर सकता है और न वह अपने पति के धोखेबाज मित्र को ही पति रूप में स्वीकार कर सकेगी।

AF518908

गृहदाह

शरतचन्द्र चट्टोपाध्याय

डायमंड बुक्स

www.diamondbook.in

प्रकाशक: **डायमंड पॉकेट बुक्स (प्रा.) लि.**
X-30 ओखला इंडस्ट्रियल एरिया, फेज-II
नई दिल्ली- 110020
फोन : 011-40712200
ई-मेल : sales@dpb.in
वेबसाइट : www.diamondbook.in
मुद्रक :

Grehadah

By : Sarat Chandra Chattopadhyay

गृहदाह

1

महिम का एक घनिष्ट मित्र था सुरेश। एक साथ एम.ए. पास करने के बाद सुरेश ने मेडिकल कॉलेज में एडमीशन ले लिया। लेकिन महिम अपने पुराने सिटी कॉलेज में ही रह गया।

सुरेश ने रूठे हुए भाव से कहा, महिम, 'मैं बार-बार कह रहा हूं। बी.ए., एमए. करने से कोई लाभ नहीं होगा। अभी भी समय है, तुम्हें भी मेडिकल कॉलेज में भर्ती हो जाना चाहिए।'

महिम ने हंसते हुए कहा, 'हो तो जाना चाहिए, लेकिन खर्च के बारे में भी तो सोचना चाहिए।'

'खर्च भी ऐसा क्या है जो तुम नहीं दे सकते? फिर तुम्हारी छात्रवृत्ति भी तो है।'

महिम हंसकर चुपचाप रह गया।

सुरेश ने अधीर होकर कहा, 'नहीं-नहीं, हंसी नहीं महिम और देर करने से काम नहीं चलेगा। मैं कहे देता हूं। तुम्हें इसी बीच नाम लिखाना पड़ेगा। खर्च-वर्च की बात बाद में देखी जाएगी।' महिम ने कहा, 'अच्छा।'

सुरेश बोला, 'भाई, तुम्हारा कौन सा 'अच्छा' ठीक है, कौन-सा नहीं, मैं तो आज तक भी यह नहीं समझ पाया। लेकिन रास्ते में अभी तुमसे वायदा नहीं करा पाया, क्योंकि मुझे कॉलेज को देर हो रही है। लेकिन कल-परसों तक जो भी हो, इसका कोई किनारा करके ही रहूंगा। कल सवेरे डेरे पर ही रहना, मैं आऊंगा।' कहकर सुरेश तेजी से कॉलेज की ओर चला गया।

लगभग पन्द्रह दिन बीत गए। कहां तो महिम और कहां उसका मेडिकल कॉलेज का एडमीशन। एक दिन दोपहर को बड़ी दौड़-धूप के बाद सुरेश एक गए बीते से वासे में पहुंचा। सीधा ऊपर चला गया। देखा, एक सीलन और अंधेरे से भरे कमरे में फटी चटाइयां डाले छ: -सात लड़के बैठे हैं। अचानक अपने मित्र पर नजर पड़ते ही महिम ने कहा, 'डेरा अचानक ही बदलना पड़ा, इसलिए तुम्हें सूचना नहीं दे पाया। पता कैसे लगाया?'

सुरेश ने उसकी इस बात का उत्तर नहीं दिया। वह धम से चौखट पर बैठ गया और एकदम उनके भोजन की ओर देखने लगा। बहुत ही मोटा चावल, पानी सी पतली न जाने काहे की दाल, साग के डंठलों के साथ कांदे की तरकारी और उसी के पास भुने कोहड़े के दो-एक टुकड़े। दही नहीं, किसी तरह की मिठाई नहीं। किसी के पत्तल पर एक टुकड़ा मछली तक नहीं।

सबके साथ महिम खुशी-खुशी, बहुत ही तृप्ति के साथ यही सब खाने लगा। देखकर सुरेश की आंखें गीली हो आई। मुंह फेरकर किसी प्रकार उसने अपने आंसू पोंछे और उठ खड़ा हुआ। सामान्य सी बात पर सुरेश की आंखों में आंसू आ जाते हैं।

भोजन कर चुकने के बाद जब महिम ने उसे ले जाकर अपने साधारण से बिस्तर पर बिठाया तो रुंधे स्वर में सुरेश बोला, 'तुम्हारी ज्यादती बार-बार सहन नहीं होती महिम।'

'कैसी ज्यादती?' महिम ने उसकी ओर देखकर कहा।

सुरेश ने कहा, 'मतलब यह है कि शहर में ऐसा भद्दा मकान भी हो सकता है, कोई आदमी इतना बुरा भोजन भी कर सकता है, अगर आंखों से न देखता तो विश्वास न कर पाता। खैर, जो भी हो, इस स्थान की तुम्हें खोज ही कैसे मिली और तुम्हारा वह पिछला डेरा चाहे जितना बुरा क्यों न हो, इससे तुलना नहीं की जा सकती। उसे तुमने क्यों छोड़ दिया?'

मित्र के स्नेह ने मित्र के हृदय पर चोट पहुंचाई। महिम अपनी दृढ़ता और गम्भीरता को बनाए न रख सका। आर्द्र स्वर में बोला, 'सुरेश, तुमने मेरा गांव वाला घर नहीं देखा। वरना समझ जाते कि यहां मुझे जरा सी भी तकलीफ नहीं हो सकती। रही भोजन की बात, सो भले घर के और लड़के जो भोजन मजे में खा सकते हैं, उसे मैं क्यों न खा सकूंगा?'

सुरेश व्यग्र हो उठा, 'इसमें क्यों की बात नहीं है। संसार में भली बुरी वस्तुएं निःसंदेह हैं। भली-भली लगती हैं और बुरी-बुरी ही लगेंगी। इसमें संदेह क्या है। लेकिन मैं यह जानना चाहता हूं, तुम्हें इतना कष्ट सहने की आवश्यकता क्या है?'

महिम चुपचाप हंसता रहा, बोला नहीं।

सुरेश बोला, 'तुम्हारी आवश्यकता तुम्हारी रहे, मुझे जानने की आवश्यकता नहीं। लेकिन मेरी आवश्यकता है, तुम्हें यहां से बचा ले जाना। मैं यदि तुम्हें यहां छोड़कर जाऊं तो मुझे नींद नहीं आएगी। खाना नहीं रुचेगा। मैं तुम्हारा सारा सामान उठाकर अपने घर ले चला। यहां के नौकर से कहो, एक गाड़ी बुला दे।' इतना कहकर सुरेश ने जबर्दस्ती महिम को उठाया और खुद उसका बिछौना समेटने लगा।

महिम ने रोकथाम में उछल-कूद नहीं की। शांत गम्भीर स्वर में बोला, 'पागलपन मत करो सुरेश।'

नजर उठाकर सुरेश ने कहा, 'पागलपन कैसा? तुम नहीं जाओगे?'

'नहीं।'

'क्यों नहीं जाओगे? मैं क्या तुम्हारा कोई नहीं? मेरे घर जाने से क्या तुम्हारा अपमान होगा?'

'नहीं।'

'फिर?'

महिम बोला, 'तुम मेरे मित्र हो सुरेश। ऐसा मित्र मेरा और कोई नहीं है। संसार में कितनों के हैं, यह भी नहीं जानता। इतने दिनों के बाद जरा से आराम के लिए मैं ऐसी चीज खो बैठे, तुम मुझे इतना बड़ा नादान समझते हो?'

सुरेश बोला, 'मित्रता तुम्हारी अकेले की तो नहीं महिम, उसमें मेरा भी तो एक भाग है। यदि वह खो जाए तो कितनी बड़ी हानि होगी। यह समझने का विवेक मुझमें नहीं! मैं क्या इतना मूर्ख हूं? फिर इतना सतर्क, सावधान, इतना हिसाब-किताब रखकर न चलने से अगर वह नहीं रह सके, तो क्यों न चली जाए महिम? ऐसा क्या उसका मूल्य जिसके लिए अपने आराम की उपेक्षा करनी होगी।'

महिम ने कहा, 'नहीं, अब हार गया। लेकिन एक बात निश्चित समझो सुरेश, तुम्हारा विचार है कि मैं शौकिया दुःख झेल रहा हूं, यह सही नहीं है।'

सुरेश बोला, 'न सही। मैं कारण भी नहीं जानना चाहता। लेकिन अगर रुपये बचाना तुम्हारी नीयत है, तो मेरे घर चलकर रहो। इसमें तो तुम्हारे इरादे को कोई हानि नहीं पहुंचेगी।'

महिम ने गर्दन हिलाकर कहा, 'अभी छोड़ो सुरेश। सच ही अगर कष्ट होगा तो तुम्हें बताऊंगा।'

सुरेश को मालूम था कि महिम को उसके संकल्प से डिगाना असम्भव है। उसने जिद नहीं की और एक प्रकार से नाराज होकर ही चला गया। लेकिन मित्र के रहने-खाने का यह हाल देखकर उसके हृदय में सुइयां-सी चुभती रही।

सुरेश धन सम्पन्न पिता का बेटा था। और महिम को अकपट स्नेह करता था। उसकी हार्दिक अभिलाषा थी कि किसी तरह मित्र के काम आए। लेकिन वह महिम को सहायता लेने को कभी भी राजी नहीं कर सका। आज भी नहीं कर पाया।

2

पांच वर्ष बाद दोनों में बातचीत हो रही थी।

'तुम पर मुझे कितनी श्रद्धा थी मैं कह नहीं सकता महिम।'

'कहने को मैं तुम्हें विवश तो नहीं कर रहा हूं सुरेश।'

'यह श्रद्धा शायद अब रहने की नहीं?'

'नहीं, तुम्हारा बड़े से बड़ा शत्रु भी तुम पर यह आरोप नहीं लगा सकता। और क्योंकि शत्रु नहीं लगा सकता इसलिए मित्र भी नहीं लगा सके। दर्शनशास्त्र का ऐसा नियम तो है नहीं।'

'लेकिन अन्त में एक ब्रह्म लड़की के पाले पड़ ही गए? है क्या उसमें? सूखी लकड़ी सा चेहरा, किताबें रटते-रटते शरीर में एक बूंद रक्त का नाम नहीं। जरा सा ठेल दो तो भय से आधी देह अलग न हो जाए। आवाज ची-ची जैसी, सुनने में घृणा हो आती है।'

'अवश्य ही आती है।'

'सुनो महिम, मजाक अपने देहाती लोगों से करो, जिन्होंने कभी बाह्य लड़की नहीं देखी। जो सुनकर ही दंग रह जाते हैं कि लड़की होकर अंग्रेजी में पता लिख सकती है। जिसके गुजरने पर लोग सम्मान से दूर खड़े हो जाते हैं। आश्चर्य से अवाक् अपने उन ग्रामवासियों को करो जो देवी-देवता समझकर इनके आगे सिर झुकाते हैं। लेकिन हम लोगों का घर तो गांव में नहीं है। हमारी आंखों में तो आसानी से धूल नहीं झोंकी जा सकती।'

'मैं शपथपूर्वक कहता हूं सुरेश, तुम्हारे शहर वालों को ठगने का अपना कोई इरादा नहीं है। मैं उन्हें लेकर गांव में ही रहूंगा। इसमें तो तुम्हें कोई आपत्ति नहीं?'

सुरेश ने क्रुद्ध होकर कहा, 'नहीं है? सौ, हजार, लाख, करोड़ों आपत्तियां हैं। सारे संसार के पूज्य हिन्दू संतान होकर तुम क्या एक नारी के मोह में अपनी जाति गंवा दोगे? मोह। एक बार

उसके जूते मोजे उतार कर अपनी गृह लक्ष्मियों की पोशाक पहनाकर देखो तो सही। मोह नष्ट होता है या नहीं। है क्या उसमें? वह क्या करती है? अगर सिलाई-बुनाई की तुम्हें जरूरत है, तो कलकत्ते में दर्जियों की क्या कमी, किसी पत्र पर पता लिखाने के लिए तो तुम्हें ब्रह्म लड़की की शरण लेनी नहीं है, समय-असमय कूट पीसकर तुम्हें दो मुट्ठी खिला भी सकेगी? बीमार होने पर सेवा करेगी? इसकी शिक्षा मिली है उसे? ईश्वर न करे अगर ऐसे आड़े समय में वह तुम्हें छोड़कर चली न जाए तो सुरेश के बदले जो भी जी चाहे उसी नाम से पुकारना। बुरा नहीं मानूंगा।'

महिम चुप रहा। सुरेश फिर कहने लगा, 'महिम, तुम तो जानते ही हो कि मैं तुम्हारे अमंगल की कल्पना भी नहीं कर सकता। भूल कर भी नहीं। मैंने बहुतेरी ब्रह्म महिलाएं देखी हैं। दो-एक अच्छी नहीं देखी, ऐसी बात नहीं। लेकिन हिन्दू महिलाओं से उनकी तुलना नहीं हो सकती। विवाह करने की इच्छा थी तो मुझसे क्यों नहीं कहा? खैर, जो हुआ, सो हुआ, अब तुम्हें कहीं जाने की जरूरत नहीं, मैं वचन देता हूं कि महीने भर के अन्दर तुम्हारे लिए ऐसी लड़की खोज दूंगा कि जीवन में कभी दुःख नहीं उठाना पड़ेगा। अगर ऐसा न कर सकूं तो जो चाहे सो करना। इसी के पैरों पर सिर पीटना, मैं कुछ न बोलूंगा। लेकिन एक महीना धैर्य रख कर अपनी अब तक की मित्रता की मर्यादा तुम्हें रखनी ही होगी। रखोगे न?'

महिम पूर्ववत मौन रहा। लेकिन उसका मित्र उसके कल्याण के लिए कितना व्याकुल हो उठा है, यह पूरी तरह समझ गया।

सुरेश बोला, 'जरा सोचकर देखो तो सही। तुमने जब ब्रह्म मन्दिर में आना जाना आरम्भ किया था, तो मैंने मना नहीं किया था। इतने बड़े कलकत्ता शहर में तुम्हारे लिए कोई हिन्दू मन्दिर था ही नहीं जो इस कपट की आवश्यकता पड़ी? मुझे तभी संदेह हुआ था किसी न किसी विडम्बना में जरूर जकड़े जाओगे।'

महिम-जरा हंस कर बोला, 'सो समझा होगा। लेकिन मैंने तो ऐसा नहीं समझा था कि मेरे जाने में कोई कपट था। लेकिन एक बात पूछूं। तुम तो भगवान तक को नहीं मानते फिर हिन्दुओं के देवी- देवताओं को मानोगे? मैं ब्रह्म मन्दिर में जाऊं या हिन्दू मन्दिर में, इससे तुम्हारा क्या आता जाता है?'

सुरेश ने जोश में कहा, 'जो नहीं है, उसे मैं नहीं मानता। भगवान नहीं है। देवी-देवता झूठी बात हैं। लेकिन जो है उससे तो इनकार नहीं करता। समाज के प्रति मेरे मन में श्रद्धा है। आदमी की क्या करता हूं। मैं जानता हूं कि मनुष्य की सेवा ही मानव जन्म की सार्थकता है। हिन्दू परिवार में पैदा हुआ हूं, तो हिन्दू समाज की रक्षा करना भी मेरा काम है। मैं मरते दम तक तुम्हें ब्रह्म घर में विवाह करके उसकी संख्या नहीं बढ़ने दूंगा। तुमने क्या वचन दिया है कि केदार मुखर्जी की बेटी से विवाह करोगे?'

'नहीं, जिसे वचन देना कहते हैं, वह अभी नहीं दिया है।'

'नहीं दिया न, ठीक है। तो फिर चुपचाप बैठे रहो। मैं इसी महीने में तुम्हारा विवाह कराऊंगा।'

'मैं विवाह करने के लिए पागल हो गया हूं, यह किसने कहा तुमसे? तुम भी बैठो जाकर। और कहीं विवाह करना मेरे लिए असम्भव है।'

'क्या, असम्भव क्या है? किया क्या है, उससे प्रेम करने लगे हो?'

'इसमें आश्चर्य की क्या बात है। लेकिन इस भद्र महिला के बारे में सम्मान से बात करो सुरेश।'

'सम्मान के साथ बोलना मुझे आता है। सिखाना नहीं पड़ेगा। मैं पूछ सकता हूं कि उस भद्र महिला की उम्र क्या होगी?'

'नहीं जानता।'

'नहीं जानते? बीस, पच्चीस, तीस, चालीस या और भी अधिक? कुछ नहीं जानते?'

'नहीं।'

'तुमसे छोटी है या बड़ी, शायद यह भी नहीं जानते?'

'नहीं।'

'जब उन्होंने तुम को फन्दे में फंसाया है, तो नन्हीं-नादान तो है नहीं। ऐसा सोचना असंगत न होगा। क्या खयाल है?'

'नहीं, तुम्हारे लिए कोई असंगत नहीं। लेकिन मुझे कुछ काम है सुरेश, मैं जरा बाहर जाना चाहता हूं।'

सुरेश ने कहा, 'ठीक है। मुझे भी कोई काम नहीं है महिम? चलो। तुम्हारे साथ जरा घूम आएं।'

दोनों मित्र निकल पड़े। कुछ देर चुपचाप चलते रहने के बाद सुरेश ने धीरे-धीरे कहा, 'आज इच्छा करके ही मैंने तुम्हें बाधा दी है। शायद समझते हो, कहने की जरूरत नहीं।'

'बिना समझाए ही समझ सका तो आशा है समझाना नहीं होगा।' महिम ने हंसकर कहा।

उसका एक हाथ सुरेश के हाथ में था। सुरेश ने गीले मन से उसे जरा दबाकर कहा, 'नहीं महिम, तुम्हें समझाना नहीं चाहता। संसार में और सब मुझे गलत समझ सकते हैं, लेकिन तुम नहीं समझोगे। फिर भी आज मैं बता देना चाहता हूं कि मैंने तुम्हें जितना प्यार किया है, तुमने मुझे उसका आधा भी नहीं किया। तुम परवाह करो या न करो लेकिन मैं तुम्हारा जरा सा भी दुःख सहन नहीं कर सकता। बचपन में इसी बात पर हमारी कितनी लड़ाई हुई है, सोच देखो। इतने दिनों के बाद जिसके लिए तुम मुझे भी छोड़ रहे हो महिम। अगर मैं निश्चित रूप से जानता कि उन्हें पाकर तुम जीवन सुख से बिता सकोगे, तो सारा दुःख हंसकर सह लेता, कभी एक शब्द भी न कहता।'

महिम बोला, 'उनको पाकर सुखी शायद न हो सकूं, लेकिन तुम्हें छोड़ दूंगा यह कैसे जाना?'

'तुम छोड़ो न छोड़ो, मैं तुम्हें छोड़ दूंगा।'

'लेकिन क्यों? मैं तुम्हारा ब्रह्म मित्र भी तो हो सकता हूं।'

'नहीं, हर्गिज नहीं। ब्रह्म को मैं फूटी आंखों भी नहीं देख सकता। मेरा एक भी मित्र ब्रह्म नहीं है।'

'उन्हें देख क्या नहीं सकते?'

'अनेक कारण हैं। एक दिन जो हमारे समाज को बुरा बता कर उसे छोड़ गए हैं, उन्हें अच्छा मानकर निकट नहीं ला सकता। तुम्हें तो पता है कि अपने समाज के लिए मेरे मन में कितनी मोह ममता है। उसी समाज को जो देश और विदेश के सामने अपमानित करना चाहता है, बुरा सिद्ध करना चाहता है, उसकी अच्छाई उसके पास रहे, वह मेरा शत्रु है।'

महिम मन ही मन असहिष्णु होता जा रहा था। बोला, 'अच्छा अब क्या करने को कहते हो तुम?'

सुरेश, 'वही जो आरम्भ से निरन्तर कहता चला आ रहा हूं।'

'खैर, एक बार फिर कहो।'

'जैसे भी बने, उस युवती का मोह तुम्हें छोड़ना ही पड़ेगा। कम से कम एक महीना तुम उससे मिल न पाओगे।'

'अगर फिर भी न छूटे तो? यदि मोह से भी बड़ा कुछ हो तो?'

सुरेश ने कुछ देर सोचकर कहा, 'वह सब मैं नहीं जानता महिम। मैं बस इतना जानता हूं कि मैं तुम्हें प्यार करता हूं और तुमसे भी अधिक प्यार करता हूं अपने समाज को। सोचो, बचपन में तुम्हें चेचक हुई थी, और नाव डूब जाने पर हम मुंगेर में गंगा में डूब रहे थे। मैंने ही दोनों बार बचाया था तुम्हें। भूली बात याद दिलाई इसके लिए मुझे क्षमा करना महिम। मुझे और कुछ नहीं कहना, मैं चला।' और अचानक मुड़कर वह तेजी से चला गया।

3

सुरेश के शरीर में एक ओर जितनी शक्ति थी दूसरी ओर उतना ही कोमल था उसका मन। उतना ही स्नेहशील। जाने-अनजाने किसी के भी दुःख-कष्ट की बात सुनकर उसे रोना आ जाता। बचपन में यह एक मच्छर मक्खी तक नहीं मार सकता था। जैनियों की देखा-देखी कितनी बार जेब में चीनी सूजी लिए स्कूल में क्लास से गैरहाजिर रहकर पेड़ों तले घूम-घूम कर चींटियों को खिलाया करता था। मछली, मांस खान उसने कितनी बार छोड़ा-पकड़ा इसका हिसाब नहीं। जिसे चाहता, उसके लिए कैसे क्या करे सोच नहीं पाता। स्कूल में अपनी क्लास में महिम सबसे अच्छा लड़का था। लेकिन बदन पर फटे-पुराने कपड़े। पैरों में फटे-पुराने जूते, दुबला शरीर और चेहरा-यही सब देख सुनकर सुरेश उसकी ओर आकर्षित हुआ था और थोड़े ही दिनों में दोनों का यह आकर्षण बाढ़ के पानी की तरह इतना बढ़ गया था कि विद्यालय भर के लड़कों की चर्चा का विषय बन गया था। महिम को छात्रवृत्ति मिलती थी। उन्हीं चार रुपयों के भरोसे वह कलकत्ता आया था और गांव के एक मोदी की दुकान में रहकर भर्ती हुआ। तभी से सुरेश ने उसे अपने घर लाने की हर सम्भव कोशिश की लेकिन किसी भी मूल्य पर उसे राजी नहीं कर सका। वह वहीं रहा। कभी भूखा और कभी आधा पेट भरकर उसने एन्ट्रेंस पास की।

उस दिन से सप्ताह भर महिम से भेंट नहीं हो सकी। सुरेश उसके डेरे पर पहुंचा, किसी त्योहार के कारण स्कूल-कॉलेज बन्द थे। वहां जाने पर पता चला, महिम सुबह ही जो निकला है, सो अभी तक लौटा नहीं। सुरेश को सन्देह नहीं रहा कि वह छुट्टी का दिन बिताने पटल डांगा के केदार मुखर्जी के घर ही गया है।

जो निर्लज्ज मित्र आशैशव मित्रता की सारी मर्यादा को एक सामान्य स्त्री के मोह के कारण विसर्जित करके सात दिन भी धीरज नहीं रख सका, पलक झपकते दौड़ा चला गया, उसके विरुद्ध विद्वेष की आग अचानक उसके अन्तर में धधक उठी। उसने तनिक देर भी विचार नहीं किया। गाड़ी पर जा बैठा और कोचवान को सीधे पटल डांगा चलने को कहा।

मन ही मन कहने लगा, 'अरे निर्लज्ज, अकृतघ्न, अपना जो प्राण इस स्त्री को सौंपकर तू धन्य हो गया है, तेरा वह प्राण रहता कहां? अपने प्राणों की चिन्ता न करके जिसने तेरे प्राणों को दो-दो बार बचाया, क्या उसका रत्ती भर भी सम्मान नहीं रखना चाहिए था?'

केदार मुखर्जी के घर वाली गली सुरेश को मालूम थी। थोड़ी-सी पूछताछ के बाद ही गाड़ी ठीक स्थान पर पहुंच गई। उतरकर सुरेश ने धीरे से पूछा और सीधे ऊपर की बैठक में जा पहुंचा। फर्श पर बिछी दरी पर तकिए के सहारे लेटे एक बूढ़े से सज्जन अखबार पढ़ रहे थे। उन्होंने उसकी ओर ताका। नमस्कार करके सुरेश ने अपना परिचय दिया, 'मेरा नाम सुरेश बन्धोपाध्याय है। मैं महिम का बचपन का साथी हूं।'

बूढ़े ने नमस्कार का उत्तर दिया। चश्मे को उतार कर रखते हुए बोले, 'बैठिए।' सुरेश बैठ गया। फिर बोला, 'महिम के डेरे पर गया तो पता चला वह यहां है, सो सोचा इसी बहाने आपसे भी परिचय हो जाए।'

बूढ़े ने कहा, 'मेरा परम सौभाग्य, आप पधारे। लेकिन महिम तो दस-बारह दिन से इधर नहीं आए। आज सुबह हम लोग सोच रहे थे। जाने किस हालत में हैं वे।'

सुरेश मन ही मन जरा चकित होकर बोला, 'लेकिन उनके डेरे पर तो बताया।'

बूढ़े ने कहा, 'और कहीं गए हो शायद। खैर, सब कुशल है, सुनकर राहत मिली।'

आते-जाते राह में सुरेश ने जो उद्धत संकल्प किया था, बूढ़े के सामने पहुंचते ही उसे पकड़े न रह सका। उसके शान्त चेहरे की मृदु बातों ने उसके मन की आंच शीतल कर दी। फिर भी वह अपने कर्त्तव्य को नहीं भूला। मन ही मन यह कहकर अपने आपको उत्तेजित करने लगा कि ये कितने भी भले क्यों न हों, है तो ब्रह्म ही, इसलिए इसका सारा शिष्टाचार बनावटी है। ये अबोधों को इसी तरह फुसलाकर अपना उल्लू सीधा करते हैं। इन शिकारियों के सामने हथियार डालकर काम नहीं चल सकता। जैसे भी हो इनके जबड़ों में से अपने मित्र को निकालना ही पड़ेगा। बोला, 'महिम मेरा बचपन का मित्र है। ऐसा दूसरा मेरा मित्र नहीं है। अगर अनुमति हो तो उसके संबंध में आपसे दो एक बात कहूं?'

बूढ़े ने हंसकर कहा, 'बड़ी खुशी से। मैंने उनसे आपका नाम सुना है।'

सुरश न पूछा, 'माहम स आपका बटा का शादा तय हा गइ ह?'

'तय ही समझिए।'

सुरेश ने कहा, 'लेकिन महिम तो ब्रह्म समाजी नहीं, फिर भी विवाह करेंगे आप?'

बूढ़े चुप ही रहे। सुरेश ने कहा, 'खैर, यह बात अभी छोड़िए। लेकिन उसकी अवस्था कैसी है। पत्नी के भरण-पोषण की शक्ति है या नहीं। गांव में विरोधी हिन्दू समाज के बीच कच्चे घर में आपकी लड़की रह सकेगी या नहीं और कहीं न रह सके तो महिम क्या करेगा? यह सब सोच देखा है आपने?'

बूढ़े केदार मुखर्जी उठकर बैठ गए। बोले, 'नहीं तो। मैंने तो यह सब सुना नहीं। महिम ने कभी भी यह सब नहीं बताया?'

सुरेश बोला, 'लेकिन मैंने सब सोचा है। महिम से कहा है। और उसी अप्रिय प्रसंग पर बात करने आपके पास आया हूं आज। अपनी लड़की के बारे में आप सोचें। मेरे परम मित्र जो इतनी बड़ी जिम्मेदारी कंधे पर उठाकर इतने बड़े भार से हमेशा अधमरे से रहेंगे, यह मैं कभी नहीं होने दूंगा।' केदार बाबू का चेहरा सफेद पड़ गया। बोले, 'आप यह क्या कह रहे हैं सुरेश बाबू।'

'पिताजी.... ' अचानक सत्रह-अठारह वर्ष की एक लड़की ने कमरे में आकर कहा। लेकिन पिता के पास किसी अनजाने नौजवान को बैठा देख धक से रह गई।

'कौन अचला? आओ बिटिया, बैठो। शर्म कैसी, ये अपने महिम के गहरे मित्र हैं।'

लड़की ने हाथ उठाकर सुरेश को नमस्ते की। सुरेश ने देखा, चमकता सांवला रंग, छरहरा बदन, गाल, ठोड़ी माथा, चेहरे की बनावट बहुत ही सुन्दर और सुकुमार। आंखों में स्थिर बुद्धि की आभा। नमस्ते करके पास ही बैठ गई। सुरेश मुग्ध हो गया।

पिता ने कहा, 'महिम के बारे में सुना तुमने? हम सोच रहे थे कि वह क्यों नहीं आता। सुन लो। ये परम बन्धु हैं उनके। तभी तो ये आए। नहीं तो क्या होता। कहो तो? किसे पता था कि वह ऐसा विश्वासघाती है। इतना बड़ा मक्कार। गांव में बस उसका एक घर है। तुम्हें खिलाएगा क्या। उसका तो खुद का ही खाने-कपड़े का ठिकाना नहीं, ओह, कितना खतरनाक। ऐसे आदमी के मन में भी इतना जहर?'

अचला का चेहरा पीला पड़ गया। लेकिन जैसे किसी ने सुरेश के मुंह पर भी कालिख पोत दी। वह उस लड़की की ओर देखता हुआ काठ के पुतले की तरह अवाक् बैठा रह।

4

सुरेश को लगा, उसका निष्ठुर सत्य अचला के कलेजे में गहरा जा बिंधा है। लेकिन पिता ने इस ओर ध्यान ही नहीं दिया। बल्कि बेटी की ओर इशारा करके कहने लगे, 'सुरेश बाबू! आप सच्चे मित्र का कर्त्तव्य पालन करने आए हैं। कठोर है, अप्रिय है, लेकिन सच्चा प्रेम यही है। मां जब बच्चे को खाना नहीं देती तो क्या उसे निष्ठुर नहीं लगती, महिम हम पर इतना भयंकर

अत्याचार कर सकत ह, यह हमन सपन म भा नहा साचा था। दा वष हुए उनका बातचात, व्यवहार से मुग्ध होकर मैंने स्वयं ही घर बुला कर अचला से उसका परिचय कराया था। उसका यही बदला। उफ इतनी बड़ी प्रवंचना मैंने जीवन में नहीं देखी।' कहते-कहते आवेश से केदार बाबू उठ खड़े हुए और कमरे में चक्कर लगाने लगे। सुरेश और अचला सिर झुकाए चुप बैठे रहे।

सहसा केदार बाबू ठिठककर बोल उठे, 'नहीं बिटिया, यह नहीं होने का, हर्गिज नहीं। सुरेश बाबू कर्त्तव्य को ही प्रमुखता देकर मित्र का काम करने आए हैं। इसी तरह मैं भी कर्त्तव्य को ही सामने रखकर पिता का काम करूंगा। अचला से महिम का सम्बन्ध जितना आगे बढ़ गया है, ऐसे में बिना सबूत के अगर उसके लिए घर का दरवाजा बन्द कर दें तो ठीक नहीं होगा। इसीलिए एक बार सबूत चाहिए। आप यह न सोचे सुरेश बाबू कि आपकी बात पर विश्वास नहीं किया। लेकिन वह भी अपना कर्त्तव्य है। क्यों बिटिया, सबूत लेना ठीक है या नहीं?'

दोनों चुप बैठे रहे। उचित, अनुचित कोई किसी राय ने प्रगट नहीं की। जरा देर रुक कर केदार बाबू बोले, 'लेकिन सबूत का भार आप पर रहा सुरेश बाबू। महिम की आर्थिक स्थिति की बात तो दूर उसका घर किस गांव में है, हम यह तक नहीं जानते।'

बैरे ने सूचना दी, 'नीचे विकास बाबू खड़े हैं।'

सुनकर केदार बाबू सूख से गए। बोले, 'आज तो उनके आने की बात थी नहीं। अच्छा, कहो उनसे, मैं आ रहा हूं।' फिर पलट कर सुरेश से बोले, 'मुझे पांच मिनट के लिए क्षमा करना होगा सुरेश बाबू, मैं इस आदमी को विदा करके आऊं। आ गया है तो मिले बिना नहीं जाएगा। अचला बेटी, सुरेश बाबू को अपना परम हितैषी समझो। जो जानना चाहो, इनसे जान लो। मैं अभी आया।' कहकर नीचे उतर गए।

एक-दूसरे को देखकर दोनों ने सिर झुका लिया। जरा देर चुप रह कर सुरेश ने धीरे से कहा, 'मैं महिम का बचपन का साथी हूं। लेकिन उसके व्यवहार से मेरा सिर नीचा हो गया है।' अचला ने धीरे से कहा, 'इसके लिए आपके लज्जित-होने का कोई कारण नहीं है।'

सुरेश बोला, 'कहती क्या हैं आप? उसकी इस मक्कारी से, ऐसे पाखंड भरे व्यवहार से मित्र के नाते मैं लज्जित न होऊं तो कौन होगा? कहिए, लेकिन यह बात मुझे तभी सोचनी चाहिए थी कि जब उसने मुझसे आरम्भ से अन्त तक छिपाया है तो इसके अन्दर जरूर गड़बड़ है।।'

अचला ने कहा, 'वास्तव में हम ब्रह्म समाजी हैं। और आप इस समाज के किसी भी व्यक्ति से कोई सम्पर्क रखना नहीं चाहते। शायद इसीलिए उन्होंने आपसे चर्चा नहीं की होगी।'

सुरेश को बात अच्छी नहीं लगी। अचला उसी के सामने महिम के दोष को मिटाने की कोशिश करेगी, यह उसने सोचा भी न था। सूखे कंठ से बोला, 'यह बात आपने महिम से सुनी होगी शायद।'

अचला ने सिर हिलाकर कहा, 'जी हां, उन्होंने ही कहा था।'

सुरेश ने कहा, 'देखता हूं मेरे दोष को देखना वह भूला नहीं।'

अचला न फाका हसा हसकर कहा, 'इसम दाष का क्या बात ह? हर व्याक्त का प्रवृात्त एक जैसी नहीं होती। जो लोग आपसे नाता तोड़कर चले गए अगर वे आपको अच्छे न लगें तो इसमें मैं कोई दोष नहीं मानती।'

यह बात सुरेश के मन के योग्य थी। और कहीं सुनकर वह शायद उछल पड़ता लेकिन इस मितभाषिणी ब्रह्म युवती के मुंह से ब्रह्म समाज के प्रति अपनी वितृष्णा की बात सुन कर उसे रत्ती भर भी आनन्द नहीं हुआ।

सुरेश कुढ़कर बोला, 'आप लोगों से मुझे सामाजिक चिढ़ है या नहीं यह चर्चा महिम करे, लेकिन इस पर मुझे जरा भी विद्वेष नहीं है। इस बात पर मुझसे सुनकर भी अविश्वास न करें। फिर भी शायद मैं उसकी दुनियादारी की बात करने यहां न आता, अगर वह मुझसे सच्ची बात न छिपाता।'

सुरेश के मुंह पर नजरें टिकाकर अचला बोली, 'लेकिन वह झूठ नहीं बोलते।'

सुरेश अबकी बार वास्तव में आश्चर्य से हतबुद्धि हो गया। एक औरत के मुंह से ऐसा शान्त लेकिन दृढ़ प्रतिवाद भी निकल सकता है, वह कुछ पल सोच ही नहीं पाया। उसने जीवन में संयम सीखा ही नहीं था। इसलिए दूसरे ही पल रुखे स्वर में बोल उठा, 'क्षमा करें, वह मेरा बाल्य बंधु है। मैं उसे आपसे कम नहीं जानता। अपने आपको फंसा कर इंकार कर देने को मैं स्पष्टवादिता नहीं कह सकता।'

अचला ने कहा, 'उन्होंने तो अपने को यहां आबद्ध किया नहीं है।'

सुरेश ने कहा, 'आपके पिताजी ने तो यही कहा है। इसके सिवा अपनी गई बीती हालत को आप लोगों से छिपाने की भी सत्यप्रियता नहीं कहा जा सकता। बाल-बच्चों के भरण-पोषण की असमर्थताओं को आप से तो खोलकर कहना चाहिए था।'

अचला चुप रही। सुरेश बोला, 'आप जो उसकी मूल को ढकने की इतनी कोशिश कर रही हैं, आप ही बताइए, भला सारी बातें अगर पहले ही मालूम हो जातीं तो क्या आप उसे स्वीकार कर लेती?'

अचला ने कोई उत्तर नहीं दिया। सुरेश और अधिक उत्तेजित होकर कहने लगा, 'उसने मेरे सामने स्पष्ट स्वीकार किया है कि कलकत्ते में आपको रखने की उसमें न सामर्थ्य है और न इरादा। अपने उस छोटे से गांव में नितान्त विरोधी हिन्दू समाज में एक कच्चे घर में आपको ले जाकर रखेगा, क्या यह बात उसे आपको बता नहीं देनी चाहिए थी? आप इतना दुःख उठाने को तैयार हैं या नहीं, यह पूछना भी उसने आवश्यक नहीं समझा?'

अचला चिन्तित सी सिर झुकाए बैठी रही। उत्तर न मिलने पर सुरेश ने समझ लिया कि उसकी बात ने काम किया है। बोला, 'देखिए, मैं आज केवल अपने मित्र को बचाने का संकल्प लेकर ही आया था। लेकिन यहां आकर देखता हूं कि उसके बजाए आपको बचाना मेरा कहीं बड़ा कर्त्तव्य है। क्योंकि उसकी मुसीबत तो है मोल ली हुई। लेकिन आप अंधेरे में कूद रही हैं। अभी-

अभी आपके पिताजी प्रमाण जुटाने की जिम्मेदारी मुझ पर सौंप रहे थे तो जी में आया था कि इस भार को लेने से इनकार कर दूं। लेकिन अब देखता हूं कि यह भार मुझे लेना ही पड़ेगा। नहीं तो अन्याय होगा।'

अचला बोली, 'लेकिन सुनकर क्या वे दुःखी न होंगे।'

सुरेश बोला, 'लेकिन उपाय नहीं है। जिसने पाखंडी की तरह आप से इतनी प्रवंचना की है, मित्र होते हुए भी उसकी चिन्ता करने की मैं आवश्यकता नहीं समझता। लेकिन मुसीबत तो यह है कि मैं उसके गांव का नाम तक नहीं जानता। किसी तरह अगर आज जान पाया तो सुबह ही वहां जाऊंगा और सारे प्रमाण पिता जी को देकर मित्र के पाप का प्रायश्चित करूंगा।'

अचला ने कहा, 'लेकिन आप इतना कष्ट क्यों उठाएं? पिताजी से कहिए अपने किसी विश्वासी आदमी को भेजकर पता कर लें। चौबीस परगने का राजपुर गांव कौन अधिक दूर है।' सुरेश ने आश्चर्य से कहा, 'राजपुर! गांव का नाम तो आप जानती हैं, और भी कुछ मालूम है?'

अचला ने सहज भाव से कहा, 'आपने जो कुछ कहा मैं वह भी जानती हूं। राजपुर के उत्तर टोले में मिट्टी का एक घर है।'

सुरेश ने पूछा, 'उसकी आर्थिक स्थिति?'

अचला बोली, 'आपने जो कही वही। नाममात्र को जायदाद है। किसी तरह दुःख कष्ट से रोटी भर चल जाती है।'

सुरेश ने कहा, 'देखता हूं, तब तो आप सब कुछ जानती हैं।'

अचला बोली, 'इतना ही जानती हूं। आप तो जानते हैं वे कभी झूठ नहीं बोलते।'

सारा चेहरा स्याह करके सुरेश बोला, 'जब सब कुछ मालूम ही है फिर तो मेरा आना व्यर्थ ही हुआ। देख रहा हूं उसने आपको धोखा देना नहीं चाहा।'

अचला बोली, 'मुझे कुछ-कुछ मालूम है। लेकिन आप तो मुझे बताने को आप नहीं हैं। उन्हें बताने आए जो अभी तक कुछ भी नहीं जानते। आप कहें तो जितना मैं जानती हूं पिताजी को बता दूं?'

सुरेश ने उदास होकर कहा, 'आपकी इच्छा। लेकिन मुझे महिम को सब कुछ बताकर उससे क्षमा याचना करनी होगी। तब मुझे कहीं चैन मिलेगा।'

अचला ने पूछा, 'इसकी आवश्यकता है क्या?'

सुरेश फिर उत्तेजित हो उठा। बोला, 'आवश्यकता नहीं है। अनजाने में मैंने उस पर झूठा आरोप लगाया है, कितना बड़ा अपराध है, क्या आपने यह नहीं समझा? उसे झूठा, मक्कार-कुछ भी कहना नहीं छोड़ा-ये बातें उसके सामने स्वीकार किए बिना प्राण कैसे निकलेंगे?'

अचला कुछ देर चुप रहकर धीरे-धीरे बोली, 'मेरा कहना मानिए सुरेश बाबू, इसकी कोई जरूरत नहीं। मन ही मन क्षमा याचना के बजाए प्रत्यक्ष रूप से क्षमा मांगना ही क्या बड़ी चीज है? सुनकर ही जब उन्हें पीड़ा पहुंचे भी तो बताने से क्या लाभ। मैं तो पिताजी को भी मना कर दूंगी कि आपकी बात उन्हें न बताएं।'

सुरश न कहा, 'अच्छा।' फिर कुछ दर अचला का आर दखत रहन क बाद बाला, 'म एक बात गम्भीरता से नोट करता रहा हूं कि आपकी कोशिश यही रही कि महिम को किसी भी वजह से चोट न पहुंचे। यही सही। मैं उससे कुछ नहीं कहूंगा। उसके विषय में आज मेरे मन में जो बात आई वह भी नहीं कहना चाहता। लेकिन एक बात आपसे कहे बिना हर्गिज नहीं रह सकता।'

अचला ने स्निग्ध दृष्टि से देखकर कहा, 'ठीक है कहिए।'

सुरेश बोला, 'उससे क्षमा याचना नहीं कर पाया, लेकिन आपसे कर रहा हूं। मुझे क्षमा करें।' कहकर उसने हाथ जोड़ दिए।

'छिः छिः यह क्या कर रहे हैं आप', कहकर अचला ने उसके दोनों हाथ पकड़ लिए और फिर झट उन्हें छोड़कर बोली, 'यह कैसा अन्याय है, कहिए तो?' कहते-कहते उसका चेहरा शर्म से तमतमा उठा।

सुरेश के सारे बदन के रोएं खड़े हो गए। इस अनुपम स्पर्श, सलज्ज मुख की अनूठी रक्तिम आभा ने पल भर में उसे बेसुध बना दिया। आंखें झुकाए कुछ पल स्तब्ध रहकर उसे देखते हुए धीरे-धीरे बोला, 'नहीं, मैंने कोई अन्याय नहीं किया। बल्कि अपने हजारों अन्यायों में यदि कोई उचित काम हुआ है, तो वह यही है। आप क्षमा कर दें तो मेरे मन का सारा क्षोभ धुल जाए।'

अचला कातर होकर बोली, 'ऐसा न कहिए। जिन्हें आपने दो बार मौत के मुंह से निकाला है।'

'यह भी सुना है आपने?'

'सुना है। आप से बढ़कर उनका हितैषी है कौन?'

'नहीं, शायद आपके सिवा और कोई नहीं। और इसी से हम दोनों...।'

अचला का चेहरा लाल हो उठा। बोली, 'हां बन्धु हुए। आपने उन्हें मृत्यु के निकट से खींच लिया था, इसलिए उनके लिए आपकी किसी भी बात को मैं अन्याय नहीं मान सकती। आप मन में क्षोभ और लज्जा न रखे। क्षमा शब्द के उच्चारण से अगर आपको सन्तोष हो तो मैं यह कहने के लिए तैयार थी अगर वह मेरी जबान पर न अटकता।'

'खैर, जरूरत नहीं', कहकर सुरेश उठ खड़ा हुआ। 'आपके पिताजी से भेंट नहीं हुई। वे शायद समझ गए। हो सकता है महिम के साथ कभी आ जाऊं।।।'

अचला ने हल्की सी हंसी के साथ कहा, 'नमस्ते। लेकिन उनके साथ ही आना होगा, इसके तो कोई अर्थ नहीं।'

'सच कह रही हैं?'

'सच।'

'मेरा सौभाग्य।' कहकर सुरेश ने फिर एक बार नमस्कार किया और चला गया।

5

बाहर आते ही उसका शरीर इस तरह डगमगाने लगा जैसे वह नशे में हो। तेज धूप हल्की होती जा रही थी। उसने गाड़ी लौटा दी और पैदल ही चल दिया। चाहता था कि कलकत्ते की भीड़ और कोलाहल भरी सड़कों पर स्वयं को डुबोकर स्थिति पर अच्छी तरह विचार कर ले। अचला की शक्ल-सूरत, गढ़न, भाषा, व्यवहार आरम्भ से अन्त तक बार-बार याद आने लगे और वह स्वयं को बहुत ही छोटा अनुभव करने लगा।

उस मुखड़े में सौंदर्य की अलौकिकता नहीं थी। बातों में, व्यवहार में, ज्ञान और विद्या-बुद्धि का कोई अनोखापन भी कहीं नहीं छलका, फिर भी उसे ऐसा महसूस होने लगा कि अभी-अभी वह एक ऐसी आश्चर्यजनक वस्तु देख कर आया है जैसी उसने आज तक कभी कहीं नहीं देखी थीं। चलते-चलते वह बार-बार अपने आप से प्रश्न कर उठता, यह आश्चर्य क्यों? उसने किस बात में इस सीमा तक अभिभूत कर दिया?

उस युवती में उसने कौन-सी ऐसी चीज देखी जिसमें स्वयं को लीन करके सोचते हुए उसका हृदय एक अज्ञात सार्थकता से परिपूर्ण हो उठा है। उस युवती का वास्तविक परिचय अभी तक उसे प्राप्त नहीं हुआ। लेकिन वह बड़ी है, बहुत ऊंची, उसे प्राप्त करना किसी भी पुरुष के लिए दुर्भाग्य नहीं, यह संशय एक बार भी उसके मन में क्यों नहीं उठता? सोचते-सोचते उसकी विचारधारा एक बार ठीक स्थान पर चोट कर बैठी। उसे लगा शिक्षा, ज्ञान, आयु सभी बातों में उससे छोटी होने के बावजूद केवल कुछ क्षणों की बातचीत में उस युवती ने उसे इस प्रकार जो पराजित कर दिया, वह केवल अपने असाधारण संयम की शक्ति से। इसीलिए वह इतनी शान्त होते हुए भी इतनी दृढ़ थी। महिम को वह कितना प्यार करती है, यह जताया जरूर नहीं, लेकिन उसकी अटूट श्रद्धा किसी प्रकार भी टूटी नहीं, यह बात उसने कितनी आसानी से संक्षेप में बता दी।

अनेक रास्तों-गलियों के चक्कर काटकर सुरेश सांझ के बाद घर लौटा। बैठक में कदम रखते ही अवाक् होकर उसने देखा, आंखों पर हथेलियां रखे महिम एक कोच पर पड़ा है। आहट सुनते ही उठ बैठा। बोला, 'आओ भाई।'

'अरे...।' कहकर सुरेश धीरे से एक कुर्सी पर बैठ गया।

महिम कभी-कभी ही आता था। इसलिए जब आता था उसका स्वागत जरा बढ़-चढ़कर होता था। लेकिन आज उसकी बात तक जैसे सुरेश के कान तक नहीं पहुंची। महिम ने हैरान होकर कहा, 'डेरे पर पहुंचा तो पता चला कि तुम गए थे। इसलिए सोचा....।'

'कृपा करके एक बार दर्शन दे आऊं। क्यों? कितने दिनों बाद आए हो, सोच सकते हो?'

महिम ने हंसकर कहा, 'अवश्य, लेकिन क्या करूं, समय ही नहीं मिला।' उसने देखा गैस की रोशनी में सुरेश का चेहरा बहुत सूखा-सा और कठोर दिखाई दे रहा है। उसे प्रसन्न करने के

विचार से स्निग्ध स्वर में बोला, 'तुम्हारा बिगड़ना उचित है, हजार बार स्वीकार करता हूं। लेकिन विश्वास करो, वास्तव में समय नहीं मिलता। आजकल जरा पढ़ाई का दबाव भी बढ़ गया है और फिर सुबह-शाम ट्यूशन....। हां, मेरी खोज में गए थे, कोई विशेष काम था क्या?'

सुरेश ने कहा, 'हूं। आज तुम न आते तो कल सवेरे मुझे फिर जाना पड़ता।'

कारण जानने को महिम उत्सुक हो उठा। काफी देर तक उसके पैरों के जूतों की ओर ताकते रहकर सुरेश बोला, 'इस बीच शायद तुम केदार बाबू के घर भी नहीं गए?'

'नहीं।'

'क्यों नहीं गए? मेरे कारण न? अच्छा, उस वचन से मैं तुम्हें मुक्त किए देता हूं। इच्छानुसार वहां जा सकते हो।'

महिम हंस पड़ा, 'नहीं जाऊंगा, ऐसी प्रतिज्ञा की थी, यह तो याद नहीं आता।'

सुरेश ने कहा, 'नहीं आता तो ठीक है। फिर भी मेरी ओर से कोई बाधा हो तो मैं उसे हटाए देता हूं।'

'यह अनुग्रह है या निग्रह सुरेश?'

'तुम्हें क्या लगता है महिम?'

'जो हमेशा लगता है, वही।'

सुरेश बोला, 'यानी मेरा ख्याल है। है न? खैर, जो जी चाहे सोच सकते हो। मुझे कोई आपत्ति नहीं। मैंने वह रोक हटा ली है जो मैंने लगाई थी।'

'इसका कारण पूछ सकता हूं?'

'विचार का भी कारण होता है कि तुम्हारे पूछने से ही मुझे बताना पड़ेगा।'

कुछ देर चुप रहकर महिम बोला, 'लेकिन सुरेश, तुम्हारे विचार के चलते ही सारी दुनिया की रोक लग जाएगी और उठ जाएगी, ऐसा हो तो बहुत अच्छा हो। लेकिन वास्तव में ऐसा है नहीं। जहां तुम्हें कोई बाधा नहीं, वहां मुझे हो सकती है।'

'यानी?'

'उस दिन तुमने ब्रह्म महिलाओं के सम्बन्ध में जो जो कहा, मैंने उस पर विचार करके देखा। खैर, तुमने कहा था कि एक महीने में मेरे लिए लड़की ठीक कर दोगे, उसका क्या हुआ?'

सुरेश ने नजर उठाकर देखा। गम्भीरता की आड़ लेकर महिम मजाक उड़ा रहा है। गंभीर होकर बोला, 'मैंने सोचकर देखा, यह विवाह की दलाली अपना पेशा नहीं', फिर हंसकर बोला, 'लेकिन मजाक छोड़ो। तुमने अब तक मेरा सम्मान रखा, इसके लिए हजार धन्यवाद। लेकिन आज मेरी अनुमति मिल गई, तो कल सुबह ही जा रहे हो न?'

'नहीं, कल सवेरे तो घर जा रहा हूं।'

'लौटोगे कब?'

'दस-पन्द्रह दिन लग सकते हैं। महीना भर भी लग सकता है।'

'महाना भर, नहा-नहा, यह नहा हागा', अचानक उसका हाथ खाच कर अपन हाथ म लत हुए बोला, 'नहीं-नहीं, मुझे और दोषी मत बनाओ महिम। तुम कल सवेरे ही वहां जाओ। वे शायद तुम्हारी राह देख रही है।' कहते-कहते उसकी आवाज कांप उठी।

महिम के आश्चर्य की सीमा न रही। सुरेश का हठात् ऐसा आवेग कम्पित स्वर, ऐसा जबर्दस्त अनुरोध और विशेष रूप से एक ब्रह्म महिला के लिए यह आदर-वह विह्वल हो उठा। कुछ देर एकटक अपने मित्र की ओर देखते रहकर बोला, 'कौन मेरी राह देख रही है सुरेश? केदार बाबू की लड़की?'

सुरेश ने स्वयं को संभालकर कहा, 'देख भी तो सकती है?'

महिम कुछ देर तक सुरेश की ओर देखता रहा। इस बीच वह बिना बुलाए ब्रह्म परिवार में जाकर परिचित भी हो आ सकता है, यह विचार उसके मन में पैदा ही नहीं हो सका। थोड़ी देर मौन रहकर बोला, 'भाई मैं हार मानता हूं। तुम्हारा आज का यह व्यवहार मेरी समझ से परे है। ब्रह्म समाज की लड़की राह देख रही है, तुम्हारे मुंह से ऐसी बात निकलने का अर्थ समझ पाना मेरे लिए असम्भव है।'

सुरेश बोला, 'ठीक है। यह बात फिर कभी बताऊंगा। अभी यह बताओ, कल एक बार जा रहे हो न वहां?'

'नहीं। कल तो असम्भव है। मुझे सुबह की गाड़ी से ही जाना है।'

'कुछ मिनटों के लिए भी नहीं?'

'नहीं, वह भी नहीं। लेकिन तुम्हें क्या हुआ है। यह तो बताओ?'

'फिर कभी बताऊंगा। आज नहीं। अच्छा, मैं जाकर तुम्हारी खबर दे आऊं ?'

महिम की हैरानी बढ़ गई। बोला, 'दे आ सकते हो। लेकिन इसकी कोई जरूरत नहीं।'

सुरेश बोला, 'न हो जरूरत। जरूरत ही सब कुछ नहीं है। परिचय देने पर वे मुझे पहचानेंगी?'

'एक बार तो जरूर पहचानेंगी।'

सुरेश ने कहा, 'यही काफी है। तुम्हारा मित्र हूं, मैं यह कहने से पहचान तो लेगी?'

'हां।'

सुरेश ने अब जरा हंसने की कोशिश करके कहा, 'पहचानेंगी एक घोर ब्रह्म विद्वेषी बन्धु के नाते ही न?'

'लेकिन यही तो तुम्हारा प्रधान गर्व है सुरेश।'

सुरेश बोला, 'निःसंदेह', कहकर कुछ देर चुपचाप फर्श की ओर ताकता रहा। फिर अचानक उठ खड़ा हुआ। बोला, 'आज मुझे जोरों की नींद लग रही है महिम। मैं चला सोने।' और अनमना-सा चला गया।

6

सुरेश मन ही मन सोच रहा था कि महिम बात को चाहे जैसे भी टाल जाए। लेकिन वह उसी के अनुरोध के कारण अचला से भेंट करने नहीं जा रहा। प्रेम चाहे वह जितना भी करता है लेकिन एक ब्रह्म लड़की के आगे अपने बाल्य बन्धु को छोटा नहीं दिखा सकता। ऐसी बात कल भी सुनी होती तो गर्व से उसकी छाती दस हाथ फूल जाती, सूने बिस्तर पर लेटे आज इस बात ने उसे जरा सा भी आनन्द नहीं दिया। उसे ऐसा लगा, किसी न किसी दिन गपशप, हंसी मजाक और विचित्र-सी होकर यह बात अचला के कानों तक जरूर पहुंचेगी। उस दिन सुख की गोद में बैठी अपने पति के निकम्मे मित्र की विफल ईर्ष्या का कोई अर्थ वह खोज नहीं पाएगी। लेकिन मजाक में भी वह अल्पभाषिणी उससे कोई प्रश्न न पूछ पाएगी। शायद मन ही मन हंसकर कहेगी, 'मित्रता के अत्यधिक अभिमान से इस आदमी ने अकारण ही कितना परिश्रम किया। झूठी-कुढ़न और जलन से कितना जाता रहा।'

रात भर वह ठीक से सो नहीं सका। जितनी बार भी उसकी नींद उलटी उतनी ही बार ये कड़वी चिन्ताएं धिक्कारती हुई कह गई-दूसरों के लिए सिर दर्द के इस रोग से तुम्हें कब मुक्ति मिलेगी सुरेश?

सुबह उठकर वह उस दिन किसी काम में मन नहीं लगा सका और दिन चढ़ते न चढ़ते गाढ़ी से केदार बाबू के घर जा पहुंचा। बैरे ने बताया, बाबू अलीपुर कचहरी गए हैं। लौटने में तीन-चार घंटे की देर हो सकती है।

सुरेश ने लौटते-लौटते पूछा, 'दोनों गए हैं?'

बैरा समझ न सका। बोला, 'यह तो मैं नहीं जानता बाबू।।'

सुरेश कठिनाई में पड़ गया। मकान मालिक की अनुपस्थिति में उसकी युवा पुत्री के सम्बन्ध में पूछताछ करना ब्रह्म परिवारों में शिष्टता के विरुद्ध है या नहीं, वह निश्चित न कर पाया। लेकिन उसे तो जरूरत लड़की की ही थी। बोला, 'तुम्हारे मालिक को लौटने में देर नहीं भी तो हो सकती है। घंटा आधा घंटा प्रतीक्षा करके देख लूं।'

बैरे ने सुरेश को ले जाकर बैठक में बिठा दिया। बोला, 'दीदी जी हैं, उन्हें खबर कर दूं?' कहकर वह उत्तर के लिए ताकने लगा। उसने कल ही देखा था अचला को इस भले आदमी के सामने निकलने हुए।

मन की तीव्र उत्सुकता को जी-जान से दबाते हुए सुरेश ने कहा, 'उन्हें खबर दोगे? अच्छा दे दो। न हो तो तब तक उन्हीं से दो बातें की जाएं।'

बैरा चला गया। तत्काल ही बगल के दरवाजे का पर्दा हटा कर अचला कमरे में आई। सुरेश उठकर खड़ा हो गया। बोला, 'महिम तो घर चला गया। मैंने बहुत कहा कि एक बार आपसे मिल ले, लेकिन नहीं आया। ऐसी ही कुछ....।'

अचला का चेहरा पल भर के लिए सफेद हो गया। नमस्ते करके वह पास ही एक कुर्सी पर बैठ गई और धीरे से बोली, 'जाना शायद बहुत जरूरी होगा। घर में किसी की तबियत तो खराब नहीं हो गई?'

अपनी उत्तेजना से अचला की शान्त गम्भीर बातों को तोलकर सुरेश बहुत ही शर्मिन्दा हुआ। अपनी आवाज को भरसक संयत और स्वाभाविक बनाकर बोला, आवश्यकता जो भी हो, लेकिन इतनी भयानक नहीं हो सकती थी कि दो मिनट के लिए भी आकर आपसे नहीं मिल सकता था? फिर जब यह ठिकाना न हो कि कब लौटेगा। और घर में ही उसका कौन है जिसकी बीमारी में उसे इस तरह से जाना पड़े? मैं तो मर जाने पर भी इस तरह न जा पाता?'

अचला के होंठों पर एक लजीली स्निग्ध हंसी खेल गई। बोली, 'क्योंकि आपकी अभी कोई हुई नहीं है, इसलिए आपने ऐसा कहा। होती तो आप भी इसी तरह उपेक्षा करके चल देते। यह दावे से कह सकती हूं।'

कुर्सी पर जोरों की एक थाप जमाकर सुरेश ने कहा, 'हर्गिज नहीं। आप मुझे पहचानती नहीं, तभी ऐसा कह रही हैं। पहचानतीं तो ऐसा कभी न कहती।'

अचला बोली, 'ठीक तो है। अब से पहचान लूंगी और कोई होगी तो उन्हें भी जान लूंगी। क्या विचार है?'

सुरेश बोला, 'हां-हां, हजार बार। इसके सिवाय महिम जैसे मित्र से मैं अपना कोई बात छिपा भी नहीं सकता। और छिपाना ठीक भी नहीं समझता।' फिर सहसा उत्तेजित होकर बोल उठा, 'आप कहती हैं होगी तो जानेंगी लेकिन मैं कहता हूं आपको बिना बताए आपकी राय बिना लिए, यह हो ही नहीं सकता। क्योंकि आपको महिम से पृथक करके देखने की सामर्थ्य अब मुझमें नहीं। आप दोनों ही मेरे लिए अमित्र हैं।'

अचला ने सलज्ज मुखड़ा हिलाकर कहा, 'अच्छा तब देखा जाएगा। लेकिन उस शुभ दिन के आने तक मैं आपके मित्र को दोषी नहीं ठहरा सकती सुरेश बाबू।'

अचानक सुरेश गंभीर होकर बोला, 'यह आपकी इच्छा। लेकिन मेरी परीक्षा का शुभ दिन इस जन्म में आएगा या नहीं, सन्देह है। खैर, छोड़िए इसे। आज सवेरे-सवेरे आपके घर क्यों आया हूं, मालूम है? कल रात मैं सो नहीं सका। न आता तो आज भी नहीं सो पाता। मैंने बहुत अपराध किए हैं। आज एक-एक करके आपके सामने स्वीकार करूंगा, बस इसलिए मैं आया हूं।'

सुरेश का भयंकर विरोध अचला से छिपा नहीं था। इसलिए शंकित सी होकर चुप बैठी रही।

सुरेश कहने लगा, 'कल शाम घर लौटा तो देखा महिम बैठा है। हां, आप इस बात को जरूर जानती होंगी कि मैं ब्रह्मों को फूटी आंख देखना भी पसन्द नहीं करता। मैं ब्रह्म समाज को अच्छा नहीं मानता।'

अचला ने सिर हिलाकर कहा, 'हां, जानती हूं।'

सुरेश कहने लगा, 'क्यों न जानेगी। लेकिन यह भी न भूलें कि तब मैं आपको पहचानता न था। इसलिए मैंने महिम से आग्रह किया कि कम से कम एक महीना वह यहां न आए। जानती हैं क्यों?'

अचला ने सिर हिलाकर कहा, 'नहीं। लेकिन शायद आपने यह सोचा था कि पुरुषों को भूलने के लिए एक महीना काफी है। इससे अधिक उचित नहीं।'

सुरेश ने विनीत भाव से इस चोट को सहन कर लिया। कहा, 'मैं हमेशा का अबोध हूं। शायद मन में ऐसा ही सोचा हो। इसके अतिरिक्त आपके विरुद्ध एक भयानक षड्यंत्र भी था। मैंने शपथ ली थी कि एक महीने के अन्दर कहीं लड़की ठीक करके महिम का विवाह करा दूंगा। जैसे भी हो उसे इससे रोकना है। मेरा मित्र होकर वह एक स्त्री के मोह से समाज को छोड़कर चला जाए, ऐसा न हो सके।'

रुकी सांस छोड़कर अचला ने कहा, 'फिर?'

उसके फीके चेहरे की ओर देखकर सुरेश जरा मुस्कराया। बोला, 'उसके बाद डरने की बात नहीं। मैंने यह पापेच्छा त्याग दी है। आज आपके सामने स्वीकार करता हूं। कल रात मैंने आपसे भेंट कर आने के लिए उससे बहुत आग्रह किया। लेकिन वह नहीं माना और आपसे मिले बिना ही कलकत्ते से चला गया।'

अचला ने पूछा, 'जाने का कोई कारण बताया था?'

सुरेश बोला, 'नहीं। काम है-बस यही।'

अचला एक निश्वास छोड़कर जैसे अपने आपसे कहने लगी, 'जरूरत और जरूरत-हमेशा से उनसे यही सुनती आई हूं। जरूरत ही जैसे उनका सर्वस्व है।'

सुरेश ने कहा, 'पत्र द्वारा भी तो आपको बता सकता था।'

अचला ने सिर हिला कर कहा, 'नहीं, वे पत्र नहीं लिखते।'

कुछ देर रुककर सुरेश ने कहा, 'कभी यह नहीं बताता कि क्या है वह आवश्यकता? उसका सुख-दुःख, भला-बुरा मानो सब उस अकेले का ही है। स्वार्थी? कभी किसी को हिस्सा नहीं लेने देता। उसके लिए बचपन से उसने मुझे कितना सताया है इसका ठिकाना नहीं। निष्ठुर, निरन्तर उपवास कर करके मेरे खाने-पीने में जहर घोलता रहा है। लेकिन उसने मुझसे कभी कुछ नहीं लिया। मुझे डर है-जिस पत्थर दिल से मुझे कभी सुख नहीं मिला उसके साथ आप ही क्या सुखी हो पाएंगी?' देखते-देखते उसकी आंखों में आंसू झिलमिला उठे। उन्हें जल्दी से पोंछकर बलात हंसने का प्रयत्न करते हुए बोला, 'मैं बाहर से देखने में जितना कठोर दिखाई देता हूं, भीतर से उतना ही कोमल हूं। लेकिन महिम इसका ठीक उल्टा है। फिर भी हम दोनों की मित्रता जैसी मित्रता संसार में शायद बहुत कम होगी।'

नजर झुकाए अचला ने धीरे से कहा, 'मुझे मालूम है सुरेश बाबू। और मैं यह भी जानती हूं कि यह मित्रता आज भी वैसी ही बनी हुई है।'

बचपन का सारा पुरानी याद सुरेश के अन्तर में आलोड़ित हो उठी। रुंधे गले से बोला, 'जब मालूम ही है, तो आज मुझे भीख दीजिए कि अनजाने में आप लोगों के प्रति मैंने जो शत्रुता की भावना रखी, वह अपराध मेरे हृदय में न बिंधे।'

उसकी आवाज आवेग से फिर रुंध गई। और इस अकुलाहट से अचला का हृदय भी मानो डोल उठा। उमड़ते हुए आंसुओं को छिपाने के लिए मुंह फेरते ही देखा, पिता आकर द्वार पर खड़े हो गए। सुरेश को देखकर केदार बाबू ने प्रसन्न होकर कहा, 'अरे, सुरेश बाबू?'

सुरेश ने खड़े होकर नमस्ते की।

'महिम का क्या समाचार है? उनका तो पता ही नहीं।'

सुरेश ने कहा, 'वह बहुत जरूरी काम से सुबह की गाड़ी से घर चला गया। मैं यही बताने आया था।'

केदार बाबू ने आश्चर्य से कहा, 'घर चला गया? और अचानक?'

फिर जले-भुने से कहने लगे, 'वह घर जाए या यहां रहे, हमे कोई सरोकार नहीं। लेकिन बेटे, समय मिला करे तो घर के लड़के जैसा आ जाया करो। मुझे बड़ी खुशी होगी। लेकिन तुम्हारा वह मक्कार मित्र रत्न अब हमें अपना मुंह न दिखाए। भेंट हो तो कह देना। उसे लज्जा भले ही न हो, कम से कम अपमान से तो डरे।'

फिर अचला की ओर देखकर बोले, 'मैं कल से ही हैरान हूं अचला कि उसने सुरेश जैसे लड़के से कैसे मित्रता की और इस मित्रता को कैसे बनाए रखा। जो दो निरीह प्राणियों को भुला सकता है, यह बड़ी बात नहीं है। मानता हूं मैं लेकिन यह भी गजब ही है कि वह कैसा आदमी है। मेरे जैसे प्रवीण आदमी ने भी कभी इसकी खोज पूछ की जरूरत महसूस नहीं की।'

सुरेश बोला नहीं। सिर उठाकर केदार बाबू की ओर ताक भी न सका।

'मुझे बहुत सी बातें पूछनी हैं बेटे, तुम जरा बैठो। मैं कपड़े बदल आऊं।' कहकर वे जाने लगे तो सुरेश ने कहा, 'मुझे काफी देर हो गई। आज मैं चलूं। फिर कभी आऊंगा।' वह व्यस्त होकर खड़ा हो गया और किसी तरह नमस्कार करके निकल गया।

लेकिन दूसरे ही दिन वह वहां फिर दिखाई दिया। और उसके दूसरे दिन भी ठीक उसी समय उसकी गाड़ी की आवाज मकान के नीचे आकर थमी।

लेकिन उससे अगले दिन जब उसकी गाड़ी की आवाज सुनाई पड़ी तो दोपहर हो चुकी थी। नहाने-खाने के लिए पिता को तकाजा करके अचला उठना ही चाह रही थी कि वह वहां पहुंच गया। पिता उसे बिठाकर गप मारने लगे।

सुरेश दो-एक बात करके उठने लगा तो उसके सिर के रुखे-सूखे बालों को देखकर केदार बाबू परेशान हो उठे। पोले, 'तुम्हारा तो नहाना-खाना भी नहीं हुआ बेटे।'

सुरेश-ने हंसकर कहा, 'जी, मेरा नहाना-खाना जरा देर से ही होता है।'

केदार बाबू परेशान हो उठे, 'ए, नहाना-खाना नहीं हुआ? अब एक मिनट की भी देर मत करो। यहीं नहाकर जो बने खा लो। बिटिया, जरा जल्दी करो। बारह बज गए।' और बैरा आदि को पुकारते-चीखते चले गए।

अचला अब तक चुपचाप खड़ी थी। पिता के चले जाने के बाद उसने धीरे से पूछा, 'आप हमारे यहां खा सकेंगे?'

सुरेश ने अचला की ओर देखते रहने के बाद कहा, 'आपकी क्या राय है?'

'आप तो कभी ब्रह्म के यहां खाते नहीं।'

'नहीं खाता, लेकिन आप खिलाएंगी तो खा लूंगा।' सुरेश बोला, 'शायद आप सोच रही हैं कि मैं मजाक कर रहा हूं। लेकिन नहीं। आप देंगी तो मैं सचमुच ही खा लूंगा।'

अचला ने मुंह झुकाकर अपनी हंसी छिपाई। फिर बोली, 'मैं सचमुच सोच रही थी आप मजाक कर रहे हैं। कल तक जिनके घर आने में आपकी घृणा का अन्त नहीं था, आज उन्हीं में से एक के हाथ छुआ कल खा सकेंगे। मैं तो सोच ही नहीं पाती सुरेश बाबू।'

सुरेश ने दुःखी स्वर में कहा, 'इतनी देर के बाद आपने यही निष्कर्ष निकाला कि आपके हाथ का खाने में मुझे घृणा होगी?'

अचला ने कहा, 'स्वाभाविक है सुरेश बाबू। आप जैसे उच्च शिक्षित सज्जन की सीमित सामाजिक धारणा एक ही दिन में अकारण बदल जाएगी, यह सोचना क्या सहज है?'

'नहीं, सहज नहीं है। लेकिन अकारण है, ऐसा कैसे सोच रही है? कारण भी हो सकता है।' अचला हैरान रह गई। फिर जबर्दस्ती हंसकर बोली, 'सोच देखिए। आप जैसे दृढ़ प्रतिज्ञ व्यक्ति भी....!'

सुरेश बोला, 'हां, बह जाता है। आपने एक दिन की बात नहीं लेकिन पता है आपको, एक दिन के भूकम्प में आधा संसार रसातल में डूब सकता है। एक दिन कम नहीं होता।' कहते-कहते उसके माथे की नसें फूल उठीं, आंखें दमक उठीं। जैसे वह झपट्टा मार कर किसी चीज को दबोच लेना चाहता हो।

एक तो गर्मी, उस पर नहाना-खाना नहीं हुआ और इतनी देर हो गई। पिछली रात सो नहीं सका था। पैरों तले की धरती जैसे हिल उठी। लाल-लाल आंखों को फाड़कर बोला, 'ब्रह्मों से घृणा करता हूं या नहीं इसका उत्तर ब्रह्मों को ही दूंगा। लेकिन आप मेरे निकट उनसे बहुत ऊपर हैं।'

उसकी पागलों जैसी भंगिमा से अचला भयभीत होकर काठ हो गई। किसी तरह इस प्रसंग को दबा देने के विचार से भयभीत सी बोली, 'कम्बख्त बैरा....!'

लेकिन उसकी धीमी अस्पष्ट आवाज सुरेश की रोष भरी ऊंची आवाज में दब गई। तीव्र स्वर में बोला, 'केवल दो दिनों का परिचय। लेकिन जानती हैं, दिन, घंटा, मिनट में महिम को मापा जा सकता है। सुरेश को नहीं। वह स्थान और काल से परे है। भूकम्प देखा है, जो पृथ्वी को लील

जाता है।' व्याघ्र से भयभीत हिरणी की तरह पलक झपकते अचला उठ खड़ी हुई और बोली, 'आपके नहाने की व्यवस्था।' कह कर जैसे ही उसने कदम बढ़ाया सुरेश ने सहसा आगे झुककर उसका हाथ खींच लिया। उस उत्तेजित और आकस्मिक खिंचाव को सह पाना स्त्री के वश का नहीं था। वह सुरेश पर औंधी आ गिरी। भय और विस्मय की पार कर उसके भयभीत कंठ से निकला, 'बाप रे।' लेकिन इस आवाज के कांपते होंठों से निकलने से पहले ही सुरेश ने उसके दोनों हाथों को छाती पर खींचकर पुकारा। अचला।'

अचला आंखें उठाए, मूर्च्छित मन्त्र मुग्ध सी उसे देखती रही। सुरेश के जलते होठों से कैसी एक तीखी जलन छिटकती रही।

कुछ पल बाद सुरेश ने अचला के दोनों हाथों को छाती से दबा कर कांपते स्वर में कहा, 'अचला, एक बार इस भूकम्प की भयानक धड़कन को अपने हाथों से अनुभव करो। क्या यह संसार के किसी भी भूकम्प से छोटा है? बता सकती हो, संसार की कौन सी जाति, कौन सा धर्म और कौन सा मत है जो इस विप्लव में पड़कर रसातल में न डूब जाएगा।'

'छोड़ दीजिए, पिताजी आ रहे हैं, कहकर जबर्दस्ती अपने को छुड़ाकर एक कुर्सी पर बैठ गई। तभी केदार बाबू आए और परेशान से बोले, देर हो गई थोड़ी। यह कम्बख्त बैरा रह-रहकर न जाने कहां गायब हो जाता है पता नहीं। बेटी अचला, अरे यह क्या? तबियत खराब है? मुंह सुखकर एकदम जैसे....।'

किसी तरह हंसने की कोशिश करके बोली, 'तबियत क्यों खराब होगी?'

'फिर भी सिर दर्द? कैसी गर्मी पड़ रही है।'

'नहीं, नहीं, मैं ठीक हूं। मुझे कुछ नहीं हुआ।'

केदार बाबू निश्चिन्त होकर बोले, 'गनीमत है। चेहरा देखकर मैं तो डर गया था। तो तुम जरा देखो तो बिटिया। अगर..!'

'मैं अभी सब ठीक किए देती हूं। मैं सुरेश बाबू से वही तो कह रही थी कि हमारे यहां नहाने-खाने में इन्हें आपत्ति तो नहीं?'

केदार बाबू ने आश्चर्य से पूछा, 'आपत्ति क्यों होगी। मैं तो तुमसे कह ही चुका हूं सुरेश, मैंने तुम्हें घर के लड़के-सा समझ लिया है। घर तुम्हारा है। और बेटी, अगर ऐसा न होता तो भगवान इन्हें ब्रह्म के घर भेजते ही क्यों? लेकिन अब देर करना ठीक न होगा बेटे। मेरे साथ आओ। मैं तुम्हें बाथरूम दिखा दूं।'

अचला ने कहा, 'तंग करने से क्या लाभ बाबू जी? हो सकता है ब्रह्मों के यहां खाने में इन्हें झिझक हो। फिर अरुचि से खाने पर तबियत खराब हो सकती है।'

केदार बाबू निराश हो गए। सुरेश बड़े आदमी का लड़का ठहरा। स्वतन्त्र है। घर की गाड़ी पर चलता है। उसे खिला-खिलाकर जैसे भी हो, अपना बनाना ही है।

सहसा उसके झुके चेहरे पर नजर पड़ते ही केदार बाबू चौंक उठे, 'ऐं-यह क्या सुरेश? चेहरा स्याह पड़ गया है। उठो, उठो, नहाने में अब बिल्कुल देर मत करो।' और वे हाथ पकड़कर जबर्दस्ती उसे ले गए।

7

खा-पी चुकने के बाद केदार बाबू ने धूप में सुरेश को जाने नहीं दिया। आराम के नाम पर दोपहरी भर एक कमरे में कैद कर दिया। वह आंखें मूंद कोच पर पड़ा रहा लेकिन सो नहीं सका। दोपहर ढलने पर केदार बाबू प्रसन्न मन से अन्दर आकर बोले, 'आह-गर्मी-देख रहे हो सुरेश। अपनी इतनी उम्र में मैंने कलकत्ते में ऐसी गर्मी कभी नहीं देखी। नींद-वींद आई?'

सुरेश ने कहा, 'नहीं दिन में मुझे नींद नहीं आती।'

केदार बाबू छूटते ही बोले, 'और सोना ठीक भी नहीं है। स्वास्थ्य के लिए हानिकारक है।' फिर एक कुर्सी पास खींचते हुए बोले, 'मेरा विचार है सारी बातें खोल कर महिम को साफ-साफ एक पत्र लिख दूं। तुम क्या कहते हो?'

यह प्रश्न सुरेश की पीठ पर चाबुक सा लगा। बुरी तरह चौंकते देख केदार बाबू बोले, 'कठोर कर्त्तव्य कैसे करना होता है, यह तो इतने दिनों के बाद तुमने हमे बता दिया। अब पीछे लौटने से तो चल नहीं सकता बेटे।'

'यह तो ठीक है। लेकिन आपको अपनी लड़की की भी राय ले लेनी चाहिए।'

केदार बाबू जरा हंसकर बोले, 'हां, सो तो चाहिए।'

'वे क्या साफ साफ लिख देने को कहती हैं?'

'हां, लगभग यही कहिए। वह सयानी है, पढ़ी-लिखी है। इन बातों पर पहले ही साफ न सोचना पागलपन ही कहा जा सकता है। सोचता हूं आज रात यह काम कर ही डालूं।'

सुरेश ने फीकी हंसी के साथ कहा, 'इतनी जल्दी भी क्या है? थोड़ा सोच लेना भी आवश्यक है?'

केदार बाबू ने कहा, 'सोचने की गुंजाइश कहां है इसमें? जितनी जल्दी हो सके उतना ही कल्याण है।'

'मेरी चर्चा करना जरूरी है क्या?'

केदार बाबू हंसकर बोले, 'बुड्ढा हो गया हूं। इतनी भी बुद्धि नहीं। तुम्हारा नाम कोई कभी नहीं लेगा।'

सुरेश ने चैन की सांस ली। वह सांस केदार बाबू की नजर से न बच सकी। इस बीच सुरेश के कुछ और आचरणों को देखकर मन में एक निश्चित अनुमान लगा लिए। उसके झूठ-सच की कसौटी के लिए उन्होंने अंधेरे में ढेला फेंका। बोले, 'तुमने हम लोगों का बड़ा उपकार किया बेटा। हम ब्रह्म अवश्य हैं। लेकिन वैसे ब्रह्म नहीं। मेरी बिटिया तो अपनी मां की तरह मन ही मन हिन्दू ही रह गई है। उसे हमारा ब्रह्मपना बिलकुल पसन्द नहीं है।'

सुरेश ने आश्चर्य से आंखें उठाकर देखा। केदार बाबू उसकी उत्सुकता भांप कर बोले, 'मैं बिटिया को इसीलिए कुंवारी नहीं रख सकता। इस सम्बन्ध में मैं तुम लोगों की तरह हिन्दू धर्मावलम्बी हूं। सो एक रिश्ता जिस प्रकार तुम्हारे चलते टूटा, उसी प्रकार एक रिश्ता तुम्हें जोड़ देना होगा बेटे।'

'ठाक ह। म जान-जान स काशश करूगा।'

'मैं समझ रहा हूं, समाज में इससे काफी हलचल होगी। लेकिन जितनी जल्दी हो सके अचला का विवाह करके इस हलचल को दबा देना है। लेकिन एक बात बहुत ही आवश्यक है सुरेश।' उन्होंने दरवाजे की ओर देखा और पास खिसककर धीमी आवाज में बोले, 'वह यह कि लड़का रूप-गुण में ठीक हो और उसे सहज ही पकड़ कर ला सके। अचला जिस शिक्षा संस्कार में पली है, उसकी राय के बिना कुछ भी हो पाना कठिन है। राय वह दे नहीं सकती। जब तक कि दोनों में ऐसा कुछ-समझ गए ना?'

सुरेश कुछ अनमना-सा हो गया। दोपहर के अपने उस उच्छृंखल प्रेम निवेदन, अशोभनीय आचरण की याद करके लज्जा से लाल होने के बजाए उसका चेहरा काला पड़ गया। सुबह का अखबार उठाकर विज्ञापन वाला पृष्ठ देखने लगा।

केदार बाबू ने उसके इस आकस्मिक भाव परिवर्तन का उल्टा अर्थ लगाकर एक तगड़ी शह लगा दी। बोले, 'मैं एक विचित्र बात आरम्भ से देखता आया हूं, न जाने क्यों किसी के जीवन भर साथ रहने पर भी उस पर रत्ती भर भी विश्वास नहीं होता, और किसी को दो घंटे साथ रहने पर उसे अपने प्राण भी सौंपे जा सकते हैं, लगता है दो घंटे की नहीं जन्म-जन्मान्तर की जान-पहचान है। जैसे तुम। कितनी देर का परिचय है तुमसे?'

तभी अचला ने कहा, 'बाबूजी, इस समय आप चाय लेंगे या कॉफी?'

'मैं कॉफी ही लूंगा बेटी।'

'सुरेश बाबू, आप तो चाय लेंगे न?'

अखबार पर आंखें गड़ाए सुरेश ने धीमे से कहा, 'मुझे चाय ही दीजिए।'

'आपके प्याले में चीनी कम तो नहीं पड़ती?'

'नहीं। आमतौर पर जितनी पड़ती है।'

अचला चली गई। केदार बाबू ने बातों के टूटे छोर को जोड़कर कहा, 'यही समझो न सुरेश। अपनी इस बिटिया के लिए ही बुढ़ापे में संकट में पड़ना पड़ रहा है। यह बात तुमसे नहीं छिपा सका। जो मुझसे कभी न हुआ। इतने हित-मित्रों के होते हुए यह बात तुमसे कहने में हिचक क्यों नहीं हो रही? क्या इसका कोई गूढ़ कारण है?'

सुरेश आश्चर्य से देखता रहा। केदार बाबू कहने लगे, 'यह ईश्वर का निर्देश है। मेरी क्या मजाल कि छिपाऊं।' इसके बाद केदार बाबू विस्तार से बताने लगे कि किस तरह उनका एक्सपोर्ट- इम्पोर्ट का कारोबार धोखे और कृतघ्नता की आग में जलकर राख हो गया। कर्ज बढ़ते जाने पर भी बेटी की पढ़ाई के खर्च में कटौती नहीं की। और अब कर्ज से परेशान हैं।'

सुरेश ने धीरे से पूछा, 'कितना कर्ज है आप पर?'

केदार बाबू ने कहा, 'मेरा कारोबार चलता रहता तो यह भी भला कोई कर्ज था। बहुत ही तो तीन-चार हजार', वे और भी कुछ कहने जा रहे थे कि बैरे के साथ चाय और नाश्ता लिए अचला आ गई।

गम काफा का एक घूट लकर प्याल का मज पर रखत हुए कदार बाबू बाल, ‘अपन ऊपर भगवान की यह अनोखी कृपा मैं आरम्भ से देखता आया हूं कि वे कभी मेरे सम्मान की मिट्टी में नहीं मिलने देते। अब मैं समझा कि कहूं-कहूं करते हुए भी महिम से मैं क्यों नहीं कह पाता था। वे बार-बार मेरी जुबान को दबा दिया करते थे।’

सुरेश ने प्याले पर नजर रख कर पूछा, ‘आपको रुपया कब चाहिए?’

केदार बाबू ने कॉफी का प्याला मेज पर रखते हुए कहा, ‘आवश्यकता वास्तव में मुझे नहीं है, तुम लोगों को है!’ कहकर उन्होंने ठहाका लगाया।

इस पहेली को समझ न पाकर सुरेश ने उनकी ओर देखा। अचला भी उत्सुकता से अपने पिता की ओर ताक रही थी। उन्होंने एक बार बेटी की ओर फिर सुरेश को देखकर कहा, ‘इसका अर्थ समझना कुछ कठिन तो है नहीं। इस घर को तो मैं अपने साथ ले नहीं जाऊंगा। अगर गया तो तुम्हारा जाएगा। और रहेगा तो तुम दोनों का रहेगा।’ कह करके धीरे-धीरे हंसने लगे।

अचला और सुरेश की आंखें मिलीं। दूसरे ही पल लाज की लाली से रक्तिम चेहरे को उन्होंने झुका लिया।

कॉफी के दो प्याले समाप्त करने के बाद केदार बाबू को कोई आवश्यक पत्र लिखने की याद आ गई। खड़े होकर बोले, ‘आज तुम्हें खाने का बहुत कष्ट रहा सुरेश, कल दोपहर को यहां खाना।’ फिर वह पश्चिमी दरवाजे को खोलकर अपने कमरे में चले गए।

खुले दरवाजे से डूबते हुए सूर्य की आभा सुरेश के चेहरे पर आकर पड़ी। उसने गर्दन फेर कर देखा। अचला एकदम उसी को देख रही थी। उसने जल्दी से नजरें झुका लीं। घड़ी की टिकटिक के सिवा सारे कमरे में सन्नाटा छा गया था।

8

कमरे में छाए सन्नाटे को तोड़ते हुए सुरेश ने कहा, ‘अचानक ही वह हरकत कर बैठा था। आपको मैं निश्चय ही एक राक्षस सा लग रहा होऊंगा। लगता है अकेले बैठने की हिम्मत नहीं हो रही है आपको। है न? ’ और फिर खो-खोकर हंसने लगा।

अचला ने सिर नहीं उठाया। अगर उठाती तो देखती कि सुरेश की उस हंसी ने उसके चेहरे को अपमानित करके कितना विकृत बना दिया है।

‘देखिए, जो घटना हो गई उसके बाद आंखों की लज्जा के लिए स्थान कहां रहा? अब मैं जा रहा हूं। लेकिन जाने से पहले दो प्रश्नों के उत्तर जानना चाहता हूं।’

अचला ने सिर उठाया। उसकी आंखों में पीड़ा थी। बोली, ‘कहिए।’

सुरेश कुछ पल चुप रह कर बोला, ‘आपके पिताजी का कर्ज चुका देने के लिए कल या परसों आऊंगा। आवश्यक नहीं है कि आपसे भेंट हो। मैं यह जानना चाहता हूं कि इन दोनों के बारे में उनका इरादा क्या है? क्या आप जानती है?’

अचला ने कहा, 'वे मुझे साफ साफ कुछ नहीं बताते।'

सुरेश बोला, 'मुझे भी नहीं। फिर भी मुझे विश्वास है-लेकिन शायद आप राजी नहीं होंगी।'

अचला ने कहा, 'नहीं।'

'कभी नहीं?'

'अगर महिम की आशा न रहे तो?'

अचला ने दृढ़ता से कहा, 'इसकी आशा नहीं है।'

'हो, तो भी नहीं।'

अचला ने शान्त और दृढ़ स्वर में कहा, 'नहीं, तो भी नहीं।'

सुरेश ने कोच पर लुढ़ककर कर लम्बी सांस ली, 'खैर, इस ओर से स्पष्ट हो गया, जान में जान तो आई। लेकिन फिर आपके पिताजी का कर्ज कैसे चुकेगा?'

अचला ने डरते हुए संकोच के साथ कहा, 'तब तो आप दे नहीं सकेंगे?'

'न दे सकूंगा? क्यों?' सुरेश ने प्रश्न किया और उत्तर की कुछ देर प्रतीक्षा करके हंस पड़ा, 'देखिए, परिचय के आरम्भ से ही मेरे जो रवैये रहे उन्हें भद्र तो कहा नहीं जा सकता। लेकिन मैं इतना गिरा हुआ नहीं हूं। मैंने आपके पिताजी को रुपये रिश्वत के रूप में देने नहीं चाहे, बल्कि संकट में सहायता के रूप में ही देने चाहे थे। इसलिए देना आपकी राय पर निर्भर करता। निर्भर करता है, उनके लेने पर। अब वे रुपये लेंगे कैसे, मैं यही सोच रहा हूं। आइए हम लोग इस पर विचार कर ले।'

अचला ने कहा, 'कहिए?'

सुरेश ने कहा, 'भगवान की कृपा से मेरे पास बहुत रुपया है। रुपये-पैसे पर मेरा कभी मोह नहीं रहा। मैं चार हजार रुपये आराम से दे सकता हूं। आपके सुख के लिए तो और भी अधिक रुपये गंवा सकता हूं। आपके पिताजी का क्या विचार है कि इन रुपयों को चुकाने की आवश्यकता नहीं होगी। फिर भी एक तरह में वह चुकाना ही होगा। समझ गई?'

'जी!'

'मैं स्पष्ट शब्दों में कह रहा हूं। मेरी स्पष्टवादिता को अन्यथा न समझें। अच्छी तरह समझ रहा हूँ कि उन्हें रुपयों की सख्त जरूरत है। लेकिन इतने रुपये चुकाने की उनकी स्थिति नहीं है। हालांकि मेरी ओर से इसकी आवश्यकता भी नहीं है। परसों तक आप अपना विचार उन्हें बता दें। क्यों, बता सकेंगी न?'

अचला पूर्ववत् सिर झुकाए बैठी रही।

सुरेश ने कहा, 'आपने रुपयों के लोभ से सहमति प्रगट नहीं की, इससे मेरी श्रद्धा और भी बढ़ गई है। अगर आप सहमत हो जातीं तो मैं पीछे हट जाता। अच्छा मैं चला।' सुरेश हंसते हुए खड़ा हो गया, 'कहने को अपना मुंह नहीं दिखा रहा। तो भी जाते हुए आपसे एक भीख मांगता हूं- मेरे अपराधों को भुला दीजिएगा। बुराई से जहाज लादकर जा रहा हूं। लेकिन मैं पिशाच हूं।

खैर, विश्वास करने का जब कोई उपाय ही मन नहीं रहने दिया तब कुछ कहना व्यर्थ है।' और दोनों हाथ उठाकर नमस्कार करके तेजी से चला गया।

धीरे-धीरे उसके पैरों की आहट सीढ़ियों में खो गई। अचला की आंखों से अकारण ही आंसू टपकने लगे।

अन्दर आते हुए केदार बाबू ने पूछा, 'सुरेश।'

अचला ने जल्दी से आंसू पोंछकर कहा, 'अभी-अभी चले गए।'

केदार ने चकित होकर कहा, 'मुझसे मिले बिना ही चला गया? जाते समय तुमने कल यहां आने की बात याद दिला दी थी?'

'मुझे याद नहीं रहा पिताजी।'

'याद नहीं रहा? खूब' कहकर केदार बाबू पास की चौकी पर निढाल से बैठ गए। बेटी की दबी आवाज से मन में खटका-सा हुआ। लेकिन सांझ के धुंधलके में चेहरा न देख पाने के कारण आशंका मिट गई। बोले, 'इस बुढ़ापे में जो काम खुद न करूं, जिधर खुद नजर न रखूं वही नहीं होता। उसी में कोई न कोई भूल रह ही जाएगी। चलूं पत्र लिखकर बैरे के हाथ भेज दूं। उसके घर का पता क्या है?'

'पता तो मुझे मालूम नहीं बाबूजी?'

'यह भी नहीं मालूम?' केदार बाबू ने रूखे स्वर में कहा, 'अपने हाथ-पांव तुम खुद काट डालना चाहती हो काटो, मुझे रोकने को क्या पड़ी है। कम से कम इतना तो सोचना चाहिए था कि जो एक बात पर इतने रुपये देने को तैयार हो गया वह आदमी कैसा है? उसका पता भी नहीं पूछना चाहिए था? तुम जैसे-जैसे बड़ी होती जा रही हो, कैसी होती जा रही हो अचला?'

कर्ज के जाल में फंसे पिता जिस झूठ और हीनता से आत्मरक्षा करने की कोशिश कर रहे थे, अचला देख रही थी। इससे उसके मन को चोट पहुंची।

बैरा बत्ती जलाकर रख गया। पिता ने स्नेह से झिड़की देकर कहा, 'तुमने महिम की कभी खोज- खबर ही नहीं ली। नहीं ली, अच्छा ही किया। भगवान जो करते हैं भले के लिए ही करते हैं। लेकिन सुरेश पर तो यह लागू नहीं हो सकता। देखा, जैसे ईश्वर स्वयं हाथ पकड़कर उसे यहां पहुंचा गए हों।'

अचला ने पूछा, 'क्या आप सुरेश बाबू से रुपये उधार लेंगे?'

केदार बाबू की भक्ति भावना में अवरोध आ गया। बेटी की ओर देख कर बोले, 'हां-नहीं, कर्ज ठीक नहीं। जानती हो बेटी, बात क्या है? सुरेश बहुत भला है। आज के दिन ऐसा भला लड़का लाखों में एक मिलता है। उसकी आन्तरिक इच्छा है कि कर्ज के कारण यह मकान हाथ से न निकल जाए। रहेगा तो तुम्हीं लोगों को रहेगा। मैं अब कितने दिन का हूं। समझी....?'

अचला चुप रही। केदार बाबू उत्साहित होकर बोले, 'तुम तो जानती हो, मैं हमेशा साफ बात पसन्द करता हूं। भीतर और, मुंह में और-यह मुझसे नहीं होने का। इसलिए खोलकर कह

दिया कि जान-बूझकर महिम के हाथों तुम्हें सौंपने के बजाए पानी में फेंक देना अच्छा है। सुरेश का भी जब यही मत है तो कहना ही पड़ेगा कि उसके मित्र के साथ तुम्हारे विवाह की बात दूर तक फैल चुकी है। ऐसे में रिश्ता तोड़ने से भी काम नहीं चलेगा। नया ठीक करना होगा। नहीं तो समाज में मुंह दिखाना कठिन हो जाएगा। लेकिन कुछ भी कहो, लड़का है सुरेश। इसीलिए मंगलमय को बारम्बार प्रणाम करता हूं।'

पिता का प्रमाण करना जब निर्विष्ट समाप्त हो गया तो अचला ने धीरे से कहा, 'इनसे इतना रुपया न लें तो क्या चलेगा नहीं बाबूजी?'

केदार बाबू आशंकित होकर बोले, 'लिए बिना चलने का नहीं है बेटी?'

'लेकिन हम चुका जो नहीं सकेंगे।'

'चुकाने की बात क्या सुरेश....? ' उद्विग्न आशंका से बात अधूरी रह गई। चेहरा सफेद पड़ गया।

उनकी यह हालत देखकर अचला को दु:ख हुआ। जल्दी से बोली, 'वे कह रहे थे परसों आकर रुपये दे जाएंगे।'

'चुकाने की बात....?'

'नहीं, यह उन्होंने नहीं कहा।'

'लिखा-पढ़ी?'

'नहीं। इसका शायद उनका बिलकुल इरादा नहीं है।'

'यही बात,' कहकर उन्होंने तृप्ति की सांस ली। कुछ देर बाद दमकते स्वर में बोले, 'अब सोच तो देखो बेटी, कहां से क्या हुआ? इसमें उस सर्वशक्तिमान का हाथ क्या स्पष्ट नहीं देख रही हो? मैं स्पष्ट देख पा रहा हूं। यह केवल उनकी दया है। तुमसे क्या कहूं बिटिया, ये दो साल मैं एक रात भी ठीक से नहीं सो सका हूं। केवल उन्हीं को पुकारता रहा हूं। सुरेश को देखते ही लगा, मानो वह मेरे पिछले जन्म की सन्तान हो।'

अचला चुप बैठी रही। पिता की गिरी हुई आर्थिक स्थिति से वह भली-भांति परिचित थी। लेकिन भीतर ही भीतर इस सीमा तक पहुंच चुकी है, यह मालूम नहीं था। दो वर्ष की एकांत प्रार्थना से मंगलमय की कृपा हुई है और अचानक यह समस्या हल भी हो गई है। लेकिन उसकी अपनी समस्या जटिल हो गई है। सुरेश से रुपया न लेने का उसने अभी-अभी जो संकल्प किया था छोड़ देना पड़ा। जो भी हो, रुपया लेना ही पड़ेगा।

केदार बाबू सन्ध्योपासना के लिए चले गए। अचला आरम्भ से अन्त तक सारी घटनाओं को दुहराकर उपलब्धियां जानने के लिए वहीं बैठी रही।

उनके जीवन के सन्धि स्थल पर जो दो मित्र अगल-बगल आ खड़े हुए हैं, उनमें से एक को तो जाओ कहकर विदा देनी ही पड़ेगी। लेकिन किसे? जो महिम उसके सन्देहहीन विश्वास पर न

जाने किस कर्त्तव्य की पुकार से निश्चिन्त बैठा है, उसके शान्त चेहरे को याद करते ही अचला की आंखें भर आई। जिसने कभी कोई अपराध नहीं किया, फिर भी वह जाओ कहते ही चुपचाप चला जाएगा। अचला को स्पष्ट दिखाई देने लगा कि इस भावना शून्य विदा की बेला में भी उसकी अटूट गम्भीरता विचलित नहीं होगी। वह किसी को दोष नहीं देगा। कारण तक जानना नहीं चाहेगा। गहरे आश्चर्य और गहरी वेदना की एक लकीर शायद उसके चेहरे पर झलके। लेकिन उसके अतिरिक्त उसे और कोई नहीं देख पाएगा।

इसके बाद एक दिन वह सुनेगा कि मेरा विवाह सुरेश के साथ हो गया। एक गहरी सांस लेकर, मुस्कराते हुए अपने काम में लग जाएगा।

यह सब सोचकर सूने कमरे में भी उसका चेहरा लज्जा और घृणा से लाल हो उठा।

9

दस-बारह दिन बीत गए। केदार बाबू को देखकर लगता कि इतनी स्फूर्ति शायद उनमें जवानी में भी नहीं थी। आज सांझ से पहले सिनेमा देखकर लौटते हुए गोल वीथी के पास सहसा गाड़ी से उतर पड़ने के लिए तैयार होकर बोले, 'सुरेश, मैं यहां से पैदल समाज चला जाऊंगा। तुम लोग घर जाओ बेटे,' और हाथ की छड़ी घुमाते हुए तेजी से चले गए।

सुरेश ने कहा, 'लगता है आजकल तुम्हारे पिताजी की तबियत बहुत अच्छी है।'

'जी हां, आपकी कृपा से,' अचला ने उत्तर दिया।

सुरेश ने अचला के दाएं हाथ को अपनी छाती पर खींचकर कहा, 'तुम जानती हो मुझे इस बात से कितना दुःख होता है। क्या तुम इसीलिए बार-बार यह बात कहा करती हो?'

अचला हल्की-सी फीकी हंसी हंसकर बोली, 'कहीं इतनी बड़ी कृपा को भूल न जाऊं, इसीलिए बार-बार याद कर लेती हूं। आपका मन दुखाने के लिए नहीं।'

उसकी हथेली को जरा-सा दबाकर सुरेश बोला, 'इसीलिए चोट अधिक लगती है।'

'क्यों?'

'मैं अच्छी तरह जानता हूं कि केवल इस दया को याद करके ही तुम्हें शक्ति मिल जाती है। सच है या नहीं?'

'अगर न बताऊं?'

'मत बताओ। लेकिन क्या तुम मुझे कभी -नहीं कह सकोगी?'

अचला का चेहरा उदास हो उठा। सिर झुकाए धीरे से बोली, 'कभी कहना ही पड़ेगा, आप यह तो जानते ही हैं।'

'अगर यही होना है तो दो दिन पहले कहने में कौन-सा पाप है?'

अचला ने उत्तर नहीं दिया। अनमनी-सी रास्ते की ओर देखती रही।

एक पल चुप रहकर सुरेश बोला, 'मुझे लगता है महिम को अब तक सब कुछ मालूम हो गया है।'

चौंककर अचला ने मुंह फेरा। उसका एक हाथ अभी तक सुरेश के हाथ में था। उसे खींचकर पूछा, 'आपने कैसे जाना?'

उसकी आवाज की आकुलता सुरेश के कानों में खट से लगी। बोला, 'नहीं तो अब तक जरूर आता। पन्द्रह-सोलह दिन हो गए।'

अचला ने सिर हिलाकर कहा, 'आज को मिलाकर उन्नीस दिन हो गए।'

सुरेश अचला की ओर देखता रह गया।

'पिताजी ने उन्हें पत्र लिखा है, मालूम है आपको?'

'नहीं।'

'वे घर से लौटे या नहीं, पता है?'

'नहीं, यह भी नहीं जानता।'

अचला ने गाड़ी के बाहर देखते हुए कहा, 'तो फिर पत्र लिखकर पिताजी को उन्हें सब कुछ बता देना चाहिए। किसी दिन अचानक न आ जाएं।'

कुछ देर दोनों चुप बैठे रहे। सुरेश ने उसका हाथ अपने हाथ में लेकर धीरे से कहा, 'मुझे सबसे अधिक डर इस बात का लगता है अचला, जब मैं सोचता हूं कि तुम मुझे कभी श्रद्धा न कर पाओगी। मुझे हमेशा यही लगेगा कि मैं रुपये के बल पर तुम्हें तोड़ लाया हूं। मैंने अपराध किया है।'

'आप ऐसी बात न कहिए। मैं आपको दोष नहीं दे सकती।' अचला ने कहा, 'रुपये की शक्ति संसार में हर स्थान पर है। यह तो जानी हुई बात है। लेकिन वह जोर आपने तो लगाया नहीं। सब कुछ जानते हुए भी मैं आप पर श्रद्धा न करूं तो मुझे नरक में भी स्थान नहीं मिले।'

सुरेश का सदा का स्वभाव है कि जरा-सी बात पर वह विचलित हो उठता है। अचला के इस छोटे-से वाक्य पर उसकी आंखें भर आईं। उन आंसुओं को अचला के हाथ से पोंछकर बोला, 'यह मत सोचो कि मैं इस अपराध, इस अन्याय का परिणाम नहीं समझता, लेकिन मैं दुर्बल हूं। बहुत ही दुर्बल। महिम इस चोट को सह लेगा लेकिन मेरा कलेजा टुकड़े-टुकड़े हो जाएगा।' कहते हुए उसने जैसे किसी जोरदार धक्के को संभालते हुए कहा, 'तुम मेरी नहीं और किसी की हो, मैं यह सोच भी नहीं सकता। तुम्हें नहीं पाऊंगा, यह सोचते ही मेरे पांवों के नीचे की धरती खिसकने लगती है।'

रास्ते में गैस की बत्तियां जलाई जा रही थीं। उनकी गली में गाड़ी के घुसते ही सुरेश के चेहरे पर रोशनी पड़ी। उसकी छलछलाती आंखें अचला को दिखाई दे गईं। क्षणिक दया के वश वह वही कर बैठी जो कभी नहीं किया था। झुककर अपने हाथों से उसके आंसू पोंछती हुई बोली, 'मैं पिताजी की बात से कभी बाहर नहीं हूं। मुझे उन्होंने तुम्हारे हाथ में सौंपा है।'

अचला के उस हाथ को अपने होंठों पर ले जाकर बार-बार चूमते हुए सुरेश कहने लगा, 'मेरे लिए यही सबसे बड़ा पुरस्कार है अचला। इससे अधिक नहीं चाहता। लेकिन इतने से मुझे वंचित न करो।'

गाड़ी घर के सामने पहुंचकर रुक गई। साईस दरवाजा खोलकर हट गया। सुरेश उतरा और उसने बड़े स्नेह से हाथ पकड़कर अचला को उतारा। फिर जैसे ही दोनों मुड़े उनकी नजर सामने खड़े महिम पर पड़ी। वे दोनों जैसे पत्थर हो गए।

'क्या?' अचला के होंठों से कांपती हुई चीख-सी निकली। और अपना हाथ खींचकर पीछे हट गई।

आश्चर्य से महिम हतबुद्धि हो गया। बोला, 'सुरेश, तुम यहां?'

पहले तो सुरेश के मुंह से बात ही नहीं फूटी। फिर फक पड़े चेहरे पर सुखी हंसी लाकर शब्दों को घोट-घोटकर बोला, 'वाह महिम, उसके बाद से एकदम लापता, बात क्या है? कब आए? चलो, चलो, ऊपर चलो।' फिर पास आकर उसका हाथ हिलाकर बोला, 'लेकिन इनके पिताजी ने खूब किया। आप तो गए समाज और इन्हें घर पहुंचाने का भार पड़ा इस गरीब पर। खैर, अच्छा ही हुआ। नहीं तो तुमसे भेंट ही न होती। घर में इतने दिन से क्या कर रहे थे? बताओ तो?'

महिम ने कहा, 'काम था।' आश्चर्य के मारे उसे अचला को नमस्ते करने की सुधि ही नहीं रही।

उसे जरा धक्का-सा देकर सुरेश बोला, 'जो भी हो, आदमी खूब हो तुम। हम लोग तो डर से मरे जा रहे थे। चिट्ठी लिखते भी नहीं बना। खड़े क्यों हो? ऊपर चलो।' कहकर उसे जबर्दस्ती धकेलकर ऊपर ले गया।

लेकिन जैसे ही वे बैठक में जाकर बैठे उसकी अस्वाभाविक वाचालता एकदम गायब हो गई। चेहरा स्याह पड़ गया।

दो-तीन मिनट मौन छाया रहा। फिर महिम ने अपने मित्र और अचला को सूनी-सूनी आंखें से देखकर सूखे स्वर में पूछा, 'सब ठीक तो है?'

अचला ने गर्दन हिला दी। बोली, 'नहीं।'

महिम बोला, 'मैं तो बहुत हैरान हूं। सुरेश से तुम लोगों का परिचय कैसे हुआ?'

अचला ने सिर उठाकर भारी-सी आवाज में कहा, 'इन्होंने पिताजी का चार हजार का कर्ज चुकाया है।'

'उसके बाद?' महिम के मुंह से निकला।

'इसके बाद पिताजी से पूछना', कहकर अचला तेजी से अन्दर चली गई।

महिम कुछ देर चुप बैठा रहा। फिर उसने अपने मित्र से पूछा, 'माजरा क्या है सुरेश?'

सुरेश ने उद्धत भाव से कहा, 'तुम्हारी तरह रुपया ही मेरे प्राण नहीं हैं। भले आदमी आड़े समय में सहायता मांगते हैं, तो दे देता हूं। बस इतना ही। वे रुपये चुका न सके तो मेरा दोष नहीं।

इतन पर भा अगर मुझ हा दाषा ठहराआ ता हजार बार ठहरा सकत हा। मुझ आपात्त नहा।' मित्र की बेसिर-पैर की सफाई और उसके बोलने के अनोखे अन्दाज से महिम मूर्खों की तरह देखता रहा। फिर बोला, 'मैं तुम्हें दोषी क्यों ठहराऊंगा। इसका अर्थ मेरी समझ में नहीं आया सुरेश। कृपा करके खोलकर बताओ?'

सुरेश ने उसी रुखेपन से कहा, 'खोलकर क्या बताऊं? बताने को है ही क्या?'

महिम ने कहा, 'है। जिस दिन मैं घर जा रहा था, तब तुम इन लोगों को पहचानते तक न थे। इसी बीच इतनी घनिष्ठता कब हो गई? और एक ब्रह्म परिवार के संकट में चार हजार रुपये देने की उदारता मन में कैसे पैदा हो गई? यह मुझे बता दो तो मैं कृतार्थ हो जाऊं।'

सुरेश ने कहा, 'अभी मेरे पास बात करने का समय नहीं है। मैं चलता हूं। केदार बाबू से पूछ लेना। वे बताने के लिए तैयार बैठे हैं।'

'ठीक है' महिम उठकर बोला, 'सुनने का बड़ा कौतूहल था। लेकिन उनकी प्रतीक्षा में बैठने के लिए समय नहीं है। मैं जाता हूं।'

बाहर आकर महिम ने देखा, सामने की रेलिंग थामे अंधेरे में अचला खड़ी है। लेकिन पास आने या बात करने की उसने कोई कोशिश नहीं की। यह देख वह सीढ़ी से उतर गया।

10

महिम कुछ आवश्यक दवाइयां खरीदने के लिए कलकत्ता आया था। इसलिए रात की गाड़ी से ही लौट गया। सुरेश को खोजने पर पता चला कि महिम डेरे पर नहीं पहुंचा।

चार दिन बाद केदार बाबू की बैठक में यही चर्चा हो रही थी। केदार बाबू को सिनेमा का नया नशा सवार हुआ था। वे चाय पीकर निकलने वाले थे। सुरेश की गाड़ी बाहर खड़ी थी तभी किसी धूमकेतु की तरह महिम अचानक दरवाजे के पास आ खड़ा हुआ।

सबने आंखें उठाकर देखा। उनके चेहरे एकदम उतर गए।

केदार बाबू ने रूखे चेहरे पर जबर्दस्ती हंसी लाकर स्वागत किया, 'आओ, महिम सब ठीक है न?'

नमस्कार करके महिम अन्दर आ बैठा। घर पर इतने दिन रुकने का कारण पूछे जाने पर बस यही कहा कि जरूरी काम था। सुरेश ने मेज पर से अखबार उठा लिया और पढ़ने लगा। अचला बगल की चौकी पर से सिलाई उठाकर उसमें लग गई, इसलिए केदार बाबू से बातें होने लगी।

सहसा अचला उठकर बाहर गई और तुरन्त ही लौट आई। सिर के ऊपर का पंखा खींचा जाने लगा। अचानक हवा लगने पर केदार बाबू प्रसन्न होकर बोले, 'गनीमत है, इतनी देर में कम्बख्त पंखे वाले की कृपा तो हुई।'

सुरेश ने तीखी और टेढ़ी नजरों से देखा, महिम के माथे पर पसीने की बूंदें छलक रही थीं। अचला उठकर बाहर क्यों गई और पंखे वाले को अचानक दया कैसे आ गई, वह पल भर में ही

समझ गया। जिस हवा से केदार बाबू प्रसन्न हो उठे थे, उसी हवा से उसका सर्वांग जल उठा। अचानक ऊंची आवाज में बोला, 'पांच बज गए और देर करने से नहीं चलेगा केदार बाबू।'

केदार बाबू ने बातचीत बन्द करके चाय के लिए चीख पुकार मचाई। बैरा चाय लेकर आ गया। अचला ने सिलाई छोड़कर प्यालों में चाय बनाकर पिता और सुरेश की ओर बढ़ा दी। केदार बाबू ने पूछा, 'तुम नहीं पियोगी बेटी?'

'नहीं, बहुत गर्मी है।' अचला ने गर्दन हिला दी।

अचानक महिम पर नजर पड़ते ही जल्दी से बोल उठे, 'अरे, महिम को नहीं दी? तुम नहीं पियोगे महिम?'

महिम के उत्तर देने से पहले ही अचला ने उसकी ओर देखते हुए स्वाभाविक मृदुता से कहा, 'नहीं, इतनी गर्मी में तुम चाय मत लो। फिर इस समय तो चाय तुम्हें बर्दाश्त भी नहीं होती।' महिम की छाती पर से किसी ने असहनीय भार जादुई शक्ति से उठाकर फेंक दिया। वह आश्चर्य से अचला की ओर देखता रह गया।

अचला बोली, 'जरा देर धीरज रखो, मैं लाइम जूस का शर्बत बना कर लाती हूं।' और सहमति की प्रतीक्षा किए बिना ही चली गई। सुरेश एक ओर मुंह घुमाकर मशीनी खिलौने की तरह चाय पीता रहा। लेकिन चाय की हर बूंद उसे स्वादहीन और कड़वी लगने लगी।

चाय पीकर केदार बाबू जल्दी से कपड़े बदल आए। आकर देखा अचला बैठी बड़े ध्यान से सिलाई कर रही है। उन्होंने आश्चर्य से कहा, 'अभी तक सिलाई कर रही हो, तैयार नहीं हुई?' अचला ने शान्त स्वर में कहा, 'मैं नहीं जाऊंगी।'

'नहीं जाओगी? यह कैसी बात?'

'आप लोग चले जाइए। मुझे अच्छा नहीं लग रहा।' कहकर वह तनिक-सा हंसी।

क्रोध और कुढ़न को दबाकर सुरेश ने कहा, 'चलिए केदार बाबू, आज हम लोग ही चलें। इनकी तबियत शायद ठीक नहीं। जबर्दस्ती से क्या लाभ?'

उसे देखते ही केदार बाबू उसके आन्तरिक क्रोध को भांप गए। बेटी से पूछा, 'तुम्हें कुछ हुआ है?'

अचला ने कहा, 'मैं ठीक हूं।'

सुरेश महिम की ओर पीठ करके खड़ा था। इसलिए उसके चेहरे के भावो को नहीं देख पाया। बोला, 'चलिए, हम चलें। इन्हें घर में कोई काम हो सकता है। जोर देने की क्या जरूरत है?'

केदार बाबू ने कठोर स्वर में पूछा, 'घर में कोई काम है?'

अचला ने सिर हिलाकर कहा, 'नहीं।'

केदार बाबू चीख उठे, 'मैं कहता हूं, चल-जिद्दी लड़की।'

अचला के हाथ की सिलाई छूटकर नीचे गिर गई। वह स्तम्भित-सी आंखें फाड़े पहले सुरेश को और फिर पिता को ताक कर उठी ओर तेजी से अंदर चली गई।

सुरेश ने स्याह मुंह से कहा, 'आप तो हर बात में जोर-जबरदस्ती करते हैं। लेकिन अब मैं देर नहीं कर सकता। आज्ञा दें तो मैं जाऊं।'

अपने अभद्र आचरण से केदार बाबू मन-ही-मन लज्जित हो रहे थे। सुरेश की बात से नाराज हो उठे। लेकिन यह नाराजगी पड़ी महिम पर। वह बहुत ही दुःखी और क्षुब्ध होकर उठना ही चाहता था कि केदार बाबू ने पूछा, 'तुम्हें कोई काम है महिम?'

महिम अपने आपको जब्त करके उठते हुए बोला, 'नहीं।'

केदार बाबू चलने को उद्धत होकर बोले, 'आज हम लोग जरा व्यस्त हैं, फिर कभी आने से...।'

महिम ने कहा, 'जैसी आज्ञा। लेकिन आने की अब कोई आवश्यकता नहीं है।'

केदार बाबू ने सुरेश को सुनाते हुए कहा, 'मुझे अपने लिए तो कोई आवश्यकता नहीं। तुम आवश्यकता समझो तो आना। कुछ बातों पर चर्चा की जाएगी।'

तीनों बाहर निकल आए। नीचे आकर सुरेश ने महिम की ओर ताका तक नहीं। केदार बाबू को लेकर गाड़ी में जा बैठा। कोचवान ने गाड़ी हांक दी।

महिम कुछ ही दूर खड़ा था कि पीछे से अपने नाम की पुकार सुनकर खड़ा हो गया। देखा, केदार बाबू का बैरा है। वह बेचारा हांफता हुआ उसके पास आया और कागज की एक चिट उसे थमा दी। उस पर पेंसिल से केवल 'अचला' लिखा था। बैरे ने कहा, 'उन्होंने आपको बुलाया है।' महिम लौटा। सीढ़ी पर पांव धरते ही देखा, अचला सामने खड़ी है। उसकी सुर्ख आंखों की पलकें अभी भी गीली थीं। पास आते ही बोली, 'तुम अपने कसाई मित्र के हाथों में मुझे क्यों छोड़ गए? जिसने तुम्हारे साथ इतनी बड़ी कृतघ्नता की। तुम मुझे उसके हाथों में छोड़कर कैसे जा रहे हो?' और यह कहकर झर-झर रो पड़ी।

महिम काठ का मारा-सा खड़ा रहा। कुछ देर बाद आंसू पोंछकर अचला बोली, 'लज्जा करने का समय अब नहीं रहा। तुम्हारा हाथ देखूं?' स्वयं उसका दायां हाथ खींचकर अपनी अंगुली से सोने की अंगूठी निकाल कर पहना दी। बोली, 'मैं और अधिक नहीं सोच सकती। अब जो करना है तुम करो।' इतना कहकर के पांवों में झुककर प्रणाम किया और चली गई।

महिम कुछ देर तक रेलिंग पर भार दिए चुपचाप खड़ा रहा और फिर धीरे-धीरे उतरकर चला गया।

11

सांस के बाद सिर झुकाए जब महिम अपने डेरे की ओर लौट रहा था तो उसका चेहरा देखकर किसी में इतना कहने का साहस न था कि उसके आकुल प्राण उसके हृदय की दीवारों को खोदकर निकल जाना चाहते हैं। सुरेश वहां कैसे पहुंचा? कैसे इतना घनिष्ट हो गया? यह तो उसे मालूम न था लेकिन असली बात अब अनजानी न रह गई थी। केदार बाबू को वह जानता था। उन्हें जहां

रुपये की गन्ध मिलती है वहां से वह सहज ही नहीं पलट सकते। सुरेश को भी वह बचपन से जानता है। वह जिसे प्यार करता है, उसे पाने के लिए क्या नहीं दे सकता। एक दिन उसी के लिए उसने मुंगेर की गंगा में अपने प्राणों का मोह नहीं किया था। आज अगर वह किसी दूसरे के प्रेम के प्रबलतम मोह में उसी महिम की उपेक्षा कर दे तो उसे दोष नहीं दिया जा सकता।

अचला के अन्तिम आचरण ने पल भर के लिए बेचैन करने के अतिरिक्त उसे भरोसा नहीं दिया। अंगूठी की ओर देखने पर भी उसे सान्त्वना नहीं मिली। फिर भी यह उसका अन्तिम निर्णय है। और वह भी इसी तरह अन्तिम निर्णय कर लेगा। यही संकल्प करके वह अपने निर्धन छात्रावास में रात के आठ बजे के बाद पहुंचा।

दूसरे दिन तीसरे पहर वह केदार बाबू के यहां गया तो पता चला, वे लोग अभी-अभी बाहर गए हैं। कहीं निमन्त्रण है।

उसके दूसरे दिन भी भेंट नहीं हुई। बैरे ने कहा, 'सब लोग बाईस्कोप देखने गए हैं। लौटने में देर लगेगी।' -सब कौन? बिना पूछे ही महिम समझ गया। अपमान और अभिमान कितना ही छोटा-बड़ा हो, उस जैसे व्यक्ति के लिए काफी था। लेकिन हाथ की अंगूठी ने उसे डेरे पर टिकने नहीं दिया। तीसरे दिन फिर उसे ठेल कर वहां भेज दिया। आज पता चला। बाबू घर में हैं। बैठक में चाय पी रहे हैं।

महिम को दरवाजे के पास देखकर केदार बाबू ने गम्भीर स्वर में कहा, 'आओ महिम।' महिम ने हाथ उठाकर नमस्ते की।

वहां से कुछ दूर खुले झरोखे के पास एक सोफे पर अचला और सुरेश अलग-अलग बैठे थे। अचला की गोद में तस्वीरों की एक भारी किताब थी। दोनों तस्वीर देख रहे थे। सुरेश ने एक नजर उठाकर देखा और फिर तस्वीर देखने में निमग्न हो गया। लेकिन अचला ने पलटकर भी नहीं देखा। उसका झुका हुआ चेहरा देखा नहीं जा सका। लेकिन वह अपनी किताब के पत्रों पर जिस तन्मयता से झुकी थी कि यह सोचना असंगत नहीं था कि पिता की आवाज, आगन्तुक के पैरों की आहट, कुछ भी उसके कानों तक नहीं पहुंची।

महिम अन्दर आकर एक कुर्सी खींचकर बैठ गया। केदार बाबू देर तक कुछ न बोले। थोड़ी-थोड़ी करके चाय पीते रहे। जब चाय खत्म हो गई और चुप रहना नितान्त असम्भव हो गया, प्याले को रखते हुए बोले, 'अब क्या कर रहे हो? कानून का परीक्षाफल निकलने में तो अभी महीने भर की देर है।'

'जी हां।'

'मान लिया पास हो भी गए तो कुछ दिन प्रैक्टिस करके रुपया इकट्ठा किए बिना तो किसी ओर मन को दौड़ा नहीं सकते। क्या विचार है? सुरेश-सुनते हैं महिम की आर्थिक स्थिति तो अच्छी नहीं है।'

सुरेश बोला, 'नहीं।'

महिम जरा हंसकर बोला, 'प्रैक्टिस करने पर रुपये जमा हो जाएंगे, इसका भी तो ठिकाना नहीं है।'

केदार बाबू सिर हिलाकर बोले, 'सो तो नहीं है। लेकिन प्रयत्न करने से असम्भव कुछ भी नहीं। हमारे शास्त्रकारों ने कहा है-पुरुष सिंह-तुम्हें वही पुरुष सिंह बनना पड़ेगा। सब ओर से ध्यान हटाकर उन्नति की ओर देखना होगा-उन्नति और उन्नति। उसके बाद सांसारिक कर्म करो। जो जी चाहे करो। कोई दोष नहीं। नहीं तो महापाप', कहकर सुरेश की ओर देखकर बोले, 'क्यों सुरेश, बाल-बच्चों को खिला-पिला न सके। बच्चों को लिखा-पढ़ा न सके। इसी तरह तो हिन्दू लोग नर्क में गए। हम ब्रह्म समाजी भी अगर अच्छा आदर्श प्रस्तुत न कर पाएं तो सभ्य जगत के सामने मुंह तक न दिखा सकूंगा। ठीक है या नहीं? क्यों सुरेश?'

सुरेश पूर्ववत मौन रहा। महिम मन-ही-मन असहिष्णु होकर बोला, 'आपके उपदेश को मैं याद रखूंगा। लेकिन आपने क्या मुझे इसी चर्चा के लिए बुलाया था?'

केदार बाबू उसके मन की बात समझ गए। बोले, 'नहीं, और भी बात है। लेकिन-' कहकर उन्होंने सोफे की ओर देखा।

सुरेश ने खड़े होकर कहा,'हम लोग उस कमरे में जाकर बैठते हैं।'

उसने झुककर अचला की गोद में से तस्वीर वाली किताब उठा ली। लेकिन उसके इशारे पर अचला ने कोई ध्यान नहीं दिया। जैसी बैठी थी, बैठी रही।

केदार बाबू ने कहा, 'तुम दोनों जरा उस कमरे में चले जाओ बिटिया, मुझे महिम से कुछ बात करनी है।'

अचला ने पिता की ओर देखकर कहा, 'मैं यहीं रहूंगी बाबूजी।'

सुरेश ने कहा, 'ठीक है। मैं ही चला जाता हूं।' क्रुद्ध होकर हाथ की किताब अचला की गोद में फेंककर तेजी से बाहर चला गया।

आज्ञा की अवहेलना पर केदार बाबू प्रसन्न नहीं हुए, यह उन्होंने चेहरे के भाव से स्पष्ट बता दिया लेकिन जिद नहीं की। कुछ देर क्रुद्ध भाव से बैठे रहे। फिर बोले, 'महिम, यह मत सोचो कि मैं तुम्हें चाहता नहीं हूं। तभी एक बंधु के नाते सलाह दे रहा हूं। इस समय किसी प्रकार की जिम्मेदारी कन्धे पर लादकर अपने को निकम्मा मत बनाओ। अपनी उन्नति करो, कर्मशील बनो। फिर इस बोझ को लादने का बहुत समय मिलेगा।'

महिम ने मुंह घुमाकर अचला की ओर देखा। देखते ही अचला ने नजरें झुका ली। केदार बाबू की ओर देखकर महिम ने पूछा, 'आपका आदेश सिर आंखों पर। लेकिन क्या यही राय आपकी बेटी की भी है?'

केदार बाबू छूटते ही बोले, 'बेशक, बेशक', फिर जरा देर चुप रहकर कहने लगे, 'कम से कम यह तो निश्चित है कि सब कुछ जान-सुनकर मैं तुम्हारे पल्ले बांध कर बेटी को बहा नहीं सकता।'

महिम ने शान्त स्वर में कहा, 'अंग्रेजों में एक प्रथा है। ऐसी स्थिति में एक-दूसरे की प्रतीक्षा करते हैं। क्या इसका यही अभिप्राय समझूं?'

केदार बाबू जलकर बोले, 'सुनो महिम, तुम्हारे सामने शपथ लेने को मैंने तुम्हें नहीं बुलाया है। तुमने हमारे साथ जैसा सलूक किया है और कोई बाप होता तो महाभारत मच जाता। लेकिन मैं बहुत ही शान्तिप्रिय व्यक्ति हूं। हंगामा पसन्द नहीं करता। मैंने बड़े शान्त भाव से तुम्हें अपना इरादा बता दिया। अब तुम प्रतीक्षा करोगे या नहीं, अंग्रेजों में क्या प्रथा है, इससे हमें कोई मतलब नहीं। हम अंग्रेज नहीं, बंगाली हैं। लड़की बड़ी हो जाने पर हमें नींद नहीं आती। खाना नहीं रुचता। यह क्या तुम नहीं जानते?'

महिम का चेहरा और आंखें लाल हो गई। लेकिन स्वयं को संभालकर शान्त स्वर में बोला, 'मैंने ऐसा क्या सलूक किया है कि और कोई होता तो महाभारत मच जाता-मैं यह नहीं पूछना चाहता। केवल आपकी बेटी के मुंह से सुनना चाहता हूं कि क्या उनका भी यही अभिप्राय है? ' और उसने अचला के पास जाकर पूछा, 'क्यों, यही है ना?'

अचला ने न सिर उठाया, न बोली।

उमड़ते हुए उच्छ्वास को पीकर महिम ने कहा, 'एकान्त में तुम्हारे विचार जानने-पूछने का मुझे अवसर नहीं मिला। इसके लिए मैं क्षमा चाहता हूं। उस दिन सांझ को भावावेश में तुम जो कुछ कर बैठी थी उसका जिम्मेदार भी तुम्हें नहीं बनाऊंगा। केवल एक बार यह कह दो कि तुम यह अंगूठी वापस चाहती हो या नहीं?'

सहसा आंधी की तरह तेजी से आकर सुरेश ने कहा, 'मुझे क्षमा करना होगा केदार बाबू। अब यहां ठहरने के लिए मेरे पास एक मिनट भी नहीं है।'

सबने आश्चर्य से उसकी ओर देखा। केदार बाबू ने पूछा, 'क्यों?'

सुरेश ने नाटकीय मुद्रा में कहा, 'नहीं, नहीं, मेरी इस भूल के लिए क्षमा नहीं। मेरा अन्तरंग मित्र प्लेग से मर रहा है और मैं यहां बैठा व्यर्थ ही समय नष्ट कर रहा हूं।'

केदार बाबू घबरा उठे, 'प्लेग?- क्या कह रहे हो सुरेश? तुम वहां जाओगे।'

सुरेश हंसकर बोला, 'निःसंदेह! बहुत पहले ही वहां मेरा जाना उचित था।'

केदार बाबू शंकित होकर बोले, 'लेकिन प्लेग है। वे क्या तुम्हारे कोई विशेष आत्मीय हैं?'

सुरेश ने कहा, 'आत्मीय आत्मीय से भी अधिक', फिर महिम को कटाक्ष करके बोला, 'महिम, अपने निशीथ को कल रात से ही प्लेग हुआ है। जिएगा, आशा नहीं। तुम्हें भी बता देना चाहिए। चलोगे उसे देखने?'

महिम निशीथ को न पहचान सका। पूछा, 'कौन निशीथ?'

'कौन निशीथ? क्या इसी बीच निशीथ को भूल गए? जिसके साथ तुम सेकेण्ड इयर में पढ़ते रहे। ऐसी संकट की घड़ी में उसे भूल गए?' फिर अचला की ओर देखकर व्यंग्य भरे पर में बोला, 'याद भी क्यों आए, प्लेग है न?'

महिम ने इस व्यंग्य को चुपचाप सहकर पूछा, 'वे क्या जो भवानीपुर से आया करते थे?'

सुरेश ने व्यंग्य से उत्तर दिया, 'हां, वही। दो-चार निशीथ तो थे नहीं जो अब तक तुम्हें याद नहीं आया। पूछता हूं चलोगे?'

'निशीथ इन दिनों कहां रहता है?'

'और कहां? अपने घर भवानीपुर में। ऐसे संकट के समय उससे मिलना क्या कर्त्तव्य नहीं लगता तुम्हें? मैं डॉक्टर ठहरा, मुझे तो जाना ही पड़ेगा। और अगर मित्रता को भूल नहीं गए तो तुम भी मेरे साथ चल सकते हो। केदार बाबू, मेरा ख्याल है, आप लोगों की बातचीत खत्म हो चुकी। आशा है इसे थोड़ी देर के लिए छुट्टी दे देंगे।'

यह व्यंग्य किस पर है, समझ न पाने के कारण केदार बाबू कभी महिम और कभी अचला की ओर देख उद्विग्न होकर ताकने लगे। अपने धनी-दामाद का मान-अभिमान किस बात में है और कब वह तुनक उठता है, वे समझ नहीं सके। उनके मुंह से बात नहीं निकली। महिम भी काठ का मारा-सा देखता रहा। देखते-देखते अचला का चेहरा लाल हो उठा। वह हाथ वाली किताब मेज पर रखकर बोली, 'तुम्हें तो जाना ही चाहिए। लेकिन इनकी कानून की किताबों में तो प्लेग का निदान लिखा नहीं है। ये क्यों जाएं?' इस अप्रत्याशित उत्तर से सुरेश अवाक् हो गया। लेकिन दूसरे ही पल बोला, 'मैं वहां डॉक्टरी करने नहीं जा रहा। उसे डॉक्टरों की कमी नहीं है। मैं जा रहा हूं मित्र की सेवा करने। मित्रता को मैं अपने प्राणों से भी अधिक मानता हूं।'

एक निष्ठुर हंसी की झलक अचला के होंठों पर झलक आई। बोली, 'हर व्यक्ति तुम्हारे जैसा ही महान होगा, ऐसी तो कोई बात नहीं। मित्रता का इतना बोध उन्हें न हो तो मैं लज्जा का कारण नहीं समझती। खैर जो भी हो, वहां इनका जाना हर्गिज नहीं होगा।'

सुरेश का चेहरा काला पड़ गया। केदार बाबू आशंकित हो उठे। भयभीत होकर बोल उठे, 'अब यह तू क्या कह रही है अचला? सुरेश जैसा-सच ही तो निशीथ बाबू जैसे...?'

अचला ने टोककर कहा, 'निशीथ बाबू को पहले तो ये पहचान ही नहीं सके। फिर सुरेश बाबू तो डॉक्टर हैं, जा सकते हैं। लेकिन दूसरे को अकारण संकट में खींच ले जाना क्या...?'

चोट खाने पर सुरेश को होश नहीं रहता। मेज पर जोरों की मुट्ठी मारकर चीख कर बोल उठा, 'मैं डरपोक नहीं। मैं मरने से नहीं डरता,' फिर महिम की ओर इशारा करके बोला, 'इस नमकहराम से ही पूछ देखो, दो-दो बार मैंने इसे मरने से बचाया या नहीं?'

अचला ने जोर देकर कहा, 'नमकहराम ये हैं? बहुत अच्छे! लेकिन जिसे-जिसे बचाया जाता है, तो क्या जी में आने पर उसे मार भी डाला जाता है?'

केदार बाबू घबराकर बोल उठे, 'रुको भी अचला, ठहरो सुरेश, यह सब क्या... ?'

सुरेश ने लाल-लाल आंखों से केदार बाबू की ओर देखकर कहा, 'मैं प्लेग के पास जा रहा हूं, तब कोई हानि नहीं। महिम के प्राण ही प्राण हैं, मेरे कुछ भी नहीं। देख लिया न आपने?' लज्जा

और क्षोभ से अचला रो पड़ी। रुंधे गले से बोली, 'अपनी जान दे देना चाहते हैं, दो। मैं रोक नहीं सकती। लेकिन जिसे रोकने का मुझे अधिकार है, उसे मैं जरूर रोकूंगी। मैं इन्हें ऐसे स्थान पर हर्गिज नहीं जाने दे सकती।'

अचला जाने लगी तो केदार बाबू चीख उठे, 'जा कहां रही है अचला?'

अचला ठिठक गई। बोली, 'नहीं बाबूजी। रात-दिन इतना अत्याचार अब मुझसे सहन नहीं होता। जो नितान्त असम्भव है, प्राण रहते जिसे मैं नहीं कर सकूंगी, उसी के लिए तुम लोग मुझे रात- दिन देख रहे हो'। उमड़ती हुई रुलाई को दबाती हुई वह कमरे से चली गई।

केदार बाबू हतबुद्धि से कुछ देर ताकते रहे। फिर, 'सब बच्चे आ जुटे हैं, यह सब क्या है, कहीं तो...?'

12

लगभग एक महीना बीत गया। केदार बाबू सहमत हो गए। आगामी रविवार को महिम से अचला का विवाह निश्चित हो गया। उस दिन सुरेश जैसी हरकत कर गया वह वास्तव में केदार बाबू के कलेजे में चुभी लेकिन इसी अपमान के कारण महिम पर प्रसन्न होकर उन्होंने स्वीकृति नहीं दी। सुरेश स्वयं ही न जाने कहां गायब हो गया। तब से आज तक उसका कोई पता नहीं है। सुना है कहीं पश्चिम में गया है। कब लौटेगा कोई नहीं जानता।

उस दिन अपनी रुलाई को दबाने के लिए अचला जब कमरे से बाहर चली गई तो बहुत देर तक स्याह मुंह किए तीनों बैठे रहे थे। फिर सुरेश ने केदार बाबू को सम्बोधित करके कहा था, 'अगर आपको आपत्ति न हो तो आपके सामने ही मैं आपकी लड़की से दो-एक बात कहना चाहता हूं।' केदार बाबू ने कहा, 'खुशी से। तुम बात करोगे, इसमें आपत्ति कैसी सुरेश? सब बचपने की बात...।'

'तो फिर बुलाइए, मेरे पास अधिक समय नहीं है।'

उसके चेहरे और स्वर की गंभीरता से केदार बाबू के मन में शंका हुई। लेकिन जबर्दस्ती हंसकर बोले, 'सब बचपने की बात। उसे संभलने का अवसर दिए बिना समझ गए सुरेश। वह प्लेग-प्लेग के नाम से ही औरत का जी ठहरा न। सुना नहीं कि होश फाख्ता-समझ गए बेटे-!' किसी तरह की कोई सफाई सुनने जैसी सुरेश की मनःस्थिति नहीं थी। अधीर होकर बोला, 'सच मानिए, प्रतीक्षा करने के लिए मेरे पास बिलकुल समय नहीं है।'

'सो तो है। सो तो... अरे कौन है?' उन्होंने आवाज दी और कनखियों से महिम को देखा। महिम ने खड़े होकर नमस्ते की और चुपचाप बाहर चला गया।

केदार बाबू जब अचला को बुलाकर लाए तब पश्चिमी झरोखे से तीसरे पहर के सूर्य की रंगीन किरणें कमरे भर में बिखर गई थी। उस बिखरी हुई आभा में उस युवती के उबले रहने बदन की ओर देखकर पल भर के लिए सुरेश के क्रुद्ध मन में मोह और पुलक जाग उठे। लेकिन उसके चेहरे

पर नजर पड़ते ही वह भाव छू-मंतर हो गया। वह उसे अपलक देखता स्तब्ध बैठा रहा। अचला के चेहरे पर आकाश का प्रकाश नहीं पड़ रहा था। सामने की दीवार से छिटककर आते रंगीन प्रकाश में उसका चेहरा बाज की कठोर मूर्ति-सा लगा। उसने स्पष्ट देखा कि कैसी तो एक बाहरी वितृष्णा ने उसकी सारी मधुरिमा, सारी कोमलता को सोख लिया है और उसके चेहरे की एक-एक रेखा को अडिग दृढ़ता से धातु की तरह कठोर बना दिया है। अचानक केदार बाबू के विश्वास के आघात से सुरेश चौंक उठा और सीधा बैठ गया।

केदार बाबू ने फिर अपनी वही पुरानी बात दुहराई, 'सब पागलपन है। किससे क्या कहूं। सोच नहीं पाता...।'

अचला की ओर देखकर सुरेश पर्याप्त गंभीरता से बोला, 'आप जो कह गईं, वह ठीक है?'

अचला ने सिर हिलाकर कहा, 'हां।'

'इसमें परिवर्तन की कोई गुंजाइश नहीं?'

'नहीं।'

खून के उबाल ने आग की लपट की तरह सुरेश के आंख-मुंह को चमका दिया लेकिन आवाज को संयत करके बोला, 'जब मेरी जान की ही कोई कीमत नहीं तभी मैं समझ गया था। अच्छा, यह पूछता हूं कि क्या मैं ही पहला शिकार हूं या और भी बहुत से लोग जाल में फंसकर सिर मुंडवा चुके हैं?'

असह्य आश्चर्य से अचला ने आंखें फाड़कर देखा। सुरेश ने केदार बाबू से कहा, 'सुना है बाप- बेटी का मिलकर शिकार फंसाने का व्यापार विलायत में नया नहीं है। लेकिन मैं आपसे कहे देता हूं केदार बाबू, आपको किसी दिन जेल जाना पड़ेगा।'

केदार बाबू चीख उठे, 'तुम यह सब क्या कह रहे हो सुरेश?'

सुरेश ने उसी दृढ़ता से कहा, 'चुप भी रहिए केदार बाबू। नाटक का अभिनय अब पुराना पड़ गया। मैं अब इससे दहलने वाला नहीं। रुपये गए बला से। बदले में सबक भी कम नहीं मिला। लेकिन यही अन्तिम हो....।'

अचला रो पड़ी, 'आपने इनसे रुपये क्यों लिए बाबूजी?'

केदार बाबू ने सादा कागज के लिए इधर-उधर हाथ बढ़ाया। अन्त में एक पुराना अखबार उठाकर चिल्ला उठे,'मैं अभी हैंड नोट लिख देता हूं।'

सुरेश ने कहा, 'रहने दीजिए। इस लिखा-पढ़ी की जरूरत नहीं। आप रुपये चुकाएंगे सो मैं जानता हूं। लेकिन थोड़े-से रुपयों के लिए नालिश करके मैं अदालत में खड़ा न हो सकूंगा।' उत्तर देने के लिए केदार बाबू लगातार होंठ हिलाते रहे, लेकिन मुंह से एक शब्द भी नहीं निकला।

सुरेश ने घूमकर अचला की ओर देखा। उसके पीले पड़े चेहरे और गीली आंखों को देखकर उसे रत्ती भर दया नहीं आई। बल्कि अन्दर की ज्वाला सौ गुनी बढ़ गई। पैशाचिक निष्ठुरता से बोला, 'घमंड करने योग्य तुम्हारे पास है क्या अचला? यही तो मुंह की सुन्दरता, यही तो लकड़ी-सा शरीर यह रंग। फिर भी मैं लट्टू था, वह क्या तुम्हारे रूप पर? ऐसा सोचना भी मत।'

पिता के सामने ऐसे लज्जाहीन अपमान से अचला दुःख और घृणा से दोनों हाथों से आंखें छिपाकर कोच पर औंधी पड़ गई? सुरेश ने खड़े होकर कहा, 'ब्रह्मों को मैं फूटी आंख नहीं देख सकता। जिनकी छाया तक के छू जाने से मुझे घृणा होती थी। उसके घर में पांव धरते ही मेरे आजन्म का संस्कार, पुरातन विद्वेष एक पल में धुल गया। तभी मुझे शंका होनी चाहिए थी कि यह जादू है। मुझ पर जो बीता बीते, लेकिन जाते समय मैं आप लोगों को हजारों धन्यवाद दिए बिना नहीं जा सकता। धन्यवाद अचला।'

अचला ने रुंधे स्वर में कहा, 'पिताजी, इन्हें चुप रहने को कहिए। हम पेड़ के नीचे रह लेंगे। आपने इनसे जो रुपया लिया है, लौटा दीजिए।'

सुरेश ने कहा, 'पेड़ के नीचे? तुम लोगों को वह भी नसीब नहीं होगा। कहे देता हूं। फिर भी उस दिन मुझे याद कर लेना।' कहकर उत्तर की प्रतीक्षा किए बिना जल्दी से चला गया।

केदार बाबू कुछ देर चुप रहे। फिर एक लम्बी सांस भरकर बोले, 'उफ, कितना खतरनाक आदमी! ऐसा जानता तो क्या मैं उसे घर में कदम रखने देता?'

अचला ने कोई उत्तर नहीं दिया। पूर्ववत् औंधी पड़ी रोती रही। पास ही बैठे केदार बाबू सब देखते रहे। लेकिन सान्त्वना का एक शब्द भी उनके मुंह से नहीं निकला।

सांझ हो गई। बैरा गैस बत्ती जलाने आया तो अचला उठकर अपने कमरे में चली गई।

लेकिन महिम को यह सब कुछ मालूम न हो सका। उस दिन के अन्त तक जब केदार बाबू ने अपनी बेटी के साथ विवाह की स्वीकृति दी। कुछ देर तक वह विह्वल और स्तब्ध बैठा रहा। उसके मन में अनेक आशंकाएं उठीं। लेकिन उसके इस सौभाग्य का मूल कारण सुरेश है इसकी कल्पना तक उसके मन में नहीं उठी। अचला के प्रति स्नेह और करुणा से उसका हृदय भर आया। लेकिन वह सदा से मौन प्रवृत्ति का आदमी था। आवेग और उच्छ्वास कभी प्रगट नहीं कर पाता था।

शाम को अकेले में केदार बाबू से कुछ बातें करके जब वह डेरे में लौटा तो अन्य दिनों की तरह अचला से भेंट करके उसे सामान्य नमस्कार तक नहीं कर पाया। बात केदार बाबू ने स्वयं उठाई थी। प्रसंग उठाने से लेकर विवाह की सहमति और विवाह का दिन निश्चित करने तक सब अकेले ही किया। लेकिन सब कुछ जैसे विवश होकर किया। उनके चेहरे पर उत्साह और उमंग की झलक तक दिखाई नहीं दी। फिर भी दिन बीतने लगे और विवाह का दिन आ गया।

परसों विवाह है। लड़की के विवाह में धूमधाम न करने का निश्चय कर रखा था। आयोजन जितना चुपचाप हो सके, अच्छा है।

आज तीसरे पहर वे यथासमय चाय पीने बैठे थे। अचला मेज पर बैठी सिलाई कर रही थी। बहुत दिनों से कष्ट में दिन काटने के बाद आज उनका मन शान्त था। सुरेश के झगड़कर चले जाने के बाद से मनहूसियत भरे दिन कट रहे थे। लौटकर वह क्या करेगा? इसकी चिन्ता। इस सम्बन्ध में उनका अपना क्या कर्त्तव्य है। हैंड नोट लिख देना या रुपया चुकाने के लिए और कहीं से कर्ज

लना या इसका जिम्मेदारी महिम के कन्धों पर लाद देना-वह कुछ भी सोच नहीं रहे थे। लेकिन कुछ करना आवश्यक है। निराश प्रेम अचानक एक दिन जाग उठेगा और चारों ओर यह बात फैलाकर हंगामा खड़ा कर देगा। रुपया उसने बैंक से दिया है इसलिए अदालत में इंकार करना कठिन हो जाएगा।

जो निर्दयी बेटी बाप के बार-बार मना करने पर भी उसके सुख-दुःख का ख्याल न कर सकी। उस स्वार्थी सन्तान पर उनका छिपा क्रोध अभिशाप बनकर यही कामना करता, किसी दिन उसे रो-रोकर कहना पड़े कि तुम्हारे विरुद्ध जाने का दंड भोग रही हूं।

सिलाई करते-करते अचानक सिर उठाकर अचला ने कहा, 'आपने सुरेश बाबू के बारे में पढ़ा?'

अचला की जबान पर सुरेश का नाम है? केदार ने चौंककर देखा। उन्हें कानों पर विश्वास हो हुआ। सुबह का अखबार मेज पर पड़ा था। बोले, 'कौन सुरेश?'

अखबार में खबर खोजते हुए अचला बोली, 'शायद अपने ही सुरेश बाबू हैं।'

केदार बाबू की आंखें आश्चर्य से फटी रह गई।

'अपने सुरेश बाबू? क्या किया उन्होंने? कहां हैं वे?'

अचला ने अखबार का वह स्थान दिखाते हुए कहा, 'पढ़ देखिए न।'

चश्मा के लिए जेब टटोलते हुए केदार बाबू बोले, 'शायद मैं चश्मा उस कमरे में ही छोड़ आया। तुम्हीं पढ़ दो, सुनूं क्या खबर है?'

अचला ने पढ़कर सुनाया, फैजाबाद के किसी सज्जन ने पत्र लिखा है उस दिन शहर के गरीबों के मुहल्ले में जोरों की आग लग गई। एक तो प्लेग उस पर यह दुर्घटना। लोगों के कष्ट की कोई सीमा नहीं रही। कुछ दिनों से सुरेश नाम के एक सज्जन युवक यहां आकर रुपये, पैसे, दवाइयां और शारीरिक श्रम लगाकर रोगियों की सेवा कर रहे थे। इस संकट का उन्हें समाचार मिला कि कोई बीमार स्त्री जलते हुए घर के अन्दर घिर गई है। उसे बचाने वाला कोई नहीं। संवाददाता ने आगे लिखा है कि उस बेचारी की जान बचाने के लिए वह दुस्साहसी बंगाली युवक अपने जान हथेली पर रखकर धधकती हुई आग में कूद पड़ा। आदि-आदि...!'

समाचार सुनकर केदार बाबू बहुत देर तक चुप बैठे रहे। फिर एक निश्वास छोड़कर बोले, 'लेकिन यह अपना सुरेश ही है तुम्हें ऐसा कैसे लगता है?'

'हां, ये अपने ही सुरेश बाबू हैं।'

केदार बाबू फिर चौंक पड़े। शायद अनजाने ही अचला के मुंह से अपने शब्द पर जरा अधिक जोर पड़ गया था। शायद निश्चित विश्वास प्रगट करने के लिए। लेकिन केदार बाबू के कलेजे में वह और ही प्रकार से लगा। डूबता हुआ आदमी जिस प्रकार तिनके को पकड़ने के लिए दोनों हाथ बढ़ा देता है ठीक उसी तरह बूढ़े पिता ने बेटी की इस बात को बड़े आग्रह से कलेजे में रख लिया।

सही बात पलक मारते न जाने कितनी असम्भव सम्भावनाओं के द्वार खोल गई। इतने दिनों बाद आज उनका चेहरा आशा से दमक उठा। बोले, 'अच्छा बेटी, तुम्हें ऐसा नहीं लगता कि.... ।'

पिता को हठात् रुकते देख अचला ने पूछा, 'क्या नहीं लगता बाबू जी?'

'तुम्हें क्या ऐसा नहीं लगता कि सुरेश ने तुम लोगों के साथ जो व्यवहार किया था उससे वह बहुत ही दुःखी है।'

अचला तुरन्त बोल उठी, 'मुझे भी लगता है पिताजी।'

केदार बाबू जोर से सिर हिलाकर बोले, 'बेशक, बेशक। अगर ऐसा न होता तो वह इस तरह भाग न जाता। कहां की एक मामूली स्त्री को बचाने के लिए आग में कूद पड़ता। मुझे लगता है कि वह इसी दुःख के कारण जलकर मरने लगा था। सच है न बिटिया?'

पिता के प्रश्न के उत्तर को टालकर अचला धीरे से बोली, 'दूसरों को बचाने के लिए वे और भी कई बार जान खतरे में डाल चुके हैं।'

यह बात केदार बाबू को अच्छी नहीं लगी। बोले, 'वह और बात है अचला। यह तो आग में कूदना हुआ। मौत को सीधे गले लगाना। दोनों का अन्तर नहीं समझती?'

अचला ने बात काटकर कहा, 'जी हां, सो तो है, लेकिन जो बड़े दिल वाले होते हैं वे दूर-की मुसीबत को देखकर अपनी मुसीबत भूल जाते हैं।'

केदार बाबू उत्साह में उछल पड़े। दमकते स्वर में बोले, 'ठीक! ठीक कहती हो तुम। व तो मैं तुमसे कहता हूं कि सुरेश महान व्यक्ति है। इससे क्या किसी की तुलना की जा सकती। कौन किसकी बात पर पांच-पांच हजार रुपए दे सकता है। उसने जो भी कुछ किया बहुत ही दुःखी होकर किया है; यह मैं शपथपूर्वक कह सकता हूं।'

लेकिन शपथ की आवश्यकता ही नहीं थी। अचला सच्चाई को जितना जानती थी, वे उस सौवां हिस्सा भी नहीं जानते थे।

केदार बाबू ने पुलकित हृदय से कहा, 'आखिर आदमी देवता तो है नहीं। आदमी ही तो है। उसमें गुण-दोष होना स्वाभाविक है। बहुत से धनी पड़े हैं लेकिन इस तरह देना कौन जानता है। आग से सुरक्षित निकाल लाया। ओह कितना महान! देवता और किसे कहते हैं?' कहकर उन्होंने लम्बी सांस छोड़ी।

अचला पूर्ववत सिर झुकाए बैठी रही।

कुछ पल स्तब्ध बैठे रहने के बाद केदार बाबू बोले, 'क्या तार भेज कर उसकी कुशल मांगना उचित नहीं है? उसके इस संकट में भी क्या रुकना उचित है।'

अचला ने सिर उठाकर कहा, 'लेकिन हमें उसका पता तो मालूम नहीं।'

केदार बाबू बोले, 'पता? फैजाबाद में आज ऐसा भी कोई है, जो अपने सुरेश को नहीं पहचानता?'

'उस पर मुझे बहुत गुस्सा आया था। लेकिन अब कुछ नहीं है। एक तार लिखकर तुरन्त भेज दो। बिटिया। उसकी कुशल के लिए मैं व्यग्र हो उठा हूं।'

'अभी भेज देती हूं बाबूजी', वह तार के लिए कागज लेने निकली ही थी कि सामने सुरेश दिखाई दे गया।

हृदय में दुःख ढोने की थकान इतनी जल्दी मनुष्य के चेहरे को सूखा और श्रीहीन कर देती है, अचला ने जीवन में पहली बार देखा। कुछ देर तक किसी के भी मुंह से बात नहीं निकली। उसके बाद अचला ने ही कहा, 'बाबूजी बैठे हैं, अन्दर चलिए। फैजाबाद से कब आएं? अच्छे तो हैं?'

अनजाने ही उसकी बातों से कितना स्नेह झलक गया वह स्वयं न समझ सकी। लेकिन सुरेश जैसे टूट पड़ने को हो गया। फिर भी उसने पिछले दिन के कठोर सबक को व्यर्थ नहीं जाने दिया। अचला के रंजित चरणों में घुटने टेककर अपना सारा कुछ उड़ेल देने की दुर्बल आकांक्षा को जी-जान से दमन करके बड़ी शिष्टता से बोला, 'मेरे फैजाबाद जाने की बात आपको कैसे मालूम हुई?'

अचला ने वैसे ही स्नेह भीगे स्वर में कहा, 'अखबार में पढ़कर बाबूजी तुरन्त तार भेजने को कह रहे थे। आपके लिए बहुत ही बेचैन हो उठे थे। चलिए, उनसे भेंट कर लीजिए।' कहकर उसने मुड़ने की चेष्टा की कि सुरेश बोल उठा, 'वे बेचैन हो सकते हैं। लेकिन क्या तुमने मुझे क्षमा कर दिया अचला?'

अचला के होठों पर हंसी की हल्की-सी झलक दिखाई दी। बोली, 'उसकी आवश्यकता ही नहीं पड़ी। मैंने एक दिन के लिए भी आप पर गुस्सा नहीं किया। आइए, अन्दर आइए।'

13

सुरेश ने जब बताया कि महिम के पत्र में विवाह का समाचार पाकर ही वह जल्दी चला आया है, तो केदार बाबू की लज्जा की सीमा नहीं रही। लेकिन अचला में कोई परिवर्तन नहीं हुआ। सुरेश बोला, 'महिम के विवाह में आए बिना कैसे चलता। वरना कुछ और दिन अस्पताल में रह जाता तो ठीक था।'

केदार बाबू ने जल्दी से पूछा, 'अस्पताल में क्यों सुरेश? वैसे कुछ तो...।'

सुरेश ने कहा, 'जी हां, विशेष कुछ नहीं। लेकिन शरीर ठीक न था।'

केदार बाबू निश्चिन्त होकर बोले, 'इसके लिए ईश्वर को प्रणाम करता हूं। अचला ने जब अखबार में तुम्हारी अलौकिक कहानी पढ़कर सुनाई तो क्या बताऊं-आनन्द और गर्व से मेरी आंखों से आंसू बहने लगे। मन ही मन कहा, 'हे ईश्वर, मैं धन्य हूं कि ऐसे आदमी का भी बंधु हूं।' लेकिन यह भी कह दूं, बार-बार अपने प्राणों के खतरे में डालना क्या उचित है? एक साधारण मनुष्य को बचाने में अगर एक महान व्यक्ति चला जाता तो संसार की कितनी बड़ी हानि होती।'

'हानि क्यों होती?' कहकर सलज्ज भाव से नजर घुमाई। देखा, अचला उसी की ओर ताक रही थी। अब उसने नजरें झुका लीं।

केदार बाबू कहने लगे, 'ऐसी बात जबान पर भी नहीं लानी चाहिए। क्योंकि अपनों के दिल को इससे कितनी चोट लगती है, इसका कोई ठिकाना नहीं।' सुरेश हंसने लगा, 'मेरा कोई अपना नहीं है केदार बाबू। बस एक बुआ है। मेरे मर जाने पर उन्हीं को कष्ट होगा।

केदार बाबू की आंखें गीली हो उठीं कि उसके कोई नहीं है। बोले, 'केवल बुआ को ही कष्ट नहीं होगा, इस बूढ़े को भी कम कष्ट न होगा बेटे। खैर, जब तक मैं जिन्दा हूं तब तक अपने शरीर को संभालकर रखो सुरेश। यही मेरी एकान्त अनुरोध है।'

घड़ी में रात के दस बजे थे। लौटने को तैयार होकर अचानक हाथ जोड़कर उसने कहा, 'एक विनती है, महिम का विवाह मेरे घर से ही होगा। यही निश्चित हुआ है। लेकिन वह तो परसों होगा। कल रात भी इस तुच्छ के घर चरणों की धूल देनी पड़ेगी, नहीं तो मुझे विश्वास न होगा कि आपने मुझे क्षमा कर दिया। कहिए, यह भीख देंगे आप?' झुक कर वह केदार बाबू के चरणों की धूल लेने लगा।

केदार बाबू हड़बड़ा कर उसे रोकने लगे कि उसकी धीमी-सी आह से उछल पड़े। पीठ पर जल जाने के कारण पट्टी बंधी थी। ऊनी चादर डालकर सुरेश ने उसे छिपा रखा था। अनजाने में खींचातानी करते समय पट्टी खिसक गई। खुले घाव को देखकर केदार बाबू भय से चीख पड़े।

अचला झपटकर पहुंच गई और पट्टी को थाम कर बोली, 'ठहरिए, मैं ठीक से बांध देती हूं,' और सुरेश को सोफे पर बैठाकर सावधानी से बांधने लगी।

केदार बाबू धम से अपनी कुर्सी पर बैठ गए। आंखें मूंद लीं।

सोफे की पीठ पर दोनों कुहनियां टिकाकर पीछे खड़ी अचला पट्टी बांध रही थी। देखते-देखते उसकी दोनों आंखें भर उठीं। और फिर मोती जैसी बूंदें एक-एक कर टपकने लगीं। पर सुरेश कुछ भी न देख पाया।

किसी तरह आंसू पोंछकर अचला ने धीरे से कहा, 'आज मेरे सामने आपको एक प्रतिज्ञा करनी होगी।'

सुरेश चौंक पड़ा। फिर कोमल स्वर में पूछा, 'कैसी प्रतिज्ञा?'

'आप इस तरह अपनी जान बर्बाद नहीं करेंगे।'

'लेकिन मैं जान-बूझकर जान देने नहीं गया था। दूसरे के संकट में मुझे कुछ होश ही नहीं रहता। मेरा बचपन का स्वभाव है अचला।'

अचला ने बात नहीं काटी। पट्टी बंध गई तो सुरेश ने खड़े होकर कहा, 'कल इस गरीब के घर चरणों की धूल देनी पड़ेगी। सुरेश की आंखें भर आई। लेकिन आवाज में व्याकुलता नहीं झलकी।

सिर हिलाकर अचला ने कहा, 'अच्छा।'

केदार बाबू को नमस्कार करके सुरेश ने हंसकर कहा, 'देखिए, निराश न कीजिएगा।' और फिर अचला पर एक नजर डालकर चुपचाप चला गया।

दूसरे दिन समय पर सुरेश की गाड़ी आ गई।

केदार बाबू तैयार थे। बेटी के साथ चल दिए।

सुरेश के मकान के फाटक के अन्दर पहुंचते ही केदार बाबू दंग रह गए। सुरेश बड़ा आदमी है, यह तो मालूम था। लेकिन इतना बड़ा आदमी है, मालूम नहीं था।

सुरेश ने उन दोनों का स्वागत किया। हंसकर बोला, 'महिम की जिद नहीं तोड़ी जा सकी। कल दोपहर से पहले इस घर में कदम रखने को वह तैयार ही नहीं हुआ।'

केदार बाबू ने कोई उत्तर नहीं दिया। दोनों बैठक में पहुंचे तो एक प्रौढ़ महिला दरवाजे की ओट से अन्दर आकर अचला का हाथ पकड़कर उसे भीतर लिवा ले गई। उस कमरे के फर्श पर कालीन बिछा था। उसी पर अचला को सम्मान सहित बैठाकर उन्होंने अपना परिचय दिया, 'नाते से मैं तुम्हारी सास होती हूं बहू। मैं महिम की बुआ हूं।'

अचला ने प्रणाम कर उनके पैरों की धूल ली। और आश्चर्य से पूछा, 'आप यहां कब आईं?'

प्रौढ़ा उसके आश्चर्य का कारण समझ गई। हंसकर बोली, 'मैं यही रहती हूं बिटिया। मैं सुरेश की बुआ हूं। महिम भी तो मेरे लिए पराया नहीं है। इसलिए उसकी भी बुआ हूं।'

उसके स्वर में ऐसी स्वाभाविक कोमलता, स्नेह और हार्दिकता थी कि अचला का हृदय आलोड़ित हो उठा। उसके मां नहीं। होश आने पर पिता के स्नेह में ही पली थी। जब पराए घर की पराई बुआ ने उसे बहू कहकर अन्दर बिठाया तो इस सम्बोधन से वह शर्मा गई थी। लेकिन उसकी मधुरता और उसका गौरव, उसके नारी मन की गहराई में देर तक गूंजता रहा।

देखते-ही-देखते दोनों में बातों का सिलसिला जम गया। अचला ने लजाते हुए पूछा, 'अच्छा बुआजी, आपने मुझे अपने पास बैठाया। ब्रह्म लड़की के नाते आपने घृणा नहीं की।'

बुआ ने चुम्बन लेते हुए कहा, 'तुमसे क्यों घृणा करूं बिटिया? क्योंकि हम हिन्दू हैं, इसलिए ऐसे निर्बोध और हीन नहीं हैं कि धर्म अलग होने के नाते तुम्हारी जैसी लड़की को पास बैठाने से हिचके? घृणा तो दूर की बात है।'

अचला को बड़ी शर्म आई। बोली, 'क्षमा करें बुआ जी। मुझे मालूम नहीं था। अपने समाज के बाहर की किसी स्त्री से मैं कभी मिल नहीं पाई। केवल सुना था कि वे हमसे बहुत घृणा करती हैं। यहां तक कि साथ बैठने-खड़े होने से भी उन्हें स्नान करना पड़ता है।'

बुआ ने कहा, 'यह घृणा नहीं आचार है बेटी। हमारे बाहरी आचरण देखकर बहुत बार हम ऐसी ही लगती हैं। लेकिन सच मानो हम वास्तव में किसी से भी घृणा नहीं करती। हमारे गांव में वाग्दी चाची अभी भी जिन्दा है। उन्हें मैं कितना चाहती हूं, कह नहीं सकती। - अच्छा, तुम से एक बात पूछूं, सुरेश से सुनकर या मुझे देखकर तुम्हें यह बात याद आई?'

'हां, एक बार उन्होंने भी कहा था।'

'उसकी यही आदत है। कुछ खयाल आ जाए, तो कुशल नहीं। चारों ओर यही कहता फिरेगा। ब्रह्मों से मिले बिना ही उसने सोच लिया था कि वह उन्हें घृणा करता है। इसी बात पर

कितनी बार मोहिम से लड़ाई हुई। लेकिन मैं तो उसे पाला है-मैं जानती हूं, यह किसी से घृणा नहीं करता। करने का साहस भी नहीं। यही समझो न, जिस दिन से उसने तुम लोगों को देखा।'

लेकिन अचला के चेहरे पर नजर पड़ते ही वह चुप हो गई। बुआ उन दोनों के सम्बन्ध में कहां तक जानती है, यह न जानते हुए भी अचला को सन्देह हुआ कि बुआ कुछ तो जरूर ही जानती हैं। प्रसंग बदल कर अचला ने पूछा, 'सुरेश बाबू को क्या आपने ही पाला था बुआजी?'

आवेग विभोर होकर बुआ ने कहा, 'हां बेटी, मैंने ही तो पाला है। दो साल की उम्र में ही मां-बाप को खो बैठा था। यह भार मेरे सिर से अभी तक नहीं उतरा। किसी का कष्ट, संकट वह सह नहीं सकता। प्राणों की आशा छोड़कर खतरे में कूद पड़ता है। रात-दिन किस तरह डरते-डरते काटती हूं, तुम्हें क्या बताऊं बहू।'

'फैजाबाद वाली घटना सुनी आपने?' अचला ने धीरे से पूछा।

बुआ ने गर्दन हिलाकर कहा, 'क्यों नहीं सुनी बहू। तभी तो भगवान से मनाती रहती हूं कि इन आंखों से मुझे वह दिन न देखना पड़े। माथे पर लात मार कर मुझे रसातल में मत डूबा देना। यह मैं हर्गिज बर्दाश्त नहीं कर सकूंगी।' कहते-कहते उनका गला रुँध गया। मातृ स्नेह से सनी इस कातर प्रार्थना को सुनकर अचला की आंखें सजल हो उठीं। करुण कंठ से बोली, 'आप मना क्यों नहीं करतीं बुआ जी?'

आंसुओं के बीच जरा-सा हंसकर बुआ ने कहा, 'मना! मेरे मना करने से क्या होता है बेटी। जिसके मना करने से कुछ हो सकता है कितने वर्षों से उसे खोजती फिर रही हूं। लेकिन यह तो ऐसी- वैसी लड़की का काम नहीं। जो उसे बचा सके ऐसी लड़की भगवान न मिलाएं तो मैं कहां पाऊं?'

अचला थोड़ी देर चुप रही। उसके बाद पूछा, 'आपकी पसन्द की लड़की कहीं मिल नहीं रही?'

'तुमसे कहा तो बिटिया, भगवान न मिलाएं तो कुछ नहीं मिलता। जो सुरेश इस बात पर कान भी नहीं देता था एक दिन आकर बोला, 'बुआ, अब मैं तुम्हें एक दासी ला दूंगा।' उस दिन मुझे कितनी प्रसन्नता हुई थी, बता नहीं सकती। मन ही मन आशीर्वाद देकर बोली, 'तेरे मुंह में चन्दन बेटे। यह दिन कब आएगा जब बहू को घर लाऊंगी।' मैंने लाख कहा, एक बार मुझे दिखा तो ला। लेकिन किसी भी तरह राजी नहीं हुआ। हंसते हुए बोला, 'जिस दिन आशीर्वाद देने जाओगी, उस दिन ही निश्चय कर आना।' इसके बाद अचानक एक दिन आकर बोला, 'मामला ठीक नहीं बैठा बुआ, मैं रात को पश्चिम जा रहा हूं।' मैं पूछती रह गई। क्या ठीक नहीं हुआ। लेकिन उसने कोई बात नहीं बताई। रात को ही चला गया। मैंने मन में सोचा केवल मेरे बेटे की इच्छा से ही तो नहीं होने का। उस लड़की को भी तो जन्म जन्मान्तर की तपस्या चाहिए। है न बेटी?'

अचला ने चुपचाप सिर हिलाया। वह समझ गई कि लड़की कौन है, बुआ यह नहीं जानती। उसे लगा जैसे सीने पर से पत्थर उतर गया। लेकिन पत्थर यो ही नहीं उतरा। उसके कलेजे के बहुत बड़े भाग को पीस-खरोंच गया।

खाने की तैयारी हुई तो बुआ ने अचला को अलग बैठाकर खिलाया। फिर एक-एक कमरे और एक-एक चीज को दिखाने के बाद एक लम्बी सांस छोड़ती हुई बोली, 'बेटी, भगवान की दया से कमी किसी बात की नहीं। लेकिन यह तो जैसे लक्ष्मी विहीन बैकुंठ है। कभी-कभी तो मेरे आंसू रोके नहीं रुकते।'

नौकर ने आकर सूचना दी, 'केदार बाबू जाने के लिए तैयार हैं।' अचला ने उन्हें प्रणाम किया। चरणों की धूल ली। बुआ ने उसका हाथ थाम कर झिझकते हुए कहा, 'एक बात पूछूं, अगर और कुछ न सोचो?'

अचला उसकी ओर देख कर जरा हंसी।

बुआ बोली, 'सुरेश से मैंने तुम्हारे और महिम के बारे में सब कुछ सुना है, क्योंकि वह गरीब है इसलिए तुम्हारे पिता की इच्छा नहीं थी। केवल तुम्हारी ही वजह से....।'

सिर झुका कर अचला ने धीरे से कहा, 'सच है बुआ जी।'

बुआ ने अचानक उमड़ते आवेग से अचला के दोनों हाथ पकड़ कर कहा, 'यही चाहिए बेटी, जिसको प्यार किया है, उसके सामने रुपया-पैसा, धन-दौलत की क्या बिसात? मन में कोई असन्तोष मत रखो। महिम को खूब जानती हूं। वह ऐसा ही लड़का है। उसके लिए कितना ही दुःख क्यों न उठाओ। भगवान की कृपा से एक दिन सब सार्थक होगा। भगवान इतने बड़े प्यार की कभी भी हेठी नहीं कर सकते। यह मैं निश्चयपूर्वक कह सकती हूं।'

अचला ने झुक कर एक बार उनकी चरण धूल ली। उसकी ठोड़ी को छूकर चूम कर बुआ बोली, 'अहा, ऐसी बहू के साथ मैं गृहस्थी कर पाती?'

सुरेश ने दोनों को गाड़ी पर सवार कराया और नमस्कार करके चुप-चाप लौट आया। लौटते समय लालटेन की रोशनी में उसके चेहरे ने अचला का ध्यान अपनी ओर खींच लिया। उस चेहरे में क्या था ईश्वर ही जाने, लेकिन उसके कंठ तक रुलाई उभर आई।

घोड़ा गाड़ी तेजी से रास्ते पर पहुंच गई। रास्ते की भीड़ कम हो गई थी। उस ओर देख कर उसे लगा जैसे वह कोई सपना देख रही थी। दुःखद स्वप्न था या सुखद, कहना कठिन था। केदार बाबू अब तक चुप थे। सुरेश का ऐश्वर्य उनके मस्तिष्क में चक्कर काटता रहा था।

सहसा एक लम्बी सांस लेकर बोले, 'निःसंदेह धनवान है।'

लेकिन अचला की ओर से कोई चेष्टा नहीं झलकी। उत्साह के अभाव में वे रास्ते भर चुप रहे। गाड़ी जब उनके दरवाजे पर रुकी और कोचवान दरवाजा खोलकर हटकर एक ओर खड़ा हो गया तब जैसे उन्हें चेत हुआ। एक उसांस खींच कर बोले, 'सुरेश को हम पहचान नहीं सके। देवता है, वह।'

14

आज अचला का विवाह था। विवाह मंडप की राह में एक पल के लिए सुरेश पर नजर पड़ी थी। उसके बाद कहां गायब हो गया केदार बाबू के घर में रात भर उसका पता ही नहीं चला : विवाह हो गया। दो-एक दिन अचला के मन में उथल-पुथल होती रही थी। उस रात सुरेश की बुआ ने जो कहा था उसे वह भूल नहीं पा रही थी।

महिम की अटल गम्भीरता आज भी बनी रही। हर्ष-विषाद की सामान्य सी झलक भी उसके चेहरे पर दिखाई नहीं दी। तो भी शुभ-दृष्टि की घड़ी में महिम का चेहरा देखते ही अचला का हृदय आनन्द और माधुर्य से भर उठा। मन ही मन पति के चरणों पर सिर रख कर बोली, 'प्रभु, अब मुझे कोई डर नहीं। तुम्हारे साथ जहां भी जिस अवस्था में ही क्यों न रहूं, वही मेरा स्वर्ग है। आज से तुम्हारी झोपड़ी ही मेरा राज प्रासाद है।'

ससुराल जाते समय कुर्ते की आस्तीन से आंखें पोंछते हुए केदार बाबू ने कहा, 'मैं आशीर्वाद देता हूं बेटी, पति के साथ दुःख और निर्धनता का सामना करते हुए जीवन और कर्त्तव्य के रास्ते पर आगे बढ़ो। ईश्वर तुम्हारा कल्याण करे,' कहते हुए उसी तरह आंखें पोंछते बगल के कमरे में चले गए।

उसके बाद सावन के एक धुंधले से दिन दोपहर को सिर पर वर्षा थमे मेघों से भरे आकाश और पैरों तले कीचड़ भरी संकरी फिसलन वाले मार्ग में पालकी पर चढ़कर अचला अपनी ससुराल पहुंची। लेकिन इतने से ही रास्ते में ही उसके विवाह का आधा आनंद समाप्त हो गया। देहात से उसका परिचय पुस्तकों में प्रकाशित अक्षरों से ही था। उस परिचय में दुःख- दरिद्रता के हजारों संकेतों के बावजूद एक-एक पंक्ति में कविता थी, कल्पना की सुगन्ध थी। पालकी से उतरकर घर के अंदर आकर उसने एक बार चारों ओर देखा, कहीं से भी, किसी ओर से भी कविता का जरा सा भी अंश उसके मन को छू न सका। उसकी कल्पना का गांव देखने में ऐसा आनंदहीन, ऐसा सूना है। कच्चे मकान के सीलन भरे अंधेरे कमरे, दरवाजे, खिड़कियां इतनी छोटी और संकरी, ऊपर इतना भद्दा बांस का छप्पर, उसने स्वप्न में भी नहीं सोचा था। इसी घर में जीवन बिताना पड़ेगा। यह सोचकर उसका कलेजा टुकड़े-टुकड़े होने लगा। पति का मुख, विवाह की खुशियां सब मृग मरीचिका की तरह उसके मन से मिट गई। घर में सास, ससुर, ननद, देवरानी कोई नहीं। दूर की रिश्ते की एक दादी स्वेच्छा से वर-वधू के परिछन के लिए दूसरे टोले से आई थी। विवाह की जिस साज-पोशाक की वह अभ्यस्त थी उसकी नितान्त कमी देखकर वह आश्चर्य में कुछ देर चुप खड़ी रही। अन्त में वह बहू का हाथ पकड़कर उसे ले जाकर अंदर बिठा दिया। टोले की जो स्त्रियां बहू को देखने के लिए दौड़ी आई, अचला की उम्र देखकर उन्होंने एक दूसरे का मुंह देखा, एक दूसरे के बदन पर चिकोटी काटी। जब वे लौटीं तो उनके मुंह से निकले ब्रह्म, मलेच्छ आदि दो-एक मोटे शब्द भी अचला के कानों में पहुंचे।

बात की बात में सारे गांव में यह बात फैल गई कि महिम एक मलेच्छ लड़की को उठा लाया है। विवाह के पहले ही अफवाह फैल चुकी थी। अब बहू को देखकर किसी को तिल भर भी सन्देह नहीं रहा कि जो बात फैली थी, वह बात सोलहों आने सच है।

पड़ोसिनों के लौट जाने पर दादी जी ने कहा, 'तो बहू, अब चलती हूं। काफी दूर जाना है और बिना गए चलने का नहीं। छोटा पोता इत्यादि... ' कहते-कहते आग्रह-अनुरोध का अवसर

दिए बिना ही वह चली गई। वह नाती के बारे में सोचकर ही अब तक नहीं जा पा रही थी लेकिन जाने के लिए छटपटा रही थीं। अचला इसे ताड़ गई थी। दादी का दोष भी न था। अगर वह जानती कि मामला इस सीमा तक पहुंचेगा तो शायद आती ही नहीं। क्योंकि गांव में रहे और इन बात से न डरे, देहात के इतिहास में इतने चौड़े कलेजे का उदाहरण दुर्लभ है।

दादी के जाने के बाद नौकर, जद्दू, उड़िया रसोइया और मैके से साथ आई दाई हरिया की मां के सिवा विवाह वाला घर बिलकुल सुना हो गया। थोड़ी देर के लिए बारिश थम गई थी। बूंदाबांदी शुरू हो गई। हरिया की मां ने पास आकर कहा, 'दीदी, ऐसा घर तो मैंने देखा ही नहीं। कोई कहीं नहीं।'

अचला मुंह नीचा किए बैठी रही। अनमनी सी केवल 'हूं' कह कर रह गई।

हरिया की मां ने कहा, 'महिम को नहीं देख रही हूं। बस एक बार झलक दिखाकर जो गए...।'

अचला ने इस बात का भी उत्तर नहीं दिया।

वन-जंगल भरी इस शून्य पुरी में हरिया की मां का हृदय चाहे जितना धकधक करता हो, अचला को उसने छुटपन से पाला था, उसे सचेत करने के अभिप्राय से बोली, 'डरना क्या? आखिर हम पानी में तो आ नहीं डूबे। पाहुने आ जाएं, सब ठीक हो जाएगा। तब तक ये कपड़े उतारो। मै बक्स में से कपड़े निकाल देती हूं।'

'अभी छोड़ो हरिया की मां,' कहकर अचला उसी तरह सिर झुकाकर काठ की मूर्ति सी बैठी रही। जीवन का सारा स्वाद, सारी गन्ध उड़ चुकी थी।

वर्षा जम गई। उस बढ़ती जाती वर्षा में दिन का क्षीण उजाला कब बुझ गया, कब सावन के गाढ़े मेघों को चीरकर उदास गांव में सन्ध्या उतरी कुछ पता ही न चला। केवल अंधेरे कमरे के कोने- कोने में गीला अन्धेरा गाढ़ा होने लगा।

बहू ने आकर कमरे में लालटेन रख दी। हरिया की मां ने पूछा, 'पाहुना कहां है?'

'क्या पता?' कहकर जद्दू लौटने लगा। उसके संक्षिप्त और भद्दे उत्तर से हरिया की मां ने शंकित होकर कहा, 'क्या पता-यह क्या हुआ? वे बाहर नहीं हैं क्या?'

'नहीं।' कहकर जद्दू चला गया। यह अच्छी तरह समझ में आ गया कि वह इन आगन्तुकों से प्रसन्न नहीं है। भयभीत होकर हरिया की मां अचला के पास जाकर बोली, 'रंग तो मुझे अच्छा नहीं दिख रहा दीदी। दरवाजे की कुंडी लगा दूं?'

अचला ने आश्चर्य से कहा, 'कुंडी क्यों लगाएंगी?'

हरिया की मां बचपन में ही गांव छोड़कर कलकत्ता आ गई थी। फिर कभी नहीं गई। देहात के चोर-डकैत, लठैत आदि की कहानियों की यादों को छोड़कर सब कुछ उसके लिए धुंधला हो गया था। बाहर के अंधेरे पर एक चकित दृष्टि डालकर अचला के बदन से सटते हुए उसने कहा, 'कहना कठिन है दीदी,' कहते-कहते उसके बदन की रोएं खड़े हो गए।

तभी आंगन में आवाज आई, 'दादा जी कहां हैं?' यह कहते-कहते बीस इक्कीस वर्ष की एक दुबली-पतली लड़की भीगती हुई दरवाजे के पास आ खड़ी हुई। बोली, 'पहले आपको प्रणाम कर लूं दीदी, फिर कपड़े बदलूंगी।' और अचला के पैरों के पास झुककर प्रणाम किया। फिर अचला के मुंह के पास लालटेन उठाकर उसे देखती हुई चीख उठी, 'मंझले भैया.... ओ मंझले भैया....।'

घर पहुंचकर महिम इस लड़की को लेने चला गया था। बगल के कमरे से आवाज आई, 'क्या है मृणालिनी?'

'इधर आओ, बताती हूं।'

कमरे के बाहर आकर महिम ने कहा, 'बोल।'

मृणाल ने लालटेन की रोशनी में एक बार अच्छी तरह अचला का मुंह देख कर कहा, 'तुम्हीं जीत गए। मुझसे विवाह करके तुम ठगे जाते भैया?'

महिम ने बाहर से डांटा, 'तू मेरी बात नहीं मानेगी मृणाल? फिर दिल्लगी।'

'वाह दिल्लगी कैसी?' मृणालिनी ने अचला की ओर देखकर कहा, 'मजाक नहीं दीदी जी, कसम ले लो। अच्छा अपने इनसे ही पूछ देखो कि कभी इन्होंने मुझे पसन्द किया था या नहीं।'

महिम ने कहा, 'तो तू करती रह बकबक। मैं बाहर चला।'

मृणाल बोली, 'सो जाओ। मैंने कुछ पकड़ कर रखा है तुम्हें?' बड़े स्नेह से अचला की ठोढ़ी को हिलाकर कहा, 'तुम ही बताओ बहन, डाह नहीं होती? इस गृहस्थी की मालकिन मैं ही होने वाली थी। लेकिन मेरी मुंहजली मां ने न जाने क्या मंतर भैया के कानों में भर दिया कि मैं इन्हें फूटी आंख भी न सुहाने लगी। अरे जद्दू, घोषाल जी कहां गए?'

जद्दू ने कहा, 'हाथ-पांव धोने के लिए पोखरे की ओर गए हैं।'

'ऐं? इस अंधेरे में पोखरे की ओर?' मृणाल का हंसता मुखड़ा एक ही पल में दुश्चिन्ता से फीका पड़ गया। घबराकर बोली, 'जद्दू जरा लालटेन लेकर देख भैया उन्हें। बूढ़ा आदमी। कहीं गिर-पड़कर हाथ-पांव तोड़ लेगा।'

उसके बाद अचला की ओर देखकर लजाती हुई बोली, 'कैसा भाग्य लेकर आई थी दीदी जी। कहां के महा बूढ़े को लाकर दे दिया मुझे। उसकी सेवा करते-करते और संभालते-संभालते ही जान गई मेरी। अच्छा बहन, पहले मैं कपड़े बदल आऊं, फिर बात होगी। लेकिन सौत कहकर नाराज मत होना, कहे देती हूं। मैं अपने बुड्ढे का भाग दूंगी तुम्हें कहकर हंसी की छटा से सारे कमरे को चहकाती हुई जल्दी से चली गई।

इस प्रकार के हंसी-मजाक से अचला को कभी वास्ता नहीं पड़ा था। सारा मजाक उसे इतना भद्दा और कुरुचिपूर्ण लग रहा था कि लज्जा के मारे वह सकुचा गई। वह सोच भी नहीं सकती थी कि ऐसी निर्लज्ज प्रगल्भता भी किसी स्त्री में हो सकती है। इसलिए यह रसिकता उसकी जीवन भर की शिक्षा और संस्कारों की बुनियाद पर चोट पहुंचा रही थी। इतने पर भी उसे लग रहा था कि उसके आ जाने से उसके निर्वासन की आधी पीड़ा छू मन्तर हो गई है। और यह कौन है, कहां से आई है और इससे नाता क्या है-ये सब बातें जानने के लिए उत्सुक हो उठी।

हरिया की मां ने पूछा, 'यह कौन है दादा? बड़ा मजाकिया है।'

अचला ने गर्दन हिलाकर केवल 'हां' कहा।

मृणाल कपड़े बदल आई। बोली, 'हंसी-मजाक के बीच अपना वास्तविक परिचय नहीं दे ई। लेकिन परिचय भी क्या है। असल में तुम्हारे 'वे' जो हैं, मेरी मां के बाप हैं। इसीलिए मैं बचपन से ही मझले दादा कहा करती हूं।' एक पल चुप रहकर बोली, 'मेरे पिता और तुम्हारे ससुर दोनों गहरे मित्र थे। अचानक गाड़ी के नीचे आ जाने से जब पिताजी का हाथ टूट गया तो नौकरी चली गई तब तुम्हारे ससुर ने उनको अपने यहां जगह दी। उसके बहुत दिनों बाद मेरा जन्म हुआ। मंझले दादा उस समय आठ वर्ष के थे। उनकी मां तो उन्हें जन्म देने के बाद ही चल बसी थीं। दो बड़े लड़के पहले ही डिप्थीरिया से गुजर चुके थे। सो आते ही मेरी मां इस घर की सब कुछ हो गई थी। उसके बाद मेरे पिताजी चल बसे। हम लोग यहीं रहे। फिर तुम्हारे ससुर स्वर्ग सिधार गए। पांच वर्ष हुए पलासी के घोषाल परिवार में मेरा विवाह करके मंझले दादा ने मुझे दूर हटा दिया। मां जिन्दा होती तो भरोसा भी होता।'

'बड़ी बहू, यहां हो,' कहते हुए नाटे कद के एक गोरे से बूढ़े सज्जन दरवाजे के पास आ खड़े हुए।

मृणाल ने कहा, 'आओ, आओ,' फिर अचला की ओर देखकर होंठ दबाए हंसती हुई बोली, 'दीदी जी, यही हैं अपने मालिक। अच्छा तुम ही बताओ, इस बूढ़े खूसट की बगल में सोती हूं मैं। इस जन्म का रूप-यौवन सब मिट्टी नहीं हो गया बहन?'

अचला उत्तर क्या दे, लाज से उसने सिर झुका लिया।

उन सज्जन का नाम था भवानी घोषाल। हंसकर बोले, 'आप इनकी मत सुनिए दीदी जी-सब सफेद झूठ। इनकी यही कोशिश रहती है कि मुझे उड़ा दे। नहीं तो मेरी उस केवल बावन या ति...।'

मृणाल बोली, 'चुप भी रहो, बहुत हुआ। यह मंझले दादा मेरे कितने बड़े दुश्मन हैं भगवान ही जानते हैं। मुझे चारों ओर से मिट्टी कर छोड़ा। इस बूढ़े के हाथ देने के बजाए हाथ-पांव बांधकर मुझे पानी में डाल देना क्या अच्छा नहीं होता दीदी जी?'

अचला पूर्ववत सिर झुकाए बैठी रही।

घोषाल धीरे-धीरे अन्दर आए। अचला के लजीले झुके चेहरे को कुछ देर चुपचाप देखते रहकर बोल उठे, 'आपने मेरी जान बचा ली दीदी जी। अब जाकर इस छोकरी का गर्व चूर हुआ। अपनी सुन्दरता के घमंड में यह आंख से देख भी नहीं पाती थी।'

फिर मृणाल की ओर देखकर बोले, 'क्यों न हुआ न? जंगली इलाके में अब तक गीदड़ राजा था। शहर का रूप किसे कहते हैं आंखें खोलकर देख लो।'

मृणाल बोली, 'अच्छा यह बात? मेरा घमंड जहां है, किसकी मजाल जो तोड़े।' कहकर पति की ओर छिपाकर कटाक्ष किया। लेकिन अचला ने देख लिया।

घोषाल हंसकर बोले, 'सुन लिया न दादा जी। जरा संभलकर रहिएगा। इन दोनों में जैसी पटती है, जैसा आना-जाना है, कुछ कहा नहीं जा सकता। और मैं तो ठहरा खूसट बूढ़ा। बीच में हूं तो क्या, न हूं तो क्या? अपने आपको संभाले रखें, इस बूढ़े की यही विनती है।'

'मृणाल रात भर तुम यही करती रहोगी?' महिम ने कहा।

'क्या करूं?'

'रसोई की ओर नहीं जाएगी?'

मृणाल उछल पड़ी-'उफ कैसी भूल हो गई। उस उड़िया रसोइये को पहले ही देख आना चाहिए था। अच्छा, तुम लोग बाहर जाओ हम जा रहे हैं।'

महिम ने पूछा, 'हम कौन?'

'मैं और दीदी जी' मृणाल ने कहा। फिर अचला से बोली, 'अब मैं आ गई हूं तो इस गृहस्थी का सब कुछ तुम्हें समझाकर जाऊंगी।'

महिम और घोषाल चले गए। मृणाल ने अचला से कहा, 'मुझे दो दिन पहले ही आ जाना चाहिए था। लेकिन सास के दमे के कारण घर से निकल ही न पाई। अच्छा तुम कपड़े बदल डालो, इतने में मैं होकर आती हूं। आकर तुम्हें ले चलूंगी।'

मृणाल रसोई में चली गई।

बारिश थम गई थी और गाढ़ी बदली छंटने के कारण आकाश बहुत कुछ साफ होता जा रहा था।

रसोई की सारी व्यवस्था करके मृणाल अचला के पास आ बैठी।

उसका एक हाथ अपने हाथ में लेकर बोली, दीदीजी की अपेक्षा मंझली दीदी कहना कहीं अच्छा है। क्यों मझली दीदी?'

'हां' अचला ने धीरे से कहा।

मृणाल बोली, 'रिश्ते में हालांकि तुम बड़ी हो, लेकिन उम्र में मैं बड़ी हूं, मुझे भी तुम मृणाल दीदी कहना। क्यों?'

'अच्छा,' अचला ने कहा।

मृणाल बोली, 'आज तुम्हें रसोई दिखा लाई। कल भंडार की चाभी तुम्हारे आंचल में बांध दूंगी। है न?'

'चाबी से मुझे कोई काम नहीं बहन।'

मृणाल बोली, 'काम नहीं है? बाप रे, यह कैसी बात? भंडार कोई मामूली चीज है मझली दीदी? मालकिन की रियासत की यही तो राजधानी होती है।'

अचला बोली, 'मुझे राजधानी का लोभ नहीं। लेकिन तुमसे बहुत लोभ है। इतनी आसानी से छोड़ूंगी भी नहीं मृणाल दीदी।'

मृणाल ने दोनों बांहों में अचला को समेट लिया, 'सौत को झाड़ू मार कर भगाने के बजाए रोक रखना चाहती हैं। तुम्हारी कैसी समझ है मंझली दीदी।'

अचला ने धीमे से कहा, 'लेकिन तुम्हारे ये मजाक अच्छे नहीं लगे बहन। इधर क्या ऐसे ही मजाक करते हैं?'

मृणाल खिलखिलाकर हंस पड़ी, 'नहीं दीदीजी, सब नहीं करते, मैं ही तो करती हूं? सबको यह चीज नसीब कहां?'

अचला बोली, 'नसीब भी हो तो हम ऐसी बात जबान पर नहीं ला सकती बहन। हमारे कलकत्ता के समाज में बहुत से लोग तो यह सोच नहीं सकते कि कोई भद्र महिला यह सब जबान पर ला सकती है।'

मृणाल बिलकुल भी लज्जित नहीं हुई। अचला को फिर गले से लगाती हुई बोली, 'तुम्हारे शहर की कितनी भद्र महिलाएं इस तरह गले लगा सकती हैं, यह तो कहो मंझली दीदी? सबमें क्या सब काम होता है? जबसे तुम्हें देखा है, ऐसा लगता है कि मेरी बहन नहीं थी। एक छोटी बहन मिल गई।'

अचला पढ़ी-लिखी थी। गांव के विरोधी समाज में उसका भावी जीवन कैसे कटेगा, इस घर में कदम रखते ही समझ गई थी। इस अवसर को उसने सहज ही नहीं छोड़ा। मजाक को गंभीरता में बदलकर बोली, 'अच्छा मृणाल दीदी, क्या सचमुच ही तुम इसका प्रमाण जीवन भर जुटाती रहोगी?'

मृणाल ने कहा, 'हम शहर की तो हैं नहीं बहन। इसलिए जुटाना होगा। तुम्हें छूकर जो शपथ ली है, मर जाऊं लेकिन इसे पलट नहीं सकती।'

'जल्दी चली नहीं जाओगी, यह भी इसी तरह कहो।'

मृणाल हंसकर बोली, 'मूर्ख समझ कर और भी फन्दे में डालना चाहती हो मंझली दीदी। मैंने तो पहले ही कह दिया है। तुम्हें सब कुछ ठीक से समझाए बिना नहीं जाऊंगी।'

अचला ने सिर हिलाकर कहा, 'यह सब समझने की मुझे कोई इच्छा नहीं है।'

'इच्छा पैदा हो जाएगी। मैं अधिक दिन घर नहीं छोड़ सकती, जानती हो कितनी बड़ी गृहस्थी है मेरे सिर पर?'

अचला ने सिर हिलाकर कहा, 'नहीं, नहीं जानती।'

'मंझले दादा ने मेरे बारे में तुमसे चर्चा नहीं की?'

अचला बोली, 'नहीं, कभी नहीं। अपने घर-द्वार के बारे में तो बताया था लेकिन तुम्हारे बारे में कुछ नहीं बताया। जबकि यही सबसे पहले बताना चाहिए था।'

मृणाल ने अनमने स्वर में कहा, 'सो तो है।'

अचला कुछ देर चुप रही। फिर हंसती हुई बोली, 'पहले शायद तुमसे इनके विवाह की बात चली थी?'

मृणाल अनमना-सा सोच रहा था। बोला, 'हां।'

'फिर क्यों नहीं हुई। हो जाती तो ठीक ही होता।'

'जो होना नहीं था, नहीं हुआ।'

अचला ने पूछा, 'होने में अड़चन क्या थी? तुम कोई नाते-रिश्ते की तो थी नहीं। इसके सिवा बचपन में जो प्रेम पनपता है, उसकी उपेक्षा भी तो उचित नहीं।'

उसके पूछने के ढंग से मृणाल एकदम चौंक पड़ी। कुछ देर अचला की ओर ताककर बोली, 'इस तरह क्या टटोल रही हो मंझली दीदी। तुम्हारा क्या विचार है? बचपन के हर प्यार का क्या यही अन्तिम परिणाम होता है? विवाह तो इस जन्म का नहीं, जन्म-जन्मान्तर का सम्बन्ध है। जिनकी मैं सदा-सदा की दासी हूं, उन्हीं के हाथों इन्होंने सौंप दिया मुझे। मनुष्य की इच्छा-अनिच्छा से क्या आता-जाता है।'

अचला अप्रतिभ होकर बोली, 'ठीक कहती हो मृणाल दीदी, मैं वही पूछ रही थी...।'

वह बात पूरी नहीं कर सकी। चेहरा लाज से लाल हो उठा। मृणाल से यह छिपा न रहा। उसने अचला का हाथ अपनी मुट्ठी में लेकर स्नेह से कहा, 'मंझली दीदी, तुम्हें अभी-अभी पति मिला है, लेकिन मैं पांच वर्ष से पति की सेवा कर रही हूं। मेरी एक बात याद रखना, पति की इस दिशा को कभी बुद्धि से बदलने की कोशिश मत करना। इसमें ठगी जाओ वह भी ठीक। लेकिन जीतने में लाभ नहीं।'

जद्दू ने बाहर से आवाज दी, 'दीदी, बाबुओं का आसन लगा दिया।'

'अच्छा चल, मैं आई।' मृणाल ने हठात् दोनों हाथ बढ़ाकर अचला का चेहरा पास खींचा और उसे चूमकर जल्दी-जल्दी चली गई।

15

'अरी ओ मंझली दीदी!'

अचला घबराकर बगल के कमरे में चली गई।

मृणाल ने कमर में फेंटा कस रखा था और एक दराज को अकेली ही सीधा करके रख रही थी। अचला के आते ही क्रोध का अभिनय करके चिल्लाकर बोली, 'अरी मुंहजली! तुम हाथ-पांव समेटे बैठी रहोगी और तुम्हारे सोने का कमरा मैं संवारूंगी। उठाओ झाड़ू, उस कोने को बुहार डालो,' और हंसी न संभाल पाकर खिलखिला उठी।

शोर सुनकर हरिया की मां भी आ गई। बोली, 'तुम भी खूब कहती हो दीदी, इनके घर कितने नौकर-नौकरानी हैं। इन्हें झाड़ू छूने की कभी आदत भी है कि देहाती औरतों की तरह झाड़ू लगाएं। मैं बुहार देती हूं।' कहकर झाड़ू लगाने लगी।

मृणाल ने डांटा, 'तू छोड़ भी। अपनी दीदी को मुझसे अधिक जानती है कि बीच में पंच बनने आई है।' फिर झाड़ू अचला के हाथ में देकर कहा, 'अरे, तेरी दीदी चाहे तो वह काम कर सकती है जो कौड़ियों देहाती स्त्रियां न कर सकें,' फिर अचला से बोली, 'लो मंझली दी, उस कोने को झटपट बुहार दो।'

अचला बुहारने लगी, 'तुम जादू जानती हो मृणाल दादा।'

'कैसे? कहो तो?'

अचला बोली, 'नहीं तो घर बुहारने का झाड़ू उठाती। यह जादू नहीं है तो क्या है?'

मृणाल बोली, 'तुम नहीं उठाओगी तो कौन उठाएगी? तुम्हारा घर बुहारने के लिए क्या उस टीले से जद्दू की मौसी आएगी? लो, बातों में समय नष्ट मत करो। सांझ हो चली।'

काम करते-करते अचला ने हंसकर कहा, 'स्वयं भी घड़ी भर को न बैठोगी और काम कराकर मुझे भी मार डालोगी। सच कहती हूं। इन पांच-छ: दिनों में तुमने मुझसे जो करारी मेहनत कराई है चाय बागान के मालिक भी कुलियों से नहीं कराते।'

उसकी ठोढ़ी पर उंगली मारकर मृणाल बोली, 'तभी तो घर-अंगना देखकर लगता है कि लक्ष्मी आई है। मेहनत की कहती हो मंझली दीदी, पति-पुत्र, घर-गृहस्थी के चलते जब नहाने-खाने का समय न पाओगी तभी तो नारी जीवन सार्थक होगा। भगवान से मनाती हूं, तुम्हारा वह दिन जल्द आए। मेहनत अभी हुई ही क्या है मालकिन जी,' कहकर उसने हंसना चाहा, लेकिन होंठ तपकर रह गए।

हरिया की मां अचानक फक से रो पड़ी। बोली, 'यही आशीर्वाद दो दीदी।' उसे अचला की मां याद आ गई। वह साध्वी जब असमय ही चल बसी, तो इत्ती-सी इस बच्ची को हरिया की मां के हाथों सौंप गई थी। वही बच्ची इतनी बड़ी होकर पति की गृहस्थी करने आई है।

मृणाल ने उसे डांटकर कहा, 'अरी दईमारी, रोने क्या लगी?'

हरिया की मां आंसू पोंछती हुई बोली, 'रोती क्या मैं शौक से हूं दीदी। तुम्हारी बात से रुलाई रोके नहीं रुकती। तुम्हारी कसम तुम न आतीं तो इस घर में हमारी एक रात भी कैसे कटती सोच नहीं पाती।'

छह दिन बीत गए, मृणाल को इस घर में आए हुए। आने के बाद से ही घर-द्वार से लेकर रहने वाले लोगों तक की सूरत बदल देने में जुटी हुई है। लेकिन उसके हर काम, हर हंसी- मजाक में उसके आने का आभास अचला को पीड़ा पहुंचाता है। क्योंकि मृणाल के काम, आचार व्यवहार में एक इतनी गहरी-आत्मीयता थी जिसकी ओट में खड़ी होकर अचला अपने नए जीवन, अनचीन्ही गृहस्थी को पहचान लेने का अवसर पा रही थी। और इनसे भी एक बड़ी जिस चीज को अच्छी तरह और विशेष रूप से पहचानने की जिज्ञासा पैदा हुई थी, वह स्वयं मृणाल थी। उसके नंगे हाथों को देखने से पता चल जाता था कि उसकी आर्थिक स्थिति अच्छी नहीं है। फिर निर्बल- बूढ़ा वासी, जो किसी भी दृष्टि से उसके उपयुक्त नहीं। उस पर घर में कड़ी मेहनत। बूढ़ी सास अब मरी तब मरी हालत में झूल रही है। कारण-अकारण उसकी बक-झक का अन्त नहीं।

मन में हर्ष-विषाद के सिवा बाहर किसी चीज का कोई अस्तित्व नहीं कुछ ऐसा ही भाव था इस देहाती स्त्री का। लगातार साथ रहकर वह समझ गई थी कि जिस तरह कमल कीच में पैदा होने पर भी कीच से परे है, उसी तरह देहात की यह अनपढ़ गरीब लड़की भी रात दिन हर प्रकार के

दुःख-कष्टों की गोद में रहते हुए भी सभी प्रकार की पीड़ा से ऊपर ही तिरती चलती है। न तो देह में क्लान्ति है, न चेहरे पर शान्ति। हालांकि शिक्षा-दीक्षा और संस्कार का कोई मेल नहीं। तो भी अचला को यही लगता था कि मुंह फेरकर खड़ी रहना बहुत बड़ी लज्जा की बात है। अपने भाग्य को कोसते हुए पछताने के लिए इन छह दिनों में उसे बिलकुल समय नहीं मिला। सारा दिन काम, गपशप, हंसी-मजाक में व्यस्त रहती इसलिए जब वह लौट जाने को कहती, अचला को लगता उसके जाते ही मिट्टी का यह मकान, द्वार, खिड़की समेत पल भर में ताश के महल की तरह औंधा उलट जाएगा। मृणाल दीदी के जाने के बाद वह एक पल भी यहां टिकेगी कैसे? सांझ के बाद अचला ने कहा, 'यह हर घड़ी जो तुम जाने को कहती रहती हो, मैके आकर कौन इतनी जल्दी लौट जाना चाहती है। कहो तो? यह नहीं होने का। जब तक मैं कलकत्ता नहीं लौट जाती, तुम्हें रहना ही पड़ेगा।'

मृणाल बोली, 'क्या करूं मंझली दी। बूढ़ी सास न आप मरेगी न मुझे जीने देगी। मैं कहती हूं तू मर जा बुढ़िया। तेरे बेटे की उम्र साठ की हो गई। क्या उसे निगलकर तू मरेगी? लेकिन रात-दिन इतनी खांसती है फिर भी दम नहीं घुटता।'

अचला हंसकर बोली, 'शायद वह तुम्हें देख नहीं सकती?'

'फूटी आंखों नहीं।'

'और तुम?'

'मैं भी नहीं। मैंने तो मन्नत मान रखी है कि बुढ़िया मरे तो सवा रुपये का प्रसाद चढ़ाऊं।'

अचला ने सिर हिलाकर कहा, 'लेकिन विश्वास नहीं होता दीदी। तुम्हें संसार में कौन नहीं सुहाता, तुम्हारी बातों से यह समझना कठिन है। हो सकता है कि इस बुढ़िया को ही तुम सबसे अधिक चाहती हो।'

मृणाल ने कहा, 'सबसे अधिक चाहती हूं? शायद सच ही।' कहकर उसने अचला का गाल मसल दिया और चली गई।

अब गई, अब गई करते-करते मृणाल के कुछ दिन और निकल गए। एक दिन अचानक अचला को यह लगा कि उसे जाने की जितनी जल्दी है वास्तव में उतनी नहीं है। यहां आने के बाद से ही जब भी उसे उसके पति के साथ मजाक करते देखा, उसके जी में सुई चुभने लगती। अपने को रोकने की जितनी भी चेष्टा करती उतनी ही जाने कहां से समय के ठीक उलटे तर्क उसके हृदय में न चाहते हुए भी बार-बार उसके मुंह से निकलकर उसका मुंह चिढ़ाया करते। महिम की स्वाभाविक गंभीरता उसे ज्यादती सी लगी। वह वितर्क करती। जब मन में कुछ है नहीं तो मजाक के बदले मजाक करने में क्या गुनाह है। जो मजाक से उत्तर नहीं दे सकता वह कम से कम हंसकर उसका आनन्द तो ले सकता है। लेकिन वह स्पष्ट देखा करती कि मृणाल मजाक करना चाहती और महिम भाग कर जान बचाता। इसलिए वह इस चिन्ता को अपने मन से न निकाल पाती कि इसमें कोई अन्याय जरूर छिपा है। निरन्तर मृणाल के साथ कामकाज करते हुए भी हजार बार

उसके जी में आता कि नारी होकर मन में ईर्ष्या की पीड़ा पालते हुए भी जब मैं इसे किसी तरह नहीं छोड़ सकती तो एक साथ इतने दिनों तक साथ रहकर कोई पुरुष क्या इस स्त्री को प्रेम किए बिना रह सकता है?

अचला को यह नहीं मालूम था कि मृणाल के आते ही उड़िया रसोइये की जानकर छुटकारा हो जाता था। अब भी वह छुट्टी पाकर घूमता फिर रहा था। अचला देखती कि अपने हाथों पकाकर महिम को खिलाना मृणाल को बहुत ही अच्छा लगता।

आज सुबह वह अचानक बोल उठी, 'मृणाल दीदी, आज तुम्हारी छुट्टी।'

मृणाल समझ न सकी। पूछा, 'काहे की मंझली दी?'

अचला ने कहा, 'रसोई की। आज मैं रसोई करूंगी।'

मृणाल अवाक् होकर बोली, 'हाय रे भाग्य, तुम क्या रसोई करोगी?'

उसकी जिद देखकर मृणाल उदास हो गई, बोली-'अरे यह भी होता है कहीं? मेरे रहते तुम किस दुःख से धुएं में कष्ट करोगी?'

उसके भाव की ओर ध्यान न देकर अचला और अड़ गई, 'फिर रसोइये के होते हुए तुम्हीं कष्ट क्यों उठाती हो? इस बेला मैं रसोई बनाऊंगी।'

उसे यह जिद क्यों हुई, मृणाल कुछ भी समझ नहीं सकी। हंसी दबाकर बनावटी रूठने के अन्दाज में बोली, 'वाह री लड़की, एक-एक कर तुम मेरा सब कुछ छीन लेना चाहती हो? सब तो ले चुकी। दो दिन पकाकर खिला जाऊं, यह भी शायद बर्दाश्त नहीं हो रहा? सौत की डाह शुरू हो गई?'

अचला के कलेजे में फिर छन से लगा। मृणाल की अन्तिम बात ने उसकी डाह की पीड़ा पर चोट की। कुछ देर गंभीर रहने के बाद बोली, 'नहीं, मैं ही बनाऊंगी रसोई आज।'

मृणाल ने देखा, अचला अप्रसन्न हो गई है, इसलिए उसने विवाद नहीं किया। उदास होकर बोली, 'ठीक है तुम्हीं पकाओ। चलो, मैं तुम्हें दिखा आऊं, कहां पर क्या है।'

महिम घर में ही था। यह बात उन दोनों में से किसी को भी मालूम नहीं थी, अचानक उसे सामने देख दोनों अवाक रह गईं।

महिम ने अचला से कहा, 'जब तक मृणाल है, वही रसोई करेगी?'

आपत्ति का कारण क्या है, महिम जानता था। लेकिन वह खोलकर नहीं कहा जा सकता था। अचला और भी जल उठी। लेकिन क्रोध को पीकर बोली, 'नहीं, रसोई मैं करूंगी।' और बात की प्रतीक्षा किए बिना चली गई।

अचला जबर्दस्ती रसोई बनाने चली गई। खाना पकाने में वह किसी से कम नहीं थी। पिछले दिनों की सारी घटनाएं उसे चुभने लगीं। उसे लगा शायद अभी तक महिम उसे प्यार नहीं कर सका है। विवाह से पहले सुरेश से जो ठन गई थी उन बातों को खोद-खोद कर याद करके आज वैसे वह

स्पष्ट देख पाई थी कि महिम उसकी ओर से आरम्भ से ही उदासीन है। यहां तक कि पिताजी की राय से पहले जब रिश्ता बिलकुल टूट जाने को था, उस समय भी महिम रत्ती भर भी नहीं डगमगाया था।

जब से यहां आई थी, मृणाल और वह साथ ही खाने बैठती थी। दोपहर को अचला ने मृणाल को बुलाने के लिए हरिया की मां को भेजा और प्रतीक्षा करने लगी। हरिया की मां ने लौटकर बताया, 'उन्हें बुखार-सा हो गया है। वे नहीं खाएंगी।'

अचला कुछ बोली नहीं। मृणाल के कमरे में गई। मृणाल आंखें मूंदे पड़ी थी। अचला ने कहा, 'मृणाल दीदी, चलो खाना खा लो न।'

मृणाल ने आंखें खोलकर देखा। मुस्कराती हुई बोली, 'तुम खा लो मंझली दी। मेरी तबीयत ठीक नहीं है।'

अचला ने रूखे स्वर में पूछा, 'क्या हुआ, बुखार?'

मृणाल ने कहा, 'ऐसा ही लग रहा है, आज खाना नहीं खाऊं तो अच्छा रहेगा। चलो, मैं तुम्हारे पास बैठी रहूंगी।'

अचला कठोर होकर बोली, 'किसी भूखी मित्र को सामने बिठाकर खुद खाने की गुंजाइश न हो तो?'

अचला ने उसी भाव से कहा, 'तुम्हें असल में बुखार नहीं हुआ, हुआ है क्रोध। स्वयं भूखी रहकर मुझे भी भूखी मारने की इच्छा हो तो खोलकर कहो, मैं तंग न करूंगी।'

मृणाल उठकर जल्दी से झोंक में कह गई, 'पति की सौगन्ध खाकर कहती हूं मंझली दी। मैंने नाम को भी गुस्सा नहीं किया। लेकिन खाऊंगी नहीं। चलो मैं तुम्हें गोदी में बिठाकर खिलाऊं।'

अचला बोली, 'तो मतलब है कि तुम्हें बुखार-उख़ार नहीं, बहाना है।'

मृणाल चुप रह गई। अचला कुछ देर स्तब्ध सी बैठी रही। फिर एक लम्बी सांस छोड़कर बोली, 'अब समझी। लेकिन अगर तुमने शुरू में ही कह दिया होता दीदी कि तुम मेरा छुआ घृणा से मुंह में नहीं रख सकोगी तो बेकार ही जिद करके मैं तुम्हें कष्ट न देती और न नौकर-दासियों के सामने खुद ही शर्मिन्दगी में पड़ती। खैर, मुझे क्षमा करना बहन। लेकिन दूध तो छुआ नहीं है। एक कटोरा दूध ही ला दूं। जद्दू दुकान से मिठाई ला देगा।'

मृणाल काठ की मारी सी रह गई। मुंह झुकाये चुप बैठी रही।

अचला ने फिर टोका, 'क्या कहती हो?'

आंचल से आंखें पोंछकर मृणाल बोली, 'अभी छोड़ो।'

अचला कुछ पल चुपचाप खड़ी रही। फिर धीरे-धीरे चली गई।

मृणाल ने न सिर उठाया न बात की। उसे बुढ़िया सास के लिए पकाना पड़ता है। वे बहुत ही अंधविश्वासी हैं। कहीं सुन लें तो उसके हाथ का पानी तक न छुएगी।

अचला रसोई में गई। वहां का काम समाप्त किया और हाथ धोकर अपने कमरे में आकर पड़ रही। चाहे जिस कारण हो, मृणाल ने घृणा से ही उसके हाथ की रसोई नहीं खाई। इससे उसे आघात पहुंचा।

तीसरे पहर बैलगाड़ी दरवाजे पर खड़ी हुई। मृणाल अचला के कमरे में जाकर बोली, 'नमस्ते करने आई हूं मंझली दी। अपने घर जा रही हूं। जब भी जी चाहे बुला लेना, तुरन्त आ जाऊंगी।' थोड़ा रुककर बोली, 'जाने के समय बात भी नहीं करोगी बहन?' कहकर कुछ देर उत्सुकता से देखती रही।

लेकिन अचला एक शब्द भी नहीं बोली। जैसे बैठी थी सिर झुकाए वैसी ही बैठी रही। उसके कमरे से निकलते ही मृणाल ने महिम को देखा। बोली, 'जरा रुक जाओ मंझले दाद, तुम्हें भी प्रणाम कर लूं।'

महिम ने कहा, 'बिना खाए ही चल दी मृणाल? न हो तो आज रहकर सुबह चली जाना।'

मृणाल ने मुस्करा कर कहा, 'नहीं, नहीं, जद्दू गाड़ी ले आया है। आज मैं जाती हूं। फिर कभी ले आना।' यह कहकर उसने गले से आंचल डालकर उसे प्रणाम किया। चरणों की धूल ली। बोली, 'मेरे सिर की कसम, लाना भूल मत जाना।'

महिम हंस पड़ा। बोला, 'री कलमुंही, तेरी आदत क्या कभी जाएगी नहीं।'

'मरने पर जाएगी, उससे पहले नहीं।' हंसती हुई वह गाड़ी में जा बैठी।

मृणाल अचानक जा भी सकती है, अचला ने कल्पना भी न की थी। मृणाल ने न खुद खाया, न उसे खाने दिया। जो प्यार करता है, उसे घृणा करने का दोष लगाने जैसा बड़ा दंड दूसरा नहीं। मृणाल के लिए यही दंड निश्चित करके अचला बैठी थी। मृणाल उसे ब्रह्म लड़की समझकर हृदय से घृणा करती है। बैठे-बैठे यही उलाहना देकर बदला चुकाने का निश्चय किया था तो वह बेकार ही गया।

लेकिन भूखी मृणाल जब विदा लेकर कमरे से चली गई तो उसकी आंखें आंसुओं से भर आई। लेकिन मृणाल के होंठों पर हल्की सी हंसी की आवाज ने पल भर में मरुस्थल की तरह उन आंसुओं को सोख लिया और किवाड़ की आड़ से उन दोनों की विदाई का दृश्य देखकर ठीक वज्र गिरे पेड़ की तरह जलती रही।

थोड़ी देर बाद जब महिम अन्दर आया तो अचला का स्वाभाविक धैर्य जड़ से समाप्त हो चुका था। लेकिन शिक्षा और संस्कार ने उसे संभाल लिया। प्राणपण से स्वयं को संयत करके कठोर हंसी के साथ बोली,'शहर के आदमी के देहात में आकर बसने जैसी विडम्बना और कोई नहीं'

महिम ने पत्नी की ओर देखा। फिर कुछ देर चुप रह कर बोला, 'तुम अपने बारे में कह रही हो न? समझ रहा था आरम्भ में तुम्हें तरह-तरह के कष्ट होंगे। लेकिन मृणाल से तुम्हारी बनेगी नहीं, यह नहीं सोचा था। क्योंकि उससे कभी किसी की लड़ाई नहीं हुई।'

अचला बोली, 'लेकिन मुझसे ही मुहल्ले भर की लड़ाई होती है। यही कहा न तुमने?'

महिम ने धीरे से कहा, 'तुमने दिन भर खाया-पिया नहीं। छोड़ो, इस बात की अभी जरूरत नहीं।'

अचला और भी जल-भुनकर बोली, 'मृणाल दीदी भी तो बिना खाए ही चली गईं लेकिन उनसे तो हंसकर बात करने में तुम्हें आपत्ति नहीं हुई।'

महिम ने आश्चर्य से कहा, 'यह सब तुम क्या कह रही हो?'

अचला बोली, 'यही कह रही हूं कि मैंने कौन-सा ऐसा बहुत बड़ा अपराध किया है, जिसके लिए मेरा अपमान किए बिना काम ही नहीं चला रहा था?'

महिम ने हतबुद्धि होकर फिर पूछा, 'क्या कह रही हो, मतलब क्या है इन बातों का?'

अचला अचानक जोर से बोल उठी, 'मतलब यही कि किस अपराध पर तुमने इतना अपमान किया मेरा? मैंने क्या किया था?'

महिम विह्वल होकर बोला, 'मैंने तुम्हारा अपमान किया?'

'हां, तुमने।'

'झूठी बात।'

अचला पल भर को स्तम्भित हो रही। फिर स्वर कोमल करके बोली, 'मैं कभी झूठ नहीं बोलती। खैर उसे छोड़ो। अगर तुम्हें सत्यवादी होने का अभिमान हो तो सच्चा उत्तर दो।'

महिम उत्सुकता से केवल देखता रहा।

अचला ने कहा, 'मृणाल दीदी आज जो कुछ करके गई है, उसे क्या तुम्हारे देहाती समाज में अपमान नहीं कहते?'

महिम बोला, 'लेकिन उसमें मुझे क्यों घसीट रही हो?'

अचला ने कहा, 'पहले यह बताओ उसे यहां क्या कहते हैं?'

महिम बोला, 'हां, गांव में भी लोग अपमान ही समझते हैं।'

अचला बोली, 'समझते हैं ना? फिर सब कुछ जान बूझकर तुमने मेरा अपमान कराया। तुम्हें पता था कि वे मेरा छुआ नहीं खाएंगी। ठीक है या नहीं?' कहकर अचला अपलक दृष्टि से ताकती हुई वह महिम के कलेजे के भीतर तक अपनी जलती हुई दृष्टि गाड़ने लगी। महिम वैसा ही अभिभूत सा देखता रहा। मुंह से एक शब्द भी नहीं निकला।

ठीक ऐसे समय में ही बाहर से सुरेश की आवाज आई, 'महिम, अरे कहां हो भाई?'

16

'अरे सुरेश! आओ, आओ। अंदर आ जाओ। सब मजे में...।'

महिम का स्वागत भाषण समाप्त होने से पहले ही सुरेश सामने आ खड़ा हुआ। हाथ के ग्लैडस्टोन बैग उतार कर बोला, 'हां, मजे में हूं। लेकिन यह क्या, अकेले खड़े हो। अचला बहुरानी

पलभर म सचला हाकर कहा अन्तध्यान हा गइ? उनका ऊचा आवाज न हा ता माड़ पर स हा मुझे इस घर का पता बताया।'

वास्तव में अचला की अन्तिम बात क्रोध में जरा जोर से निकली थी। और घर के बाहर सुरेश के कानों तक पहुंच गई थी।

सुरेश ने कहा, 'देख लिया महिम, विदुषी पत्नी पाने का कितना बड़ा लाभ है। यहां आए हुए दिन ही कितने हुए हैं। इसी बीच देहाती बोलचाल के ढंग को इस तरह सीख लिया है कि उसमें कमी निकाल सके किसी भी देहाती स्त्री की मजाल नहीं।'

लज्जा से महिम के कान तक लाल पड़ गए।

सुरेश ने कमरे की देखकर अचला को लक्ष्य करके बोला, 'बड़े बेमौके पर आकर मजा किरकिरा कर दिया भाभी। क्षमा करना। महिम, बैठने को कुछ तो दो, जरा बैठूं। चलते-चलते पांव की गांठें टूट गई। अच्छी जगह घर बसाया है भैया। चलो, चलो कलकत्ता चलो।'

'आओ,' कहकर महिम उसे बाहर बैठक में ले गया।

सुरेश के उत्तर देने से पहले अचला बगल का दरवाजा ठेलकर भीतर आ गई। उसके चेहरे पर कलह की हल्की सी छाया तक नहीं थी। प्रसन्न मुख से बोली, 'इस सौभाग्य की तो आशा ही नहीं थी, लेकिन यों अचानक...।'

उसके प्रसन्न चेहरे से सुख सौभाग्य के निखरे रूप-यौवन की कल्पना करके सुरेश का कलेजा डाह से जल उठा। हाथ उठाकर नमस्कार करके बोला, 'लगता है, यों अचानक आकर मैंने ठीक नहीं किया है। लेकिन हो क्या रहा था अभी? देअर फर्स्ट डिफरेंस या जब से आई हो मतभेद चल रहा है? कौन सा ठीक है?'

अचला ने हंसते हुए कहा, 'कौन सा सुनने में आपको प्रसन्नता होगी? अतिथि का मन छोटा करना ठीक नहीं।'

सुरेश के चेहरे पर गम्भीरता आ गई। बोला, 'घर की मालकिन का यही तो असली काम है। यही पक्का परिचय है।'

अचला ने हंसते हुए कहा, 'घर ही नहीं तो घर की मालकिन कहां? गरीब की इस झोंपड़ी में आपकी रात कैसे बीतेगी, इसी की चिन्ता हो रही है मुझे। लेकिन धन्य हैं आप, जानकर कष्ट उठाने आए हैं।' फिर पति की ओर देखकर बोली, 'नयन बाबू से कहकर चन्द्रबाबू के यहां रात को इनके सोने की व्यवस्था नहीं हो सकती? उनका घर पक्का है। बैठक भी है। इन्हें कोई कष्ट नहीं होगा।'

सौजन्य की आड़ में दोनों के इन व्यंग्य वाणों से महिम का मन दुखी हो रहा था।

सुरेश ने हाथ जोड़कर कहा, 'पहले जरा चाय दो भाभी। पीकर जरा थकान उतार लूं। फिर नयन बाबू से कहो या श्रवण बाबू से कहो। चन्द्रबाबू के घर सोने को तैयार हूं। लेकिन चाहे जो कहो महिम, इस पर इतना खिंचाव प्रसन्नता की बात है।'

महिम के बजाय अचला ने हंसकर उत्तर दिया, 'प्रसन्न होना न होना अपने ऊपर है। लेकिन यह मेरे ससुर का घर है, इस पर खिंचाव न हो बड़े लाट के भवन पर ही, तो झूठ है। खैर, पहले फ्रेश हो लीजिए, फिर बातें होंगी। मैं चाय के लिए पानी रखने के लिए कह आई हूं। पांच-छह मिनट में चाय हाजिर करती हूं, तब तक मुंह बंद करके जरा आराम कीजिए', कहकर हंसती हुई चली गई।

उसके जाते ही सुरेश के जी की जलन बढ़ गई। वह स्वयं को निर्बल और चंचल चित्त का ही जानता था। इसके लिए उसे लज्जा था न क्षोभ था। बचपन में उसके संगी साथी महिम से उसकी तुलना करते हुए जब उसे सनकी कहा करते थे तो वह मन ही मन प्रसन्न होकर कहता था कि यह सच है कि मुझमें बिल्कुल दृढ़ता नहीं। लेकिन मेरा दिल साफ है, मैं कोई नीच या छोटा काम नहीं कर सकता। भले-बुरे का विचार करके दान नहीं देता। मन से उठे तो बदन के कपड़े तक दे डालने में मुझे झिझक नहीं होती, मेरे संबंध में कोई यह आक्षेप नहीं लगा सकता कि मैंने किसी से डाह की है या स्वार्थ के लिए ऐसा कुछ किया है जो नहीं करना चाहिए था। लेकिन अचला के विवाह के बाद दो दिन तक वह स्वयं से यही कहता रहा कि मैं दुर्बल और विवश नहीं हूं, प्रवृत्ति का दास नहीं हूं। मेरा मित्र और उसकी पत्नी यह देखे कि मित्रता क्या होती है और उसके लिए कोई कितना त्याग कर सकता है।

लेकिन किसी झूठ के सहारे अधिक दिनों तक स्वयं को भरमाया नहीं जा सका। उसका आत्म संयम सच्चा न था। वह आत्म प्रताड़ना थी। परिणाम यह हुआ कि सप्ताह भी नहीं बीता कि उसके झूठे संयम का मोह हृदय से निकल कर उसे संकुचित कर देने लगा। मन बार-बार कहने लगा- इस त्याग से उसे क्या मिला? अब किसके सहारे स्वयं को खड़ा रखेगा। बुआ कहेंगी, 'बेटे, अब तुम ऐसी ही बहू ले आओ। उसके सहारे गृहस्थी संभालूं।'

एक दिन समाज के फाटक पर केदार बाबू से भेंट हो गई। उन्होंने स्पष्ट कहा, 'भूल हो गई। महिम से अचला के विवाह के लिए वे आरम्भ से ही राजी नहीं थे। लेकिन क्योंकि सुरेश उदासीन सा रहा इसलिए विवश होकर राजी होना पड़ा।'

घर लौट कर उसका मन शाप देने लगा कि विवाह के बाद वे दोनों सुखी न रहें। मित्र भी अपनी सामर्थ्य से बाहर जाने की भूल महसूस करे और अचला भी अपनी भूल समझ कर पश्चाताप की आग में जले। किसी तरह उसने एक महीना काटा। और जब अपनी भावनाओं को दबा न सका तो बैग लिए महिम के घर पहुंच गया।

सुरेश ने मित्र की ओर ताक कर कहा, 'अब समझ रहे हो महिम, मेरी बात कितनी सच थी?'

महिम ने पूछा, 'कौन सी बात?'

सुरेश ने विज्ञ व्यक्ति की तरह कहा, 'देहात में रहता जरूर नहीं हूं, पर उसका सब कुछ जानता हूं। मैंने तुम्हें चेतावनी दी थी कि तुम्हें गांव में समाज से विरोध झेलना पड़ेगा।'

'कहां, विरोध तो वैसा कुछ हुआ नहीं?'

'विराध और किसे कहते हैं? तुम्हारे घर किसी ने भोजन नहीं किया? क्या यह अपमान नहीं है?'

'मैंने किसी को खाने के लिए कहा ही नहीं।'

'नहीं कहा? हां दावत कर मुझे निमन्त्रण नहीं भेजा?'

'दावत ही नहीं हुई।'

सुरेश ने आश्चर्य से कहा, 'दावत नहीं हुई। लेकिन इस तरह कब तक खैर मनाओगे? आफत-मुसीबत है। बाल बच्चों का जनेऊ-विवाह है। दुनियादारी है? मैं कहता हूं....।'

जद्दू के साथ चाय का सामान और मिठाई की प्लेट लिए अचला आ गई। सुरेश की अन्तिम बात उसके कानों तक पहुंच गई थी।

दोनों मित्रों का चाय-नाश्ता समाप्त हो गया तो महिम कन्धे पर चादर डालकर उठ खड़ा हुआ। गांव के मुसलमान जमींदार के लड़के को वह अंग्रेजी पढ़ाता था। जमींदार स्वयं पढ़ा-लिखा नहीं था। लेकिन उदार था और महिम का बहुत ख्याल रखता था। इसीलिए गांव वाले समाज की दुहाई देकर उस पर अत्याचार करने का साहस नहीं कर पाए थे।

अचला ने कहा, 'आज पढ़ाने न जाते तो क्या था।'

'क्यों?'

अचला के मन की शक्ति और निर्मलता कितनी ही बड़ी क्यों न हो, सुरेश के साथ उसका संबंध जैसा हो गया था, उससे उसके अचानक आ जाने पर संकोच होना स्वाभाविक था। सुरेश को वह पहचानती थी। उसका हृदय कितना ही विशाल हो उसकी सनक पर उसे आस्था नहीं थी। बल्कि भय ही लगता था। उसी के साथ उसे अकेली छोड़कर जाने की बात से वह परेशान हो उठी। लेकिन उसे प्रगट न करके बोली, 'खूब, कही मेहमान को अकेला छोड़कर...।'

महिम ने कहा, 'मेहमान के सत्कार में इससे कमी न होगी। फिर तुम तो हो ही।'

अचला का दिल धक-धक करने लगा। बोल, 'लेकिन मैं भी इनके पास बैठी नहीं रह सकूंगी। यह जो उड़िया रसोइया है, ऐसा मक्कार हे कि उसके साथ न रही तो एक कौर भी मुंह में रखना कठिन है। मैं बताऊं, तुम बल्कि...।'

महिम ने सिर हिलाकर कहा, 'नहीं, नहीं, सो नहीं होगा। बस घंटे-दो घंटे की ही तो बात है।' और उसने कोने में से अपनी छड़ी उठा ली।

एक तो यों ही महिम का नियम टूटना कठिन था। उस पर एक मामूली सी बात के लिए बार-बार आग्रह करने पर अचला को शर्म आने लगी-कहीं इस भय का रहस्य सुरेश को मालूम न हो जाए। तब और भी शर्मिन्दा होना पड़ेगा।

महिम चला गया। उसे सुनाते हुए सुरेश ने अचला से कहा, 'बेकार ही कहती हो। वह ऐसा आदमी नहीं कि किसी का कहना माने। तुम मुझे कोई किताब देकर अपना काम करो। मेरा समय मजे में कट जाएगा।'

यह बात अचला का लग गइ। सच हा माहम उसका काइ अनुराध कभा नहा मानता। यह उसका कितना भी बड़ा गुण हो लेकिन सुरेश के मुंह से पति की इस कर्तव्यनिष्ठा की बात उसे अपमानजनक उपेक्षा सी गड़ी। वह कुछ बोली नहीं। जद्दू से एक किताब भिजवा कर रसोई में चली गई।

काफी रात गए जब सोने गए तो महिम ने पूछा, 'सुरेश ने तुम्हें बताया कि वह यहां कितने दिन रहेगा?'

एक तो यों ही आज कई कारणों से वह पति से अप्रसन्न थी। इस प्रश्न में टेढ़ा व्यंग्य समझ वह और भी कुढ़ गई। रुखाई से पूछा, 'इसका मतलब?'

महिम अवाक् रह गया। उसने सहज ढंग से पूछा था। इतनी देर की बातचीत में न तो वह सुरेश से ही पूछ सका और न सुरेश ने ही बताया था। उसे आशा थी कि सुरेश ने अचला को जरूर बताया होगा।

महिम को चुप देखकर अचला बोली, 'इस बात का अर्थ इतना आसान है कि तुमसे पूछने की आवश्यकता भी नहीं। तुम्हारा ख्याल है कि सुरेश बाबू कुछ नीयत लेकर आए हैं और पूरा करने में कितना समय लगेगा। मैं समझती हूं। यही न?'

महिम कुछ देर चुप रह कर बोला, 'मेरा ऐसा कोई खयाल नहीं है। लेकिन मृणाल के व्यवहार से आज तुम्हारा मन ठीक नहीं है। तुम कुछ भी समझ नहीं सकोगी। अब सो जाओ, कल बात होगी।।' कह कर उसने करवट बदल ली।

अचला भी लेट गई। लेकिन उसे किसी भी तरह नींद नहीं आई। दिन भर उसके मन में जो खीझ इकट्ठी होती रही थी अगर किसी झगड़े के रूप में निकल जाती तो शायद उसे चैन मिल जाता। लेकिन इस तरह उसकी जबान बंद कर देने के कारण वह भीतर ही भीतर धधकती रही। यह प्रसंग तो बंद हो गया। उसे खोदकर जबर्दस्ती झगड़ने में कमीनापन है, अचला के लिए यह असंभव था। इसलिए कल्पना में ही पति को सामने खड़ा करके सुलगते प्रश्नों से उसे कायल करती हुई बिस्तर पर छटपटाती रही।

सुबह नींद जरा देर से टूटी। हड़बड़ा कर बाहर निकली तो देखा जद्दू हाथ में चाय की केतली लिए रसोई की ओर जा रहा था। उसने पूछा, 'बाबू कुछ कह गए हैं?'

जद्दू ने कहा, 'कह गए हैं, पहर भर में लौटेंगे।'

अचला ने पूछा, 'नए बाबू जाग गए?'

जद्दू बोला, 'जी उन्होंने ही तो चाय के लिए कहा है।'

अचला ने झटपट मुंह धोया, कपड़े बदले और बाहर आ गई। सुरेश कभी का तैयार हो चुका था। कमरे की सारी खिड़कियां खोल दी थी। दरवाजे के सामने कुर्सी खींचकर कल वाली किताब पढ़ रहा था।

अचला के पैरों की आहट से उसने नजर उठाकर देखा। अचला के चेहरे पर रात भर जागते रहने के सारे लक्षण स्पष्ट दिखाई दे रहे थे। आंखों के नीचे स्याही सी, फीके गाल, सूखे होंठ- सुरेश का मन देखते ही डाह से जल उठा। और एकटक उसे देखने लगा।

उसके देखने के ढंग से अचला को आश्चर्य हुआ। लेकिन वह अभिप्राय समझ न पाई। बोली, 'आप कब जागे? मुझे तो उठने में आज देर हो गई।'

'यही तो देख रहा हूं', कह कर सुरेश ने धीरे से गर्दन हिलाई, सामने ही दीवार पर एक बड़ा सा पुराना आईना टंगा था। ठीक उसी समय उस आइने की ओर देखते हुए अचला सुरेश की उस निगाह का स्पष्ट अर्थ समझ गई। अपनी श्रीहीनता की लज्जा से वह गड़ गई। कहां छिपाए अपना मुंह। किस तरह सुरेश की धारणा का प्रतिवाद करे, वह सोच न सकी। जल्दी से कमरे से निकल गई। कहती गई, 'आपकी चाय ले आऊं।'

सुरेश कुछ नहीं बोला, एक लम्बी उसांस भर कर सूनी से देखते हुए मौन बैठ रहा।

दसेक मिनट बाद जब अचला चाय लेकर आई, सुरेश स्वयं को संभाल चुका था। चाय का घूंट भरते हुए बोल, 'तुमने नहीं पी?'

अचला हंसकर बोली, 'मैं अब नहीं पीती।'

'क्यों?'

'अब अच्छी नहीं लगती। यह स्थान शायद गर्म है। पीने से नींद नहीं आती। कल सारी रात सो नहीं सकी। एक रात नींद न आए तो सूरत ऐसी बन जाती है कि चेहरा दिखाना कठिन हो जाता है।' कहकर शर्माती हुई हंसने लगी।

सुरेश कुछ पल चुप रहकर बोला, 'लेकिन यह तो तुम्हारी बचपन की आदत है। महिम आग्रह नहीं करता पीने को?'

अचला हंसकर बोली, 'करें भी तो सुनता कौन है? और यह ऐसी चीज तो है नहीं कि पिए बिना न चले।'

अचला की यह हंसी सूखी हंसी थी। सुरेश कुछ पल चुप रहकर बोला, 'तुम्हें तो मालूम है कि भूमिका बनाकर बात करने की मेरी आदत नहीं है। लेकिन तुमसे खोलकर एक-दो बात पूछूं तो नाराज तो नहीं होगी?'

अचला हंसकर बोली, 'नाराज क्यों होने लगी?'

'तो यह बताओ, तुम यहां सुखी हो?'

अचला का हंसता चेहरा लाल हो उठा। बोली, 'आपका यह पूछना उचित नहीं है।'

'उचित क्यों नहीं है?'

'नहीं' अचला सिर हिलाकर बोली, 'मैं सुखी नहीं हूं-यह बात ही आपके मन में आना अनुचित है।'

सुरेश फीकी हंसी हंसकर बोला, 'मन में क्या कोई बात उचित-अनुचित सोचकर पैदा होती है। केवल दो महीने पहले ऐसा सोचना मेरे लिए उचित ही नहीं, मेरा अधिकार था। इन दो महीनों

मं मेरा अधिकार जाता रहा। मैं अपने अधिकार का दावा नहीं करूंगा लेकिन यह वास्तविकता जानकर जाना चाहता हूं। जबसे आया हूं, कभी तो लगता है तुम जीत गई हो, कभी लगता है तुम हार गई हो। सच बताओ वास्तविकता क्या है?'

रुलाई का उफान अचला के गले तक उठ आया। लेकिन प्राणपण से उसे रोककर जोरों से सिर हिलाकर बोली, 'मैं सुखी हूं।'

सुरेश ने धीरे से कहा, 'ठीक है।'

इसके बाद कुछ देर तक दोनों चुप बैठे रहे। अचानक सुरेश चौंककर बोला, 'और एक बात, मैंने तुम्हारे लिए इतने कष्ट झेले, यह तुम्हें कभी....।'

अचला ने दोनों कानों में उंगली डालकर कहा, 'क्षमा करें, यह चर्चा आप न करें।'

दोनों बांहें खुले दरवाजे में फैलाकर भागने की चाह में राह रोकते हुए सुरेश ने कहा, 'नहीं, क्षमा नहीं कर सकता। तुम्हें सुनना पड़ेगा।'

सुरेश की आंखों को देखते ही अचला सिहर उठी। थोड़ा पीछे हटती हुई भयभीत स्वर में बोली, 'अच्छा कहिए।'

सुरेश बोला, 'डरो मत, बदन से हाथ नहीं लगाऊंगा। इतना होश अभी है। इतना तो तुम्हें याद रखना होगा कि तुम पर मैं अपना अधिकार खो चुका हूं लेकिन मेरे ऊपर तुम्हारा आज भी अधिकार है।'

अचला ने कहा, 'इसे याद रखने में मुझे कोई लाज नहीं। लेकिन...।' कहते-कहते उसने देखा, इस बात ने चोट पहुंचा कर सुरेश को बदरंग बना दिया है। साथ ही उसने महसूस किया कि उसे भी आघात पहुंचा है।

कुछ देर चुप रहकर बोली, 'सुरेश बाबू, इन बातों को सुनना मेरे लिए पाप है। और आपको बोलना भी उचित नहीं है। इन बातों को उठाकर मुझे दुःखी क्यों करते हैं?'

उसके चेहरे पर नजरें टिकाकर सुरेश ने कहा, 'दुःख होता है अचला?'

अचला के मुंह से एकाएक निकला, 'आखिर क्या मैं पत्थर हूं?'

सुरेश ने अपनी निगाह अचला पर से नहीं हटाई। अचला की आंखें झुक गई। सुरेश ने धीरे से कहा, 'बस यही मेरे जीवन भर का सहारा रहा। इससे अधिक मैं नहीं चाहता।'

कुछ देर चुप रहकर बोला, 'जब तुम पत्थर नहीं हो तो मुझे इस अन्तिम भीख से वंचित नहीं कर सकतीं। तुम्हारे सुख की जिम्मेदारी जिस पर है, रहे। लेकिन तुम्हारे हाथों जब दुःख ही मिलता रहता है, तो तुम्हारे दुःख का बोझ भी मेरा रहे। यही भीख मांगता हूं।'

कहते-कहते आंसुओं से उसका गला रुंध गया। अचला की आंखों से भी उसके पिछले दिन और रात की सारी संचित वेदना न चाहते हुए भी गलकर झड़ पड़ने लगी।

तभी दरवाजे के बाहर जूतों की आवाज सुनाई दी और तुरन्त अन्दर आते हुए महिम ने पूछा, 'क्यों भाई सुरेश, चाय-वाय पी?'

सुरेश से तत्काल उत्तर देते न बना। उसने किसी प्रकार सिर झुका कर धोती के छोर से आंखें पोंछी और अचला आंचल में मुंह छिपाए महिम की बगल से जल्दी से निकल गई। महिम एक पांव चौखट के अन्दर और एक बाहर रखकर काठ का मारा सा खड़ा रहा।

17

अपने को संयत करके महिम अन्दर आकर एक कुर्सी पर बैठ गया।

कुछ लोगों का मन अत्यधिक बेशर्मी से तपाक से झूठ गढ़ सकता है। सुरेश भी उन्हीं में से एक था। झट से आंसू पोंछ कर शर्माया सा बोला, 'सचमुच मैं बेहद कमजोर हो गया हूं।'

लेकिन महिम ने न तो जानने के लिए बेचैनी दिखाई और न कारण ही पूछा।

सुरेश अपनी सफाई देने लगा। बोला, 'कहने को जो चाहे कहें लोग लेकिन मैं दावे के साथ कह सकता हूं कि इन लोगों की आंखों में आंसू देखकर न जाने कहां से आंखों में आंसू भर आते हैं। रोके नहीं रुकते। मैं न पहुंच गया होता तो इस बार केदार बाबू हर्गिज न बचते। बहुत ही विचित्र और बदमिजाज बूढ़ा है। इकलौती बेटी तक को खबर नहीं होने दी। विवाह के दिन से ही जो नाराज हैं सो नाराज ही हैं। मैंने कहा, जो होना था सो हो गया।'

महिम ने पूछा, 'चाय तो मिल गई?'

सुरेश ने सिर हिलाकर कहा, 'हां, मिल गई। लेकिन पिता के ऐसे व्यवहार पर किसकी आंखों से आंसू न भर आएंगे। पुरुष ही नहीं झेल सकते। वह तो नारी ठहरी।'

महिम बोला, 'ठीक है-रात सोने में कोई दिक्कत तो नहीं हुई। नींद आई थी? नई जगह-।'

सुरेश जल्दी से बोला, 'नहीं। नई जगह में मुझे नींद आने में कोई दिक्कत नहीं होती। एक ही करवट में सवेरा हो गया। अच्छा महिम, केदार बाबू ने अपनी बीमारी के बारे में बिल्कुल नहीं बताया। अजीब बात है।'

महिम ने बिलकुल सहज भाव से कहा, 'सचमुच अजीब है।' फिर जरा हंसकर बोला, 'मुंह हाथ धोकर जरा घूमने नहीं चलोगे? जाओ झटपट तैयार हो जाओ। मुझे फिर घंटे भर में ही निकलना पड़ेगा। मेरा तो सुबह का काम-काज भी नहीं हुआ।'

सुरेश ने किताब में ध्यान लगाते हुए कहा, 'कहानी मजेदार है। खत्म ही कर डालूं।'

'यही करो। मैं दो घंटे के अन्दर-अन्दर लौट आऊंगा।' कहकर महिम उठ गया।

उसके जाते ही सुरेश ने नजर उठाकर देखा। लगा, जैसे किसी अदृश्य हाथ ने समूचे चेहरे पर शर्म की स्याही फेर दी हो।

जिस दरवाजे से महिम गया उसी दरवाजे की ओर एकटक देखता हुआ सुरेश काठ जैसा कठोर हो गया। लेकिन अन्दर ही अन्दर उसके अयाचित उत्तरदायित्व की सारी विफलता कुढ़न से उसके सर्वांग में डंक मारने लगी।

महिम बाहर आया तो अचला ने स्वाभाविक स्वर में पूछा, 'क्या मेरे पिताजी ने कोई बहुत बड़ा अपराध किया है?'

अचानक इस प्रश्न का अर्थ न समझकर महिम उत्सुक होकर उसकी ओर देखता रह गया। अचला ने कहा, 'मेरी बात शायद समझ नहीं सके?'

महिम ने कहा, 'नहीं। प्रिय न होते हुए भी बात स्पष्ट है। लेकिन इसका अर्थ समझना कठिन है। कम से कम मेरे लिए।'

भीतरी क्रोध को भरसक दबाते हुए अचला ने कहा, 'कठिन तुम्हारे लिए दोनों में से कोई भी नहीं है। कठिन है स्वीकार करना। जो बात तुम सुरेश को सहज ही जता आए हो यही बात मुझे बताने की तुम्हें हिम्मत नहीं पड़ रही है। लेकिन आज मैं तुमसे साफ-साफ पूछना चाहती हूं कि उनकी बीमारी पर ध्यान देना जरूरी नहीं समझते।'

महिम ने कहा, 'निःसंदेह जरूरी समझता हूं। लेकिन जहां जरूरी न हो वहां मुझे क्या करने को कहती हो?'

'कहां जरूरी नहीं है, सुनूं जरा।'

महिम ने चुपचाप उसकी ओर देखा और कड़े स्वर में बोला, 'जैसे अभी-अभी सुरेश के लिए नहीं था। और जैसे इसके लिए तुम्हारा क्रुद्ध होकर मेरे लिए कठोर शब्द कहना जरूरी न था। खैर, छोड़ो। जिसके नीचे कीचड़ है, उस पानी को खंगालना में बुद्धिमानी नहीं समझता।'

कहकर महिम बाहर जा रहा था कि अचला ने झपटकर सामने से रास्ता रोक लिया। थोड़ी देर दांतों से होंठ दबाए खड़ी रही। जैसे किसी आकस्मिक गहरी चोट की मार्मिक चीख को प्राणपण से दबाने की चेष्टा कर रही है। फिर बोली, 'बाहर क्या जरूरी काम है? दो मिनट रुक नहीं सकोगे?'

'रुक सकता हूं।'

'तो फिर बात स्पष्ट ही हो ले। पानी जब हट जाता है कीचड़ का पता तभी चलता है। यही हो?'

'हां।'

'बेकार ही पानी को खंगालने के पक्ष में मैं नहीं हूं। लेकिन इसी डर से कीचड़ को हटाना बन्द रखना क्या ठीक है? भले ही खंगालना पड़े कीचड़ से तो मुक्ति मिले। क्या विचार है?'

महिम ने कठोर होकर कहा, 'मुझे कोई आपत्ति नहीं। लेकिन इससे भी जरूरी काम पड़ा है। अभी समय नहीं है।'

अचला ने भी वैसी ही कठोर आवाज में कहा, 'इस अधिक जरूरी काम के हो जाने पर तो मिलेगी फुर्सत? मैं तब तक इंतजार करूंगी।' कहकर वह रास्ते से हट गई।

महिम कमरे से बाहर हो गया। जब तक वह दिखता रहा तब तक वह चुपचाप खड़ी रही। फिर दरवाजा बन्द कर दिया।

घंटे भर बात जब नहाने के लिए कहने को वह सुरेश के कमरे में पहुंची तो उसकी थकी और शोक संतप्त सूरत देखकर सुरेश सब कुछ समझ गया कि महिम से उसकी कुछ खटपट हुई है। वह सिमट सा गया। प्रश्न करने का साहस नहीं हुआ।

सुरश बग म कपड़ रख रहा था। बाला, 'गाड़ा ता एक बज का हा ह। पहल स सब ठाक ठाक किए लेता हूं।'

अचला ने आश्चर्य से पूछा, 'क्या आप आज ही चले जाएंगे।'

सुरेश ने सिर उठाए बिना कहा, 'हां।'

अचला बोली, 'लेकिन क्यों भला?'

'और अधिक रहना क्यों? तुम लोगों से भेंट करनी थी, सो हो गई।'

अचला कुछ देर चुप रही। फिर बोली, 'तो आप इधर आ जाइए। यह सब काम औरतों का है, आप लोगों का नहीं। मैं सब सहेज देती हूं।' कहकर आगे बढ़ गई।

सुरेश ने कहा, 'अरे, नहीं। तुम छोड़ दो। यह भी कोई काम है? यह तो....?'

लेकिन उसकी बात पूरी होने से पहले अचला ने बैग उसके हाथ से ले लिया। सारी चीजें बाहर निकालीं और वह कपड़ों को संभाल-संभाल कर बैग में रखने लगी।

पास खड़ा सुरेश सकुचा कर कहता रहा, 'कोई जरूरत नहीं थी इसकी। मैं स्वयं ही....।'

अचला ने सामान रखते-रखते कहा, 'आपकी बहन या पत्नी होती तो यह काम वही करती। आपको न करने देती। लेकिन आपको डर है कि कहीं आपके मित्र आकर देख न लें-है न लेकिन देख लें तो क्या? यह काम तो स्त्रियों का ही है।'

सुरेश चुप खड़ा रहा। अभी-अभी महिम से जो कुछ हुआ था, अचला उसे नहीं जानती थी। इसलिए उसकी चर्चा करके उसका मन दुःखाने का साहस नहीं हुआ। लेकिन डर भी लगता रहा कि कहीं महिम आकर देख न ले।

बैग को ढंग से सजाकर अचला ने धीरे से कहा, 'पिताजी की बीमारी की चर्चा न करना ही ठीक था। इससे उनका अपमान ही हुआ। इन्होंने तो डकार भी नहीं ली।'

सुरेश ने हैरान होकर पूछा, 'महिम ने तुमसे क्या कहा?'

अचला ने उसके प्रश्न का उत्तर न देकर आंख के इशारे से बगल के दरवाजे को दिखाकर कहा, 'वहां खड़े होकर मैंने सब सुना था।'

सुरेश ने अप्रतिभ होकर कहा, 'इसके लिए मैं तुमसे क्षमा चाहता हूं अचला।'

अचला ने हंसकर कहा, 'क्यों?'

खेद के साथ सुरेश बोला, 'कारण तो तुमने स्वयं ही पैदा कर दिया था। अपनी गलती से मैंने तुम्हारा और उनका दोनों का अपमान किया। इसके लिए तुम से क्षमा मांगता हूं।'

भीतरी आवेग से अचला का चेहरा दमक उठा। बोली, 'आपने चाहे जो कुछ भी किया हो, लेकिन मेरे लिए ही किया था। मुझे लज्जा से बचाने के लिए आपको शर्मिन्दगी झेलनी पड़ी। फिर भी आपको मुझसे क्षमा मांगनी पड़े, मैं ऐसी अनाड़ी नहीं हूं। आप क्यों शर्मिन्दा हो रहे हैं। जो किया ठीक ही किया।'

सुरेश की ठगी-सी सूरत देखकर अचला ने समझा वह उसकी बात का मर्म नहीं समझ सका। इसलिए थोड़ी देर चुप रह कर बोली, 'आप आज न जाएं सुरेश बाबू। यहां आपको अगर शर्मिन्दा होना पड़ा है तो मेरी शर्म ढकने के लिए। वरना आपको अपने लिए क्या पड़ी थी। और यह घर अकेले आपके मित्र का नहीं है, इस पर मेरा भी कुछ अधिकार है। इसी बल पर मैं आपको आमन्त्रित करती हूं। आप मेरे अतिथि होकर और कुछ दिन यहां रहें।'

उसका साहस देखकर सुरेश दंग रह गया। दुविधा में पड़कर वह कुछ कहना ही चाहता था कि देखा महिम आ रहा है।

अचला की उस ओर पीठ थी। महिम के आने की बात न जान कर कहीं कुछ कह न बैठे, इस डर से सुरेश सकुचाकर बोल उठा, 'तुम्हारा काम हो गया महिम।'

'हां, हो गया।' कहकर अंदर आते ही अचला को उस हालत में देख कर बोला,'यह क्या हो रहा है?'

अचला ने मुंह फेरकर देखा। लेकिन उसके प्रश्न का उत्तर न देकर पिछले प्रसंग के सिलसिले में बोली, 'आप हमारे मित्र हैं। आपने हमारे लिए बहुत कुछ किया है इसलिए मित्र नहीं आप हमारे आत्मीय हैं। आप के इस तरह से चले जाने पर मेरे दुःख और लज्जा की सीमा न रहेगी। आज तो मैं आपको हर्गिज नहीं जाने दे सकती।'

सुरेश सूखी हंसी हंसकर बोला, 'जरा सुन तो महिम। तुमसे मिलने आ गया था, मिलना हो गया। इस जंगल में मुझे अधिक दिन रोकने से तुम लोगों को क्या लाभ होगा?'

महिम ने शान्त स्वर में कहा, 'शायद अप्रसन्न होकर जा रहे हो। यह इनको पसंद नहीं है।'

अचला ने तीखे सूवर में कहा, 'तुम्हें पसन्द है क्या?'

महिम बोला, 'मेरी बात तो हो नहीं रही।'

सुरेश मन-ही-मन अत्यधिक उत्कंठित हो उठा। प्रसन्नता प्रगट करते हुए बोला, 'मैं नाराज क्यों होने लगा? गजब के आदमी हो तुम लोग। खैर, यही चाहते हो तो दो-एक दिन और ठहर जाऊंगा। भाभी, कपड़े सहेजने की जरूरत नहीं। निकाल दो। चलो, आज तुम्हारे पोखरे में नहाएं। ऐसा ही होगा तो घर जाकर कुनैन की शरण ले लूंगा।'

'चलो' महिम कपड़े बदलने के लिए कमरे से बाहर चला गया।

18

नए जूते के काट लेने पर उसकी पीड़ा को चुपचाप सहन करके जिस तरह निश्चिन्त होने का प्रदर्शन कोई करता है, उसी प्रकार सुरेश ने हंसी-खुशी सारा दिन काट दिया। लेकिन दूसरे दिन से वह पीड़ा असहनीय होने लगी।

पति की अटूट गम्भीरता और घिनौनी बनावट तथा निर्लज्जता के क्षोभ तथा अपमान से अचला का सिर पीट कर मरने को जी चाहने लगा। हृदय से वह भले ही उसे आज तक नहीं

पहचान पाई लेकिन बुद्धि से पहचान गई। उसने स्पष्ट देखा कि इस तेजस्वी, बुद्धिमान, अल्पभाषी व्यक्ति के सामने वह नाटक नितान्त असफल रहा। लज्जा से उसी का चेहरा पल-पल स्याह होता चला जा रहा है। सुबह से महिम कहीं बाहर गया था। इसलिए सुबह से लेकर रात के भोजन तक का समय इसी तरह बीत गया।

रात को देर तक बिस्तर पर करवटें बदलते हुए अचला ने कहा, 'रात भर बत्ती जलाकर कोई दूसरा सो नहीं सकता। क्या इतनी-सी दया की भी तुम से आशा नहीं कर सकती?' उसकी आवाज से चौंक कर महिम ने बत्ती बुझा दी। बोला, 'मुझसे गलती हो गई। क्षमा कर दो।'

इस मांगी हुई कृपा को पाकर अचला ने कृतज्ञता प्रगट नहीं की। पर नींद में कोई सुविधा नहीं हुई। बल्कि जितना समय बीतने लगा वह मौन अंधेरा पीड़ा से बोझिल होकर असहनीय हो उठा। जब सहा नहीं गया तो धीरे से पूछा, 'अच्छा जानते हो, अनजाने में भूल करने पर दंड भी भोगना पड़ता है, क्या यह सच है?'

महिम ने सहज स्वर में उत्तर दिया, 'पंडित लोग तो ऐसा ही कहते हैं।'

कुछ देर चुप रह कर अचला बोली, 'तो हम दोनों ने जो भूल की है, उसका बुरा परिणाम आरम्भ से ही शुरू हो गया है। इसका अन्तिम परिणाम क्या होगा, अनुमान लगा सकते हो?'

'नहीं।'

'मैं भी नहीं लगा सकती। लेकिन सोचकर मैंने बस इतना ही समझा है कि अन्य बातों को अगर छोड़ भी दें तो भी पुरुष होने के नाते इस दंड का अधिक भाग पुरुष को भोगना चाहिए।'

'थोड़ा और सोचोगी तो देखोगी स्त्री का बोझ इससे रत्ती भर भी कम नहीं होता। लेकिन वह पुरुष कौन है? मैं या सुरेश?'

अचला सिहर उठी। अंधेरे के कारण महिम देख नहीं सका। थोड़ी देर चुप रह कर अचला ने कहा, 'मेरे मुंह पर ही तुम मेरा अपमान करना शुरू कर दोगे, मैंने सोचा भी न था। मैं जानती हूं कि एक बार यह शुरू हो जाए तो कोई कह नहीं सकता कि कहां जाकर समाप्त होगा। लेकिन झगड़ना मेरे वश का नहीं। और क्योंकि विवाह हो गया है इसलिए झगड़कर तुम्हारी गृहस्थी करती रहूं यह भी नहीं होने का। कल ही चाहे परसों, मैं पिताजी के पास लौट जाऊंगी।'

'तुम्हारे पिता हैरान होंगे।'

'नहीं। वे जानते थे, इसलिए बार-बार सचेत करने की कोशिश की थी कि इसका परिणाम अच्छा नहीं निकलेगा। कलकत्ता में चल सकता है लेकिन गंवई गांव में नहीं। अपने सगे-सम्बन्धी, हित-मित्र सबको छोड़कर केवल स्त्री के साथ किसी का अधिक दिन नहीं चल सकता। उन्हें कोई हैरानी नहीं होगी।'

'तुमने इनकार क्यों नहीं किया?'

उच्छवास को जी-जान से दबाकर अचला बोली, 'मैं समझती थी बिना समझे-बूझे तुम कुछ भी नहीं करते।'

'इस साझेदारी के व्यापार में लाभ नहीं हुआ इसलिए तुम दुकान उठाकर घर लौट जाना चाहती हो?'

'हां।'

महिम पल भर चुप रह कर बोला, 'तो फिर चली जाना। लेकिन तुमने अगर इसे व्यापार समझा है तो हमारे विचार कभी नहीं मिलेंगे। लेकिन यह भी याद रखो कि व्यापार को समझने में भी समय लगता है। जब तुम्हारी धारणा टूट जाए तो मुझे सूचित कर देना। मैं लिवा लाऊंगा।'

अचला की आंख से आंसू की एक बूंद लुढ़क पड़ी। हाथ से उसे पोंछ कर कुछ देर चुप रही फिर अपने स्वर को संयत करके बोली, 'भूल किसी से बार-बार नहीं होती। मैं नहीं समझती कि तुम्हें यह कष्ट उठाने की कभी जरूरत पड़ेगी।'

महिम ने कहा, 'जो समझा नहीं जा सकता उसी को भविष्य कहते हैं। भविष्य की चिन्ता भविष्य पर छोड़ कर सो जाओ।'

अचला को चोट लगी। बोली, 'मजाक समझ रहे हो? मैं सचमुच कल परसों जा रही हूं?'

महिम ने कहा, 'मैं नहीं चाहता कि तुम जाओ?'

अचला तैश में आकर बोली, 'तुम क्या मेरी इच्छा के विरुद्ध मुझे रोक लोगे? यह हर्गिज नहीं कर सकते, जानते हो?'

महिम ने शान्त भाव से कहा, 'कल-परसों जब जाओगी, सोचेंगे', कहकर उसने करवट बदल ली। और थोड़ी देर में ही सो गया।

सवेरे चाय पर सुरेश ने पूछा, 'महिम तो शायद आज भी अपने खेतों की देखभाल के लिए चला गया।'

अचला सिर हिलाकर बोली, 'संसार इधर से उधर हो जाए उनका नियम नहीं टूट सकता।'

चाय का प्याला होंठों से अलग करते हुए सुरेश ने कहा, 'इस दृष्टि से वह हम लोगों से बहुत अच्छा है। उसके काम की एक गति है जो मशीन के पहिए की तरह तब तक जरूर चलेगी जब तक उसमें चाबी भरी रहेगी।'

'क्या आप मशीन होने को ही ठीक समझते हैं?'

सुरेश गर्दन पर बल देकर बोला, 'हां, समझता हूं। क्योंकि ऐसा कर पाना अपनी क्षमता के बाहर है। दुर्बल होना भी कितना बड़ा पाप है, यह तो मैं जानता हूं। लेकिन जो स्थिर स्वभाव का है, उसकी प्रशंसा किए बिना नहीं रह सकता। लेकिन आज मुझे छुट्टी दो, मैं चलूं।'

अचला तुरन्त राजी हो गई, 'जाइए, मैं कल जाऊंगी।'

सुरेश ने आश्चर्य से पूछा, 'तुम कहां जाओगी?'

'कलकत्ता।'

'अचानक? कल तो तुमने बताया नहीं था।'

'पिताजी बीमार हैं। उन्हें देखने जाऊंगा।'

सुरेश के चेहरे पर उद्वेग की छाया डोल उठी। बोला, 'बीमार पिता को देखने की इच्छा होना आश्चर्यजनक नहीं है। लेकिन डर लग रहा है कि कहीं मेरे कारण नाराज होकर...।'

अचला ने कोई उत्तर नहीं दिया।

सामने से आते जद्दू को पुकार कर सुरेश ने पूछा, 'क्यों रे जद्दू, तेरे बाबूजी खेत से लौट आए?'

जद्दू ने कहा, 'जी, आज तो वे कहीं गए ही नहीं। अपने पढ़ने के कमरे में सो रहे हैं।'

अचला जल्दी से गई। दरवाजे से झांक कर देखा। महिम एक कुर्सी पर बैठा सो रहा है। उसके दोनों पांव मेज पर रखे हैं।

वह रात की अधूरी नींद पूरी कर रहा है यह कोई अनोखी बात नहीं। लेकिन दिन का काम बंद कर असमय सोते देख अचला को आश्चर्य हुआ। वह दबे पांव अंदर आई और चुपचाप उसकी ओर ताकने लगी। सामने के झरोखे में से छन कर सवेरे का हल्का उजाला उस सोये हुए चेहरे पर पड़ रहा था। अचानक ही उसे एक ऐसी चीज दिखाई दी जो उसने पहले कभी नहीं देखी थी। माथे की कुछ लकीरें झांक रही थीं। साल भर पहले वे नहीं थीं। उसे लगा जैसे वह चेहरा किसी अदृश्य पीड़ा से श्रान्त और पीड़ित है। वह दबे पांव वापस आ रही थी कि पीकदान में पैर की ठोकर लगी। उसकी आवाज से महिम ने आंखें खोल दीं।

'इस समय सो रहो हो? तबियत तो ठीक है?' अचला ने पूछा।

महिम ने आंखें मलते हुए कहा, 'तबियत खराब नहीं, यही तो आश्चर्य है।'

अचला ने और कुछ नहीं पूछा। कमरे से निकल आई।

खा-पी चुकने के बाद सुरेश जाने की तैयारी कर रहा था। पास ही एक कुर्सी पर बैठा महिम बातें कर रहा था। दरवाजे के पास आकर बिना किसी भूमिका के अचला ने कहा, 'मैं भी कल जा रही हूं। सुविधा हो तो आप जरा पिताजी से मिल लीजिएगा।'

सुरेश ने आश्चर्य से कहा, 'अच्छा!' फिर महिम की ओर देखकर पूछा, 'भाभीजी को कल कलकत्ते भेज रहे हो क्या?'

पत्नी के इस विद्रोह से महिम जल भुन उठा। लेकिन चेहरे पर प्रसन्नता के भाव बनाए रख कर बोला, 'देहात के गृहस्थ घर में नाटक करने का रिवाज नहीं है। कल, क्या आज ही तुम्हारे साथ जा सकती थी।'

सुरेश का चेहरा शर्म से तमतमा उठा। यह देख अचला ने हंसते हुए कहा, 'सुरेश बाबू, हम लोगों का घर शहर में है, इसके लिए शर्म महसूस करने का कोई कारण नहीं। बीमार पिता को देखने जाना अगर गांव में उचित नहीं है तो मेरे विचार से शहर का नाटक इससे कहीं अच्छा है। न हो तो आप आज रुक जाइए, कल साथ ही चलेंगे।'

उसकी इस अत्यधिक ढिठाई से सुरेश का चेहरा फक पड़ गया। सिर झुका कर बोला, 'नहीं, नहीं मेरे रुकने की अब गुंजाइश नहीं रही भाभीजी, मैं तो आज ही जा रहा हूं।' कहते-कहते उत्तेजित होकर बैग लेकर खड़ा हो गया।

उसकी उत्तेजना ने अचला को भी झकझोर डाला। व्याकुल होकर बोल उठी, 'गाड़ी में अभी काफी देर है, सुरेश बाबू। थोड़ी देर रुक जाइए। कृपा करके मेरी दो बातें सुन जाइए।'

उसके आर्त-अनुरोध से वे दोनों चौंक पड़े।

अचला बिना किसी ओर देखे कहने लगी, 'सुरेश बाबू, मैं आपके किसी भी काम नहीं आ सकी। लेकिन हमारा दुर्दिन के मित्र कौन है? आप जाकर पिताजी से कह दें, इन लोगों ने मुझे बन्दी बना रखा है। मैं मर जाऊंगी। आप मुझे यहां से ले चलिए सुरेश बाबू। जिसे प्यार नहीं करती उसकी गृहस्थी चलाने के लिए मुझे यहां न छोड़िए।'

महिम विह्वल सा चुपचाप ताकता रहा। सुरेश ने दोनों आंखें निकालकर जोर से कहा, 'तुम्हें पता है महिम से ब्रह्म है। पत्नी हुई तो क्या, इस पर पाशविक बल प्रयोग का तुम्हें कोई अधिकार नहीं है।'

महिम पलभर को खो सा गया। लेकिन जल्दी से संयत करके बोला, 'तुम क्या कह रही हो, सोचकर तो देखो अचला।' फिर वह सुरेश से बोला, 'पशु बल, मनुष्य बल, मैंने कभी किसी पर, किसी भी बल का प्रयोग नहीं किया। अगर रुक सको तो आज रुक जाओ सुरेश। कल इन्हें साथ लेते जाना। मैं खुद गाड़ी में बिठा आऊंगा। इससे गांव वालों को बुरा भी नहीं लगेगा।' कुछ पल रुककर बोला, 'मुझे जरा काम है, मैं जा रह हूं। आज जब जाना नहीं है तो कपड़े उतार लो। मैं आधे घंटे में लौट आऊंगा।' फिर धीरे-धीरे वह चला गया।

अचला जैसी खड़ी थी मूर्ति की तरह चौखट थामे उसी तरह खड़ी रही।

सुरेश एक मिनट तो सिर झुकाए खड़ा रहा। फिर ठहाका मारकर हंसते हुए बोला, 'यह मजे का अभिनय हो गया इस अंक का। तुमने भी कुछ बुरा अभिनय नहीं किया। मैंने भी कमाल का अभिनय किया। उसके घर में उसकी पत्नी के लिए उसी पर आंखें तरेर दी मैंने। इससे अधिक क्या चाहिए? और मेरे मित्र एक मीठी हंसी हंसकर प्रशंसा करके चले गए। मैं शर्त लगाकर कह सकता हूं कि वह केवल जी खोलकर हंसने के लिए काम का बहाना करके चला गया है। खैर, जरा आईना तो ला दो भाभी। एक बार देख लूं क्या शक्ल बनी है अपनी।'

यह कहने के बाद सुरेश ने देखा अचला का चेहरा बिल्कुल सफेद हो गया है। वह कुछ बोली नहीं। केवल एक लम्बी सांस भरकर वहां से चली गई।

19

जिस शैया को छूने में अचला को आज घृणा होनी चाहिए थी प्रतिदिन की तरह सांझ को उसी शैया को बिछाने के लिए जब वह कमरे में गई तो उसका मन कहां और किस दिशा में था- जिसको मानव मन की थोड़ी बहुत जानकारी है, उससे अनजाना नहीं रह सकता।

कल के पुतले की तरह नियमित काम करके जब वह लौट रही थी सामने की मेज पर नजर पड़ गई। एक ही सांस में पैड पर पड़ी वह छोटी सी चिट्ठी पढ़ डाली। केवल दो-तीन पंक्तियां थीं। दिन नहीं, तारीख नहीं। मृणाल ने लिखा था, 'मंझले दादाजी, आखिर क्या कर रहे हो यह? परसों से तुम्हारी राह देखते-देखते तुम्हार मृणाल की आंखें पिरा गईं।'

बहुत देर तक अचला की पलक नहीं हिली। पाषाण प्रतिमा की भांति पलक विहीन दृष्टि उसी एक पंक्ति पर गड़ाए चुपचाप खड़ी रही। यह चिट्ठी कब की है? कौन दे गया? यह सब उसे मालूम नहीं। मृणाल का घर कहां है, यह जानने की गुंजाइश नहीं।

उस झुटपुटे कमरे के अन्दर एकटक देखते-देखते उसकी आंखें दर्द करने लगीं। काले-काले अक्षर पहले तो धुंधले पड़े फिर छोटे-छोटे कीड़ों की तरह कागज पर रेंगने लगे। पता नहीं कब तक उसी तरह देखती रही।

सहसा काफी देर बाद नजर उठाकर बाहर की ओर देखा, आंगन में सांझ का अंधेरा उतर आया था और जद्दू बाहर के कमरे में लालटेन लेने जा रहा था। पूछा, 'जद्दू, बाबू लौट आए?'

जद्दू ने कहा, 'नहीं मां जी, अभी नहीं लौटे।'

अब अचला को याद आया, दोपहर के उस लज्जाजनक अभिनय के अंक के बाद महिम चला गया था। तब से नहीं लौटा। उसके प्रतिदिन के रवैये में उसे जरा भी संदेह न रहा। सुरेश के आने के बाद से घर में लड़ाई-झगड़े का ऐसा सिलसिला आरंभ हुआ कि उसमें उलझकर अचला सब कुछ भुला बैठी थी। पति को वह प्यार नहीं करती। गलती से विवाह किया है। इसी गलती के कारण जिन्दगी भर गुलामी करने के विरुद्ध उसका चंचल मन विद्रोह की घोषणा करके रात-दिन जूझ रहा था। मृणाल की बात वह एक तरह से भूल गई थी। लेकिन आज सांझ के धुंधलके में उसी मृणाल की एक पंक्ति जलन बन उठी। भूल से पति बनाए हुए पुरुष का किसी नारी से अनुरक्त होने का सन्देह जी को जलाने के लिए संसार की अन्य किसी चिन्ता से किसी भी दशा में कम नहीं है।

जद्दू उधर से लौटा तो बोला, 'बाबूजी ने पूछा है, चाय का पानी उबल गया है।'

अचला जैसे नींद से जागी, 'किन बाबू ने?'

जद्दू ने जोर देकर कहा, 'जी, अपने बाबूजी ने। वे लौट आए हैं। चाय का पानी तो कब का तैयार हो चुका है मां जी।'

'अच्छा चलती हूं,' कहकर अचला रसोई की ओर बढ़ गई।

थोड़ी देर बाद चाय और नाश्ता नौकर के हाथ भिजवाकर बाहर आई तो देखा महिम अंधेरे बरामदे में इधर से उधर घूम रहा है। और सुरेश कमरे में लालटेन के सामने बैठा अखबार पढ़ रहा है।

अचला को देखकर महिम ने ठहर कर पूछा, 'सुरेश को चाय देने में इतनी देर हो गई?'

अचला के मुंह से बात नहीं निकली। कुछ देर सिर झुकाए खड़ी रही, फिर धीरे-धीरे अन्दर चली गई।

जद्दू चाय का सामान मेज पर रखकर बाहर चला गया। सुरेश ने अखबार पर से नजर हटाकर पूछा, 'महिम कहां है? अभी लौटा नहीं?'

उसकी आवाज सुनकर महिम अन्दर चला गया। और एक कुर्सी खींच कर बैठ गया।

अचला ने नजर झुकाए हुए दो प्यालों में चाय बनाई। एक प्याला सुरेश की ओर दूसरा पति की ओर बढ़ा कर बाहर आ रही थी कि महिम की पुकार पर रुक गई।

महिम ने कहा, 'जरा रुक जाओ।' और जल्दी से उठकर किवाड़ की चटकनी चढ़ा दी।

सुरेश को उसकी छह गोलियों वाली पिस्तौल की याद आ गई। हाथ का प्याला कांप उठा। कुछ चाय छलक कर नीचे गिर गई। मुर्दे की तरह चेहरा फीका पड़ गया। घबराकर पूछा, 'दरवाजा क्यों बंद कर दिया?'

उसकी आवाज, सूरत और पूछने के ढंग से अचला को भी यही शंका हुई। उसके सिर के बाल तक खड़े हो गए। उसने चीखने की कोशिश की लेकिन आवाज नहीं निकली। अचला का यह हाल देखकर महिम समझ गया। फिर सुरेश की ओर देखकर बोला, 'कहीं नौकर न आ जाए इसलिए- नहीं तो मेरी पिस्तौल तो हमेशा बक्स में बन्द रहती है। इस समय भी बन्द है। तुम लोग इतने भयभीत हो उठोगे, यह मालूम होता तो दरवाजा बंद न करता।'

सुरेश ने प्याला रख दिया। और हंसने की असफल चेष्टा करते हुए बोला, 'वाह डरने क्यों लगा? तुम मुझ पर गोली चलाओगे-वाह, जान का डर-मुझे? कब, कब देखा तुमने? खैर, जो हो-!

उसकी असम्बद्ध बातें समाप्त होने से पहले ही महिम ने कहा, 'सच ही तुम्हें डरते कभी नहीं देखा। प्राणों की ममता तुम्हें है नहीं, यह भी जानता हूं। सुरेश, तुम्हारे अपने दुःख की अपेक्षा तुम्हारे पतन की चोट अधिक लगी है। जो तुम जैसे मनुष्य को भी इतना गिरा दे-नहीं सुरेश, तुम कल घर चले जाओ। किसी बहाने अब मत रुको।'

सुरेश उत्तर देना चाहता था लेकिन आवाज ही नहीं निकली। वह गर्दन तक न उठा सका। 'तुम अन्दर आ जाओ अचला।' महिम ने यह कहकर दरवाजा खोला और अंधेरे में निकल गया।

सुरेश ने सिर उठाया और जबर्दस्ती हंसकर बोला, 'सुन लो जरा बात! न जाने कितनी बन्दूक-पिस्तौलों से खेलकर बूढ़ा हो गया। अब इसकी टूटी-फूटी पिस्तौल के डर के मारे मर गया। हंसी आती है।'

अचला कुछ देर सिर झुकाए खड़ी रही। फिर बगल के दरवाजे से अन्दर चली गई।

घंटे भर बाद महिम अपने कमरे में पहुंचा तो देखा, कोई नहीं है। बगल के कमरे में आकर देखा, जमीन पर चटाई बिछाए हाथ पर मुंह रखे अचला लेटी है। पति को अन्दर आते देख उठ बैठी। पास ही एक खाली चौकी पड़ी थी उस पर बैठकर महिम ने कहा, 'तो कल तुम्हारा मैके जाना निश्चित है न?'

अचला नीचे देखती रही। कुछ बोली नहीं।

महिम ने थोड़ी प्रतीक्षा करके पूछा, 'जिसे प्यार नहीं करती, उसकी गृहस्थी संभालो', पति होकर मैं तुम पर इतना बड़ा अत्याचार नहीं कर सकता।'

लेकिन अचला फिर भी मूर्ति बनी बैठी रही।

महिम ने कहा, 'लेकिन तुमसे मुझे दूसरी शिकायत है। मेरा स्वभाव तो जानती हो हो। विवाह के बाद से ही नहीं, बहुत पहले से जानती हो। अपने अधिकार के अतिरिक्त और कुछ पाने की आशा नहीं रखता। मिले तब भी नहीं लेता प्रेम पर जबर्दस्ती नहीं चल सकती अचला। प्रेम न कर सकी, शर्म की बात नहीं। अकारण ही इतने दिन कष्ट झेलती रही। तुमने कैसे सोच लिया था कि मैं तुम्हें रोक रखूंगा। सुरेश तुम्हें यहां से निकाल ले जाएगा तभी तुम्हारी जान बचेगी। मुझसे कह देने पर क्या कोई उपाय नहीं होता। तुम्हारे प्राणों का मूल्य क्या केवल वही समझता है?'

आंसुओं से भीगी आवाज को संयत करते हुए अचला ने कहा, 'तुम तो प्रेम नहीं करते?'

महिम ने चकित होकर कहा, 'यह किसने कहा?'

अचला को गर्म होते देर नहीं लगी। बोली, 'कहने से ही क्या सब कुछ होता है। मुंह की बात ही सच होती है। बाकी सब झूठ? क्रोध में मन के कष्ट से जो बात मुंह से निकल पड़ती है उसी को सत्य मानकर जबर्दस्ती करना चाहते हो? तुम्हारी तरह तोल-तोलकर न कह पाऊं तो क्या धकेल कर डुबा देना चाहते हो क्या?'

कहते-कहते उसका गला रुंध गया।

महिम कुछ भी न समझ सका। बोला, 'इसका मतलब?'

उमड़ती हुई रुलाई को दबाकर अचला बोली, 'यह न समझो कि तुम जैसे सावधान व्यक्ति झूठ को हमेशा छिपाकर रख सकते है। तुमसे भी भूल हो सकती है इसका प्रमाण अपनी मेज पर जाकर देखो। केवल हम से ही...।'

महिम ने हतबुद्धि होकर पूछा, 'मेरी मेज पर क्या है?'

मुंह पर आंचल डालकर अचला चटाई पर औंधी लेट गई।

महिम पढ़ने के कमरे में चला गया। उसने मेज पर देखा। दस मिनट तक उलट-पुलट कर देखता रहा, उसे कुछ नहीं मिला। विमूढ़-सा जब सोने के कमरे में पहुंचा तो मृणाल की चिट्ठी पर नजर पड़ी। उठाकर उसे पढ़ा, पढ़ते ही अंधेरे में जैसे बिजली कौंध उठी। अचला का संकेत समझने में उसे देर नहीं लगी।

मृणाल ने सौत कहकर अचला सो जो हंसी-मजाक किया एक-एक कर उसे याद आने लगा। उसने लज्जित होकर उसे रोकने की बार-बार कोशिश की थी। उसकी यह लज्जा अगर पढ़ी-लिखी बुद्धिमानी स्त्री के हृदय में धीरे-धीरे जमती चली गई तो उसकी बुनियाद को कैसे उखाड़ कर फेंका जा सकता है?

अचला को उसने वास्तव में हृदय से प्यार किया था। उसी अचला के मन की पीड़ा की ओर से लापरवाह रहने को उसने बहुत बड़ा अपराध माना। वह कितनी दूर हट गया है इसका अनुमान लगा पाना भी असम्भव है। लेकिन अनेक विरोधों से लड़कर भी एक दिन उसे उसने पति के रूप में अपनाया था उसी के द्वारा अपमानित होकर उसे जाना पड़ रहा है। इतनी बड़ी भूल उसे बता देनी चाहिए।

वह उठकर अचला के कमरे के दरवाजे पर पहुंचा। किवाड़ बन्द, अन्दर से बन्द था। धीरे-धीरे एक-दो आवाजें दीं। लेकिन जब कोई उत्तर न मिला तो अपने कमरे की ओर चल पड़ा।

वह बिस्तर पर आ लेटा। लेकिन उसकी शैया सूनी पड़ी थी। जो इस शैया पर सोती थी वह दूसरे कमरे में जमीन पर भूखी पड़ी थी। यह सोच कर उसकी आंखों की नींद उड़ गई।

बहुत रात गए उसकी आंख लगी ही थी कि सहसा आंखों की पलकों पर तीखी रोशनी अनुभव करते ही उसने आंखें खोल दीं। सिरहाने की खिड़की और छप्पर की फांकों से धुआं और रोशनी से कमरा भर गया था। और पास हू से एक ऐसी आवाज उठ रही थी जो उसके अंगों को बेबस करती चली जा रही थी। आग कहां लगी है यह तो वह जान गया था। फिर भी कुछ देर के लिए हाथ-पांव नहीं हिला सका। लेकिन दूसरे ही पल उसके मस्तिष्क में सारा संसार घूम गया। वह उछलकर खड़ा हो गया। दरवाजा खोलकर बाहर आया। देखता क्या है कि रसोईघर और जिस कमरे में अचला सो रही थी उसके बरामदे के एक कोने से उठती हुई आग की लपटों ने जामुन के वृक्षों को लाल कर दिया है। गांव में फूस के घर में आग लग जाए तो बुझाने की कल्पना भी पागलपन है।

महिम देहात का रहने वाला था। वह सब कुछ जानता था। व्यर्थ ही शर मचाकर मुहल्ले वालों की नींद हराम करने की जरूरत भी न थी। क्योंकि उसके आम और कटहल के बड़े बगीचे को पार करने के बाद ही आग किसी के घर को छुएगी। बाहर की कतार के लिए जिन कमरों में सुरेश था, नौकर चाकर सोए थे उन तक आग फैलने में देर थी। देर नहीं थी केवल अचला वाले कमरे तक पहुंचने में। उसने उसी कमरे के दरवाजे पर जोर का धक्का देकर पुकारा, 'अचला...।'

अचला जाग रही थी। बोली, 'क्या है?'

'दरवाजा खोलकर निकल आओ। घर में आग लगी है।'

अचला भयभीत होकर चीख उठी। फिर एकदम चुप हो गई। महिम को इसी का डर था क्योंकि घर में आग के लगने का पता अचला को था ही नहीं। वह अभी तक आंखें मूंदे बात कर रही थी। लेकिन आंख खोलते ही जिस दृश्य ने उसे कुछ देर के लिए बेबस बना दिया था उसी तीव्र प्रकाश से भरे घर को देखकर अचला के होश जाते रहे। इस दुर्घटना के लिए महिम तैयार ही था। उसने किवाड़ के एक पल्ले को उठाया और सांकल खोलकर अन्दर घुस गया और फिर मूर्छित पड़ी पत्नी को गोद में उठाकर जल्दी से बाहर निकाल लाया।

घर के और लोगों को जगाने के लिए वह जंगले पर पुकारने लगा। सुरेश फक चेहरा लिए बाहर निकला। जद्दू और अन्य नौकर भी दौड़कर बाहर आ गए। इसके बाद जोरों की एक आवाज से होश में आकर अचला ने दोनों हाथों से पति की गर्दन पकड़ ली और फफक कर रो पड़ी।

सबको लेकर जब महिम बाहर खाली स्थान पर जा खड़ा हुआ तो बड़े कमरे में आग जल उठी। उसे याद आया अचला के जेवर और कीमती सामान उसी कमरे में है। अगर जरा-सी देर हो गई तो सब कुछ स्वाहा हो जाएगा।

अचला हाश म आ गइ था। जार स पात का हाथ दबाकर बाला, 'नहा यह नहा हा सकता। बदला लेने का यही मौका मिला। मैं तुम्हें उस कमरे में नहीं जाने दूंगी। राख हो जाने दो सब।'

'बिना जाए काम न चलेगा अचला,' कहते हुए महिम ने जबर्दस्ती हाथ छुड़ाया और दौड़ता हुआ धुएं के उस पहाड़ में धंस गया। जद्दू चीखता हुआ उसके पीछे -पीछे दौड़ा।

सुरेश अब तक हक्का-बक्का सा खड़ा था। अचानक उसे जैसे होश आ गया। एकदम दौड़ने की कोशिश करते ही धोती का छोर थाम कर अचला ने कठोर स्वर में कहा, 'आप कहां चले?'

सुरेश ने खींचतान करते हुए कहा, 'महिम जो गया.....।'

अचला रुखे स्वर में बोली, 'वे तो अपनी चीज बचाने गए हैं। आप कौन हैं? आपको मैं हर्गिज न जाने दूंगी।'

उसके स्वर में स्नेह नहीं, अनाधिकार चेष्टा करने वाले के लिए प्रताड़ना थी।

दो-तीन मिनट बाद महिम दोनों हाथों में दो सूटकेस और जद्दू माथे पर एक बहुत बड़ा बक्स लिए बाहर आ गया। सूटकेस अचला के पैरों के पास रखकर महिम ने कहा, 'गहनों का सूटकेस छोड़ना मत। हम लोग जरा कोशिश करते हैं। बाहर के कमरों से कुछ निकाल सकें।'

अचला के मुंह से एक भी शब्द नहीं निकला। उसकी मुट्ठी में तब भी सुरेश की धोती का छोर था। महिम ने एक बार उधर देखा और फिर जद्दू के साथ ओझल हो गया।

20

सुबह की पहली किरण के साथ-साथ ही पति के चेहरे पर नजर पड़ते ही अचला का हृदय हाहाकार कर उठा। किसी भी तरह वह अपने आंसू रोक नहीं पाई। धूल, बालू, राख से रुखे-सूखे चेहरे को आग की लपटों ने झुलसा कर एक रात ही में उसे बूढ़ा बना दिया था। चारों ओर घूम-फिर कर बस्ती के लोग शोर कर रहे थे। कांसे, पीतल के बर्तन तो सब दिखाई दे रहे थे लेकिन शाल-दुशाले और जेवर बक्स में कितने बच रहे होंगे इस पर अच्छी-खासी समालोचना चल रही थी। थोड़ी ही दूर बुझते हुए अग्नि स्तूप की ओर सुनी निगाहों से देखता हुआ महिम चुप खड़ा था।

उस टोले के भीखू बनर्जी जाने-माने आदमी थे लेकिन वात रोग के कारण अब तक नहीं पहुंच पाए थे। अब लाठी के सहारे लोगों के साथ उन्हें आते देख महिम उनकी ओर बढ़ा। बनर्जी बाबू तरह-तरह के विलाप करने के बाद बोले, 'महिम, तुम्हारे पिता का देहान्त हुए बरसों बीत गए। लेकिन हम दो नहीं थे। दो शरीर एक प्राण थे।'

महिम गर्दन हिलाकर उत्सुक आंखों से ताकता रहा।

बनर्जी बाबू ने कहा, 'ब्रह्मा का क्रोध यों ही नहीं होता बेटे। हम लोगों से पूछा तक नहीं ओर इतने बड़े ब्राह्मण का बेटा होकर क्या कुकर्म कर बैठा।'

महिम समझ नहीं सका।

बनर्जी बाबू अपनी बात को विस्तार से व्याख्या के लिए अपने अनुचरों को ताककर कहने लगे, 'हम सभी यही कहा करते थे कि कुछ-न-कुछ होगा ही। भला और किसी पर ब्रह्म क्रुद्ध क्यों नहीं हुआ। बेटे जो ब्रह्म है वही ईसाई है। साहब हो तो ईसाई और बंगाली हो तो ब्रह्म। यह बात हमसे-जिन्हें शास्त्र का ज्ञान है नहीं छिप सकती।'

जो वहां खड़े थे सभी ने समर्थन किया। उत्साहित होकर बोले, 'करने को जो जी चाहे करो बेटे। पहले इसका प्रायश्चित करो और उसे त्याग कर...!'

महिम ने हाथ उठाकर कहा, 'रुकिए। मैं आप लोगों का अनादर नहीं करना चाहता। मैं जिन्हें ले आया हूं, उनके पुण्य से घर रहे तो ठीक, नहीं तो बार-बार जल जाए-मुझे स्वीकार है', कहकर वह दूसरी ओर चला गया।

बनर्जी बाबू जमात के साथ कुछ देर खड़े रहे, फिर लाठी ठकठकाते हुए घर लौट आए। अचला ने सब सुना तो उसकी आंखों से आंसू बहने लगे।

जद्दू ने आकर कहा, 'मां, बाबूजी ने कहा है-आप कहे तो पालकी और कहार बुला लाऊं।' आंचल से आंखें पोंछकर अचला बोली, 'बाबू को एक बार बुलाओ तो जद्दू।'

'और पालकी?'

'अभी रहने दो।'

महिम के पास आते ही उसकी आंखें फिर भर आई। अचानक उसने झुककर चरणों की धूल ली। महिम हैरान हो उठा।

अचला ने अपने को संयत करके कहा, 'पालकी किसलिए?'

महिम ने कहा, 'नौ बजे वाली गाड़ी ठीक रहेगी। एक बजे तक घर पहुंचकर नहा-धो खा-पी सकोगी। रात भी तो तुमने नहीं खाया।'

'और तुम?'

'मेरा भी कोई-न-कोई उपाय हो ही जाएगा।'

'तो फिर मेरा भी हो जाएगा। मैं नहीं जाऊंगी।'

'कौन-सा उपाय होगा, कहो?'

अचला इस प्रश्न का उत्तर न दे सकी। एक बार तो उसकी जबान पर आया-जंगल में पेड़ तले-लेकिन यह सम्भव नहीं था। कुछ देर चुप रहकर बोली, 'तुम भी मेरे साथ चलो।'

महिम ने आश्चर्य से कहा, 'मैं साथ चलूं?'

'लाभ-हानि देखना अब मेरे जिम्मे रहा। तुम्हारे शुभचिन्तक यहां अधिक नहीं हैं। फिर रात भर में ही तुम्हारी सूरत कैसी हो गई है। तुम नहीं देख रहे। मैं देख रही हूं। मेरा गला भी काट डालो तब भी मैं तुम्हें यहां अकेला छोड़कर नहीं जाऊंगी।'

महिम के हृदय में उथल-पुथल होने लगी। लेकिन चुप रहा।

अचला बाला, 'तुम इतना साच क्या रह हा। मर गहन ह। इनस पाश्चम म म आसाना स छोटा-सा मकान खरीद सकते हैं। जहां भी रहूं तुम मुझे भूखी नहीं मारोगे।'

जद्दू ने आकर पूछा, 'पालकी ले आऊं मां?'

उत्तर के लिए अचला उत्सुक हो पति की ओर ताकने लगी। महिम ने जद्दू को पालकी लाने की आज्ञा दी और पत्नी से बोला, 'लेकिन मैं तो अभी नहीं जा सकता।'

सुनकर अनिवर्चनीय शान्ति तथा तृप्ति से अचला का हृदय भर गया-मन के आवेग को दबाकर बोली, 'हां, तुम्हारा इस समय जाना सम्भव नहीं है। लेकिन कहो शाम की गाड़ी से जरूर जाओगे? नहीं तो मैं भोजन के लिए बैठी सोचती रहूंगी। और...।'

लेकिन उसकी बात महिम के निश्वास में डूब गई। उदास होकर बोली, 'सांझ को नहीं आ सकोगे? तो फिर अंधेरी रात में किसके यहां....?' कहते-कहते वह रुक गई। जिसके यहां पति के रात बिताने की सम्भावना थी उसकी याद आते ही उसका चेहरा और अधिक फीका पड़ गया।

महिम ने शायद उसके मन की बात नहीं समझी। पूछा, 'कलकत्ते में मुझे कहां आने को कहती हो?'

अचला ने तुरन्त उत्तर दिया, 'क्यों, पिताजी के यहां।'

महिम ने सिर हिलाकर कहा, 'नहीं।'

'नहीं क्यों? वह तुम्हारा अपना घर नहीं?'

महिम ने उसी तरह से सिर हिलाकर कहा, 'नहीं।

अचला ने कहा, 'न हो तो वहां कुछ ही दिन रहकर हम लोग पश्चिम चले चलेंगे।'

'नहीं।'

अचला जानती थी कि उसे डिगाना संभव नहीं। कुछ सोचकर बोली, 'चलो फिर यहीं से हम पश्चिम के किसी शहर में चलें। मैं तुम्हारा साथ दूंगी। हमें कोई कष्ट नहीं होगा। लेकिन गहने बेचने पड़ेंगे और यह काम कलकत्ते के सिवा और कहां होगा?'

महिम दूसरी ओर देखता हुआ चुप ही रहा।

अचला ने अकुलाकर कहा, 'पश्चिम में भी तो बड़े-बड़े शहर हैं। वहां भी तो बेचा जा सकता है। मेरे बक्स में लगभग दो सौ रुपये हैं। उनसे जाना तो हो जाएगा। चुप क्यों हो? जल्दी बोलो न?'

'तुम्हारे गहने मैं नहीं ले सकूंगा अचला', महिम ने पत्नी की ओर देखे बिना कहा।

एक भारी धक्का खाकर अचला पीछे हट गई, 'क्यों नहीं ले सकोगे, जान सकती हूं?'

महिम ने इसका कोई जवाब नहीं दिया। कुछ देर दोनों निस्तब्ध खड़े रहे।

अचानक अचला ने प्रश्नों की झड़ी लगा दी, 'संसार में पति क्या अकेले एक तुम हो? आड़े समय में वे कैसे लेते हैं? पत्नी का गहना होता किस लिए है? इतना संकट मोल लेकर तुम उन्हें

बचाने क्या गए?' यह कहकर टिन के छोटे से बक्स को हाथ से ठेलकर कहा, 'संकट की घड़ी में ये काम नहीं आए तो इनका बोझ ढोते फिरने से क्या लाभ? आग तो अभी जल रही है। मैं इन्हें उसी में फेंक कर निश्चिंत होकर चली जाती हूं।'

दो-एक मिनट चुप रहकर महिम ने कहा,'मैंने अच्छी तरह सोचकर देख लिया है अचला। तुम्हें तो मालूम है कि मैं कोई काम झोंक में नहीं करता। और भी कोई करे, यह भी नहीं चाहता। तुम जो देना चाह रही हो उसे अपना समझकर ले सकता तो आज मेरे सुख की सीमा न रहती। लेकिन किसी भी प्रकार ले नहीं सकता। मेरा कष्ट देखकर बहुत से लोगों में बहुत कुछ देना चाहा था, वह जैसी दया थी, यह भी वैसी ही दया है। लेकिन इससे न तो तुम लोगों का भला होगा और न मेरा। मेरा यही विश्वास है।

अचला और न सह सकी। जलती आंखें ऊपर उठाकर पति की दृष्टि का अनुसरण करते ही देखा, थोड़ी दूर पर उनका जो पोखरा है, उसी के घाट के पास नीम के पेड़ के नीचे हाथ पर सिर टिकाए सुरेश आकाश की ओर पड़ा-पड़ा ताक रहा है। अचला के मुंह की बात मुंह में ही रह गई और उसका उठा हुआ सिर स्वत: ही झुक गया।

लेकिन महिम अनमना-सा अपने आपसे कहने लगा, 'यह नहीं कि मुझे कभी चैन नहीं मिलेगा। अचला, स्वयं को उजाड़कर दान करने का दुःख बहुत बड़ा होता है। कभी-कभी स्नेह में तो किया जा सकता है। लेकिन इसका परिणाम जीवन भर भोगना पड़ता है। मैं जानता हूं एक भूल के कारण तुम लोगों के खेद की कोई सीमा नहीं है। एक भूल हो जाए तो तुम न तो कभी स्वयं को क्षमा कर सकोगी और न मुझे। इस हानि को सह पाने का तुम्हारे पास कोई सहारा भी नहीं है। इस बात का पता मुझे भले ही आज न चले दो दिन बाद चलेगा। इसलिए मैं तुमसे कुछ नहीं ले सकता।'

ये बातें अचला के हृदय में चुभी। पति की दृष्टि में वह कितनी पराई है, इस बात का अनुभव जितना आज किया, और कभी नहीं किया था। साथ ही मृणाल की याद आते ही वह क्रोध से भर उठी। कठोर होकर बोली, 'इतनी देर से तुम मुझे जो समझा रहे हो वह मैंने समझ लिया। शायद तुम्हारा कहना सही है या तुम्हारा मुंह देखकर दया करके ही मैंने तुम्हें अपना सर्वस्व देना चाहा था। शायद दो दिन के बाद वास्तव में ही मुझे इसके लिए पछताना पड़ता। सब सही है। लेकिन दूसरों की आन्तरिक भावनाओं को समझ लेने की शक्ति जितनी तुममें है, उतनी ही मुझे समझा देने की शक्ति भी है। पत्नी की चीजों को जबर्दस्ती लेने की बात तो जाने दो, हाथ फैला कर ही लेने का तुम्हें कौन-सा सहारा है? तुमसे अब तर्क नहीं करूंगी। आज से मेरी सान्त्वना का आधार यही रहेगा कि तुम में इतनी विवेक बुद्धि है। लेकिन मैं जहां कहीं भी रहूं कभी-न-कभी सब कुछ तुम्हें समझाना पड़ेगा।'

नौ बजे की गाड़ी से सुरेश भी घर लौट रहा था। रात की आग लग जाने की घटना ने उसे कसा तो कर दिया था। किसी से बात करने की जैसे उसमें शक्ति ही नहीं रही थी। गाड़ी आने में देर थी। महिम को स्टेशन के एक किनारे ले जाकर सुरेश ने कहा, 'महिम, इस आग लगने के बारे में तुम्हें मुझ पर तो सन्देह नहीं है?'

उसक दाना हाथा का कसकर दबात हुए माहम न कहा, 'छिः।'

सुरेश की आंखें डबडबा आईं। रुंधे गले से बोला, 'कल से इसी कारण मुझे चैन नहीं है महिम।'

महिम ने चुपचाप उसके हाथों को दबाकर कहा, 'एक सच्चा अपराध बहुत से झूठे अपराधों को ढो लाता है सुरेश। लेकिन बहुत ही दुःख पाकर तुम और जो भी चाहो करो, जिसे क्राइम कहते हैं, वह तुम नहीं कर सकते। मेरा आज भी यही विश्वास हैं-तुम भगवान को नहीं मानते, लेकिन जो मानते हैं वे सदैव यही प्रार्थना करते हैं कि भगवान उनके इस विश्वास को न तोड़े।'

गाड़ी आ गई। स्त्रियों के डिब्बे में अचला और उसकी नौकरानी को चढ़ाकर सुरेश के पास आ गया। सुरेश ने खिड़की से हाथ निकाला और महिम का हाथ पकड़कर कहा, 'तुमने मेरी कल की क्षति पूर्ति की प्रार्थना नहीं मानी लेकिन ईश्वर तुम्हारी प्रार्थना स्वीकार करे-भाई। मुझे वे और छोटा न करें-।' कहकर उसने हाथ छुड़ाकर मुंह फेर लिया।

उधर खिड़की पर मुंह रखे अचला धीरे-धीरे जद्दू से कुछ कह रही थी। महिम के निकट आते ही उसने पूछा, 'मृणाल दीदी के पति का क्या स्वर्गवास हो गया?'

महिम ने कहा, 'हां, सुना है थोड़ी देर पहले ही वह चल बसे।'

अचला ने कहा, 'दस-बारह दिन से निमोनिया से बीमार थे। मुझे यह बताना भी तुमने आवश्यक नहीं समझा?'

महिम ने उत्तर देना चाहा-लेकिन किस क्रम से उत्तर दे-यही सोचते-सोचते सीटी बजाकर ट्रेन चल पड़ी।

21

केदार बाबू का स्वास्थ्य अभी पहले जैसा नहीं हो पाया था। खा-पीकर बरामदे में एक इजी चेयर पर पड़े-पड़े अखबार पढ़ रहे थे। आहट सुनकर जरा आंख खोलकर देखा, सुरेश के साथ उनकी बेटी और दाई गाड़ी से उतर रही थी। उनकी नींद उड़ गई। न जाने कैसी आशंका से उन्होंने जोर से कहा, 'अचला? -तुम कहां थे सुरेश? मामला क्या है? मैं तो कुछ समझ नहीं पा रहा?'

अचला ने आकर पिता के चरणों की धूल ली। सुरेश ने नमस्ते करके पूछा, 'महिम का तार नहीं मिला?'

केदार बाबू ने घबराकर कहा, 'कहां, नहीं तो?'

एक कुर्सी खींचकर बैठते हुए सुरेश बोला, 'तो या तो वह तार देना भूल गया या अभी पहुंचा नहीं।'

केदार बाबू बोले, 'भाड़ में जाए तार। बात क्या है, वह बताओ न। इन्हें तुम कहां से ले आए?'

सुरेश बोला, 'कल रात महिम का घर जल गया।'

'घर जल गया? सर्वनाश। कहते क्या हो? घर जल गया? कैसे जल गया? महिम कहां है? तुम्हें ये लोग कहां मिले?' एक ही सांस में ढेर सारे प्रश्न करके केदार बाबू धम से अपनी आराम कुर्सी पर बैठ गए।

सुरेश ने कहा, 'मैं इन्हें वहीं से लेकर आ रहा हूं। मैं वहीं था न।'

केदार बाबू का चेहरा बहुत ही अप्रसन्न और गम्भीर हो गया। बोले, 'तुम वहीं थे? कब गए वहां, मुझे तो मालूम नहीं। लेकिन वह कहां है?'

सुरेश बोला, 'महिम तो आ नहीं सकता था, इसलिए...।'

उनका गम्भीर चेहरा स्याह पड़ गया। सिर हिलाकर बोले, 'नहीं-नहीं, यह अच्छी बात नहीं है। बहुत बुरी बात है। घोर अन्याय है। यह मैं हर्गिज...' कहते-कहते नजर उठाकर बेटी की ओर देखा।

अचला अब तक एक कुर्सी का हत्था थामे खड़ी थी। पिता का यह सन्देह उसके हृदय में गड़ा। उसके इस तरह अचानक आ जाने से वे बिलकुल विश्वास नहीं कर सके हैं। इस बात को स्पष्ट समझकर लज्जा और घृणा से उसके चेहरे पर रक्त का चिह्न तक नहीं रहा।

बेटी की सूरत देखकर केदार बाबू का सन्देह और भी दृढ़ हो गया। आरामकुर्सी पर लेटकर अखबार चेहरे पर रखते हुए एक लम्बी सांस छोड़कर बोल उठे, 'तुम लोग जो ठीक समझो करो। मैं कल ही घर छोड़ कर कहीं और चला जाऊंगा।

सुरेश ने आश्चर्य भरी अप्रसन्नता से कहा, 'आप यह सब क्या कह रहे हैं?' कहकर कभी अचला और कभी उसके पिता की ओर ताकने लगा। लेकिन किसी का मुंह दिखाई नहीं दिया। केदार बाबू का कोई उत्तर न पाकर सुरेश उठ खड़ा हुआ। बोला, 'खैर, महिम ने जो जिम्मेदारी मुझे सौंपी थी, पूरी हो गई, अब आप लोग जो अच्छा समझें करें। मैं घर जा रहा हूं।' कहकर द्वार की ओर एक-दो कदम ही बढ़ा था कि केदार बाबू उठकर थके आवाज में बोले, 'जा क्यों रहे हो? बात क्या है यह तो बताओ। आग लगी कैसे?'

सुरेश ने रूठे हुए स्वर में कहा, 'सो नहीं जानता।'

'तुम वहां कब गए थे?'

'पांच-छह दिन पहले। मैंने अभी भोजन नहीं किया। अब देर नहीं कर सकता।' कहकर फिर जाने लगा तो केदार बाबू बोल उठे, 'देख रहा हूं नहाना-खाना तो किसी का भी नहीं हुआ है। लेकिन जंगल में तो नहीं आ निकले हो? यह भी तो घर ही है। यहां भी नौकर-चाकर हैं। अचला, बैरे को आवाज देना जरा। खड़ी क्यों हो? बैठो, बैठो, सुरेश माजरा क्या है! खोलकर तो बताओ।'

सुरेश पलटकर बैठ गया। जरा चुप रहा। फिर बोला, 'रात सो रहा था। महिम की चीख- पुकार से निकला। देखा सारा घर धू-धू जल रहा है। फूस के छप्पर-बुझाने का कोई उपाय न था। बेकार कोशिश किसी ने भी नहीं की, सब राख हो गया।'

केदार बाबू उछलकर बोल उठे, 'ऐं सब जल गया? कुछ भी न निकाला जा सका? अचला के गहने?'

'वे बच गए।'

'गनीमत है', कहकर एक लम्बी सांस छोड़कर वे बैठ गए। कुछ देर चुप रहकर बोले, 'फिर भी, आग लगी कैसे?'

सुरेश ने कहा, 'कहा तो आपसे। इस बात का अभी तक पता नहीं चला है। लेकिन मैं यह देख आया हूं कि गांव में उसका कोई खास शुभ चिन्तक नहीं है।'

केदार बाबू और कुछ नहीं बोले। बहुत देर तक चुप बैठे रहे। फिर एक गहरी सांस छोड़ते हुए बोले, 'जाओ, नहा लो सुरेश अब देर न करो। देखूं चलकर, क्या कुछ बन-बन रहा है।' और फिर उसे साथ लेकर कमरे से निकल गए।

खाने-पीने के बाद भी सुरेश को जाने नहीं दिया। एक आराम कुर्सी पर वह अधनिंदाया पड़ा था। अचला ने नहाने के बाद अपने कमरे में जाकर अंदर से दरवाजा बंद कर लिया था। चैन न था तो केवल केदार बाबू को। अब तार आने, न आने का कोई अर्थ न था। लेकिन उसी के लिए बेताबी से इधर-उधर करते हुए बोले, 'शाम को सोना ठीक नहीं है... ' कहते हुए उन्होंने बेटी को बुलवाया और बोले, 'तुम लोगों ने बताया कि उसने तार भेजा है। उसका कुछ पता ही नहीं है। तुम लोग ट्रेन से यहां पहुंच गए लेकिन तार नहीं पहुंचा।'

बेटी के उत्तर की प्रतीक्षा किए बिना ही वे चप्पल फटफटाते हुए नीचे चले गए। थोड़ी देर में ही नीचे से उनकी तेज आवाज सुनाई देने लगी। अचला की दाई से वह तरह-तरह के जिरह करने लगे। वह बेचारी आश्चर्य से बार-बार प्रतिवाद करने लगी, 'जी, अपनी आंखों से देखा है। घर- द्वार राख हो गया। आप कह रहे हैं आग नहीं लगी।'

सुरेश सब सुन रहा था। नजर उठाकर उसने देखा, चौखट पकड़े खड़ी अचला उड़े हुए चेहरे से एक-एक बात को पी रही थी। रुखे उपहास के अंदर में बोला, 'क्या हो गया है तुम्हारे बाबूजी को, बता सकती हो?'

अचला ने चौंककर कहा, 'नहीं।'

सुरेश ने कहा, 'मैं निःसंकोच कह सकता हूं उन्हें विश्वास नहीं हुआ। उनका विचार है, आग लगने की कहानी हमने गढ़ ली है।.... असली बात का पता एक न एक दिन चल ही जाएगा। लेकिन उनका सन्देह कुछ ऐसा है कि मेरा यहां आना असम्भव हो उठा है।'

अचला ने उदास होकर पूछा, 'आप क्या अब नहीं आएंगे?'

सुरेश ने खड़े होकर कहा, 'सम्भव नहीं लगता। आखिर मेरा भी तो आत्म सम्मान है? किसी आदमी से मेरा बैग मेरे यहां भिजवा देना।'

अचला ने सिर हिलाकर कहा, 'अच्छा।'

'कल सवेरे ही भिजवा देना। बहुत सी जरूरी चीजें हैं उसमें,' और केदार बाबू की राह देखे बिना ही चला गया।

लौटने पर केदार बाबू कुछ चकित तो हुए लेकिन अप्रसन्न हुए ऐसा नहीं लगा।

रात काफी देर तक बिस्तर पर करवट बदलते रहने के बाद अचला उठ बैठी। जी में आया, बरामदे में टहलती हुई बाहर के लोगों की सड़क पर आते-जाते देखे।

कमरे के उस ओर वाले दरवाजे को खोलकर बरामदे में पहुंची तो देखा, बैठक की रोशनी अभी जल रही है। पहले सोचा शायद नौकर गैस बन्द करना भूल गए। लेकिन कुछ दूर बढ़ते ही पिता की आवाज कानों में पड़ते ही उसके आश्चर्य की सीमा न रही। वे तो हमेशा दस बजते-बजते सो जाते थे। लेकिन आज साढ़े दस बज रहे थे।

तभी दाई की आवाज सुनाई दी। वह कह रही थी, 'पति चल बसे। मृणाल दीदी अब पति का घर संभालेगी, मुझे तो ऐसा लगता नहीं बाबू। मेहमान से दादा-पोती का कैसा रिश्ता है वही जानें।'

अचला समझ गई। इनसे पहले काफी बातें हो चुकी हैं। मृणाल के बारे में, महिम के बारे में- शेष कुछ नहीं छूटा है। लेकिन कहीं अपने बारे में ही अत्यधिक कड़वी बातें न सुननी पड़ें इस डर से वह जैसे चुपचाप आई थी चुपचाप जाने का सोचने लगी। लेकिन न जाने किस बात ने उसके पांवों में लोहे की जंजीर बांध दी।

कुछ देर बाद केदार बाबू ने पूछा, 'मतलब यह है कि दोनों में पटी नहीं।'

दाई बोली, 'रत्ती भर भी नहीं बाबू। एक दिन भी नहीं।'

इस दाई को अचला आज तक नादान समझती थी। आज पता चला उसमें अक्ल किसी से कम नहीं है।

केदार बाबू मिनट भर चुप रहकर बोले, 'तो कल रात किसी को खाना नसीब नहीं हुआ। सुरेश के जाने के बाद से लड़ते-झगड़ते ही बीता।'

दाई का उत्तर सुना नहीं जा सका। लेकिन पिता की बात से समझ में आ गया। उन्होंने एक गहरी सांस लेकर कहा, 'मैं पहले ही जानता था कि यह नौबत आएगी। आजकल के लड़के-लड़कियां मां-बाप के बातों की तो परवाह नहीं करते। नहीं तो सब कुछ ठीक कर दिया था। आज उसे किस बात की चिन्ता होती।'

दाई ने सहानुभूति भरे स्वर में कहा, 'आप कहे बाबू, नहीं तो आज चिन्ता किस बात की थी। गंवई गांव में माटी का घर, वह भी न रहा। और मेहमान भी', कहकर उसने बात अधूरी छोड़ दी।

'भाग्य', कहकर केदार बाबू चुप हो गए।

अचला दब पाव अपन कमर म आकर लट गइ। ।पता का उदारता, उनका सज्जनता बाध की धारणा कभी उसके मन में ऊंची नहीं थी। लेकिन वह इस सीमा तक नीचे हैं कि वे घर की दाई से भी अकेले में ऐसी चर्चा कर सकते हैं, वह सोच भी नहीं सकती थी।

उसका मन छोटा होकर धरती पर लौटने लगा। उसका पति, उसके पिता, उसकी दासी, उसका मित्र-सभी उसी की तरह धूल में लुटे पड़े हैं तो किसका सहारा लेकर कभी वह इस गिरावट से ऊपर उठ सकेगी, इस विश्वास की वह कल्पना तक नहीं कर सकी।

22

संसार के अन्य लोगों की तरह केदार बाबू दोष गुण वाले ही व्यक्ति थे। लड़की के विवाह के लिए शिक्षित और सम्पन्न दामाद की उन्होंने भी कामना की थी। महिम भला लड़का है, एम. ए. पास है। गांव में रहने, खाने का ठौर ठिकाना है। इसलिए उसके हाथों सौंप देना उन्होंने सौभाग्य ही समझा था। लेकिन अचानक एक दिन उसका धनी मित्र अपनी गाड़ी में आया और उलटा बताकर जब स्वयं ही विवाह का उम्मीदवार बन बैठा तो दोनों की आर्थिक स्थिति का हिसाब लगाकर महिम को इनकार करके सुरेश को अपनाने में उन्हें जरा सी भी आपत्ति नहीं हुई। यहां तक कि विवाह से पहले ही दामाद से पांच हजार रुपये कर्ज लेना भी उन्हें अनुचित नहीं लगा।

लेकिन इस दई मारी लड़की ने सब गुड़ गोबर कर दिया। हर्गिज राजी नहीं हुई। विवश होकर उन्हें महिम के हाथों में ही बेटी को सौंपना पड़ा। लेकिन इस घटना से उनके क्षोभ की सीमा नहीं रही। वे सोचने लगे कि रुपया लौटा देना चाहिए। क्योंकि कर्ज की लिखा-पढ़ी न थी और वसूल करने का उपाय भी स्पष्ट न था इसलिए इस चिन्ता को भी उन्होंने महत्त्व नहीं दिया। अचला ससुराल चली गई। उसके जाने के बाद सुरेश का आना-जाना, घनिष्ठता उन्हें पसंद नहीं थी। घर नहीं है-यह कहलवा कर वे अधिकतर भेंट ही नहीं करते थे। लेकिन एक दिन अचानक जब वे काफी बीमार हो गए तब सुरेश ने आकर उनका इलाज किया। बेटे से भी अधिक सेवा-जतन करके उन्हें चंगा कर दिया। कर्ज की बात उन्होंने उठाई तो यह कहकर टाल गया कि वह मैंने मित्र को दहेज में दिया है। उसी दिन से उसके प्रति उनका स्नेह गाढ़ा होता गया। कभी-कभी मन ही मन बेटी को शाप दे उठते-'अभागिन, ऐसे रतन को न पहचान सकी। उपेक्षा से छोड़कर चली गई। इसका फल उसे मिले।'

महिम उन्हें फूटी आंख नहीं सुहाता था लेकिन उनकी बेटी नारी धर्म को ठोकर मारकर पति को त्यागने की कलंक कालिमा सारे बदन पर पोतकर उन्हीं के यहां आ जाएगी, यह उन्होंने स्वप्न में भी नहीं सोचा था। इस महापाप में जिस व्यक्ति ने उसकी सहायता की है, वह कितना ही बड़ा क्यों न हो वे उसे क्षमा नहीं कर पाएंगे।

दूसरी ओर बेटी के मन में पिता के लिए जो भी भाव रहा हो, जिस दिन वे केवल रुपयों के लिए महिम के बदले सुरेश के हाथों में उसे सौंपने को तैयार हो गए थे। कर्ज चुकाने का कोई उपाय न होते हुए भी उससे कर्ज लिया था उसी दिन अचला की नजरों से गिर गए थे। वह अश्रद्धा आज

रात सौगुना बढ़ गई, जब उसने अपने कानों में सुना कि अपनी बेटी के चरित्र के बारे में नौकरानी से राय लेने में भी उन्हें हिचक नहीं हुई।

लेकिन इसके साथ-साथ आज अचला स्वयं को भी देख पाई। जब उसने अपने मुंह से पति से कहा था कि वह उसे प्यार नहीं करती, उसी समय वह नारी की सर्वोत्तम मर्यादा से गिर गई थी। आज वह पति के आगे, पिता के आगे, दाई के आगे, यहां तक कि सुरेश जैसे आदमी की नजरों में भी इतनी छोटी हो गई है कि किसी से कोई आशा करना व्यर्थ है। लेकिन क्या वास्तविकता यही है? अभी उस दिन वह जिसके प्यार को सब पर विजयी बनाने के लिए सभी विरोधों और प्रलोभनों को पार कर गई थी, क्या इस बात को सब लोग भूल गए? सुरेश के साथ भेज देने के बाद पति ने उसकी खोज-खबर नहीं ली। पति की उपेक्षा का गहरा अपमान और लांछन रात भर उसे आग में झुलसाते रहे।

सुबह देर से आंख खुली। सूर्य की तरुण किरणें झरोखे से आकर कमरे के फर्श पर फैल गई थीं। वह उठ बैठी और सिराहने की खिड़की खोलकर चुपचाप सड़क की ओर देखने लगी।

कलकत्ते की सड़क पर लोगों का तांता टूटने वाला नहीं। लोगों को घूमते देख उसे याद आया कि मैंने ही ऐसा कौन-सा पाप किया है कि मुंह नहीं दिखा सकती। स्वयं को बन्दिनी बना रखा है। पाप कुछ किया है तो उनसे किया है। उसका दंड वह देंगे। लेकिन अगर कोई दूसरा दंड देने आए तो उसे सिर झुकाकर क्यों स्वीकार कर लूं?

वह जल्दी से उठ बैठी। सारी ग्लानि बलपूर्वक झाड़ फेंक कर हाथ-मुंह धोया, कपड़े बदले और बैठक में चली गई।

केदार बाबू आरामकुर्सी पर बैठे अखबार पढ़ रहे थे। उन्होंने एक बार नजर उठाकर देखा और फिर अखबार पढ़ने लगे।

थोड़ी देर बाद बैरा चाय का सामान रख गया। केदार बाबू उठकर आए और अपने लिए एक प्याला बनाकर आरामकुर्सी पर जा बैठे।

अचला नजर झुकाए पिता के क्रिया कलाप देखती रही। लेकिन स्वयं चाय तैयार कर देने या कुछ पूछने का साहस न कर पाई।

लेकिन इस तरह मुंह सिए रखना कठिन है। इस तरह अधिक दिनों तक उनके साथ एक ही घर में रहना सम्भव और उचित है या नहीं। अगर नहीं है तो वह क्या करेगी। इस जटिल समस्या पर कहीं अकेले बैठकर सोचने के लिए वह उठना ही चाहती थी कि उसने आश्चर्य से देखा, सुरेश आ रहा है।

सुरेश ने हाथ उठाकर केदार बाबू को नमस्ते की। केदार बाबू ने सिर उठाकर जरा गर्दन हिलाई और फिर अखबार पढ़ने लगे।

सुरेश कुर्सी खींचकर बैठ गया। चाय का सामान लेने बैरा आया तो वह बोला, 'मेरा बैग कहां है? उसे गाड़ी पर रख आना। शेव बनाने का सामान तक उसी में है। देर मत करो मुझे तुरन्त जाना है।'

'जी'. कहकर बैरा चला गया।

कमरे में सन्नाटा छा गया। थोड़ी देर बाद सुरेश ने पूछा, 'महिम का कोई समाचार मिला?'

केदार बाबू बोले, 'नहीं।'

सुरेश बोला, 'आश्चर्य की बात है।'

तभी बैरे ने आकर बताया, 'बैग गाड़ी पर रख दिया है।'

'तो मैं जा रहा हूं। महिम की चिट्ठी आए तो मुझे खबर दे दीजिएगा।' कहकर सुरेश उठने लगा।

अचानक हाथ का अखबार नीचे फेंक कर केदार बाबू उठ खड़े हुए, 'जरा ठहरो सुरेश, मैं अभी आया।' और उसकी ओर देखे बिना चप्पलें चटचटाते हुए तेजी से चले गए।

अचला नजर झुकाए बैठी थी। केदार बाबू के जाने के बाद सुरेश ने अचला की ओर देखा। वह बहुत ही भयभीत, दुःखी और उदास दिखाई दे रही थी। पूछा, 'क्या बात है?'

मुंह नीचे किए अचला ने केवल गर्दन हिलाई।

'मैं कितना दुःखी और लज्जित हूं, कह नहीं सकता।' सुरेश ने कहा।

अचला वैसी ही चुप बैठी रही।

वह फिर बोला, 'तुम्हारे पिताजी मुझे इतना नीच और मक्कार समझ सकते हैं, मैंने सपने में भी नहीं सोचा था।'

इस शिकायत का भी अचला ने कोई उत्तर नहीं दिया। वैसी ही चुप बैठी रही।

सुरेश ने कहा, 'मुझे तो ऐसा लग रहा है कि इसी समय महिम के पास जाकर उसे....।' वह बात पूरी न कर सका। तभी केदार बाबू आ गए।

उसके हाथ में एक छोटा-सा कागज था। उसे सुरेश के सामने मेज पर रखते हुए बोले-'तुम्हारे रुपयों की रसीद आजकल करते नहीं दे पाया। इसे रख लो। पका आम हो रहा हूं। अचानक चल बसा तो तुम्हारी रुपये का गोलमाल हो सकता है।'

सुरेश ने उत्तेजित स्वर में उत्तर दिया, 'महिम और चाहे जो करे केदार बाबू, रुपये का गोलमाल नहीं कर सकता। फिर आप स्वयं भी मानते हैं कि ये रुपये मुझे नहीं चाहिए। यह मैंने मित्र को दहेज दिया है।'

केदार बाबू ने कहा, 'तो वह अपने मित्र को दे देना। मुझे नहीं। जो मैंने लिया है वह ऋण मेरा ही है।'

सुरेश बोला, 'खैर दोस्त को ही दूंगा।' कहकर सुरेश ने कागज मेज पर से उठाया और दो कदम पीछे हटकर अचला के पास जा खड़ा हुआ।

केदार बाबू आग की तरह भड़क उठे, 'खबरदार सुरेश, कल से मैंने बहुत अपमान सहन किया है। लेकिन मेरी आंखों के सामने तुम मेरी बेटी को रुपये दो यह हर्गिज बर्दाश्त नहीं करूंगा। कहे देता हूं।' कहकर कांपते हुए आराम कुर्सी पर बैठ गए।

सुरेश पहले तो चौंककर केदार बाबू की ओर एकदम ताकता रहा। फिर उसने उदास होकर अचला की ओर देखा। पल भर में अचला जैसे पत्थर हो गई। सुरेश ने कुछ कहने की कोशिश की लेकिन एक अर्थहीन आवाज के अतिरिक्त और कुछ नहीं निकला। वह मुड़ा और धीरे से बाहर निकल गया।

सुरेश की रबर टायर वाली गाड़ी फाटक के पार ही गई। और घोड़ों की टापें दूर होती चली गईं।

सहसा बैरे ने आकर कहा, 'बाबू...।'

केदार बाबू ने नजर उठा कर देखा। उसके हाथ में वही कागज का टुकड़ा था। वे उछल पड़े और अपना दायां हाथ बढ़ा कर चीख उठे, 'ले जा हरामजादे, सामने से ले जा।'

बैरा मालिक का रवैया देखकर अवाक रह गया और भाग खड़ा हुआ।

उसके जाते ही जलती आंखों से बेटी की ओर देखते हुए गले को आवाज का एक प्रदा और चढ़ाकर बोले, 'हरामजादा, कमीना, फिर कभी किसी बहाने मेरे घर आया तो पुलिस के हवाले कर दूंगा। यह मैं तुमसे कह देता हूं।'

अचला अपना पीला चेहरा उठाकर पीड़ित आंखों से पिता की ओर देखती रही।

वे बोले, 'रुपये बखेर कर बाप की आंखों को अन्धा नहीं किया जा सकता। यह बात वह याद रखे।'

बेटी फिर भी चुप रही। उन्होंने तर्जनी उठाकर कहा, 'हैंड नोट फाड़ कर बाप को रिश्वत नहीं दी जा सकती। यह बात उसे समझा कर छोडूंगा। यह घर बेचकर कर्ज चुकाकर चाहे जहां चला जाऊंगा। मुझे कोई रोक नहीं सकता। कान खोलकर सुन लो।'

अचला ने संयत स्वर में कहा, 'कर्ज चुकाए बिना घर मेरे लिए छोड़ जाओगे मुझे क्या यही आशा है? तुम न करते तो यह काम मुझे करना होता।'

केदार बाबू और भी गर्म हो उठे, 'तुम लोग जो कर आए हो मालूम है। उसी के मारे तो मैं भद्र समाज में मुंह दिखाने योग्य नहीं रहा।'

अचला ने शान्त और दृढ़ स्वर में कहा, 'मैंने अगर ऐसा कुछ किया होता, जिससे समाज में आप मुंह न दिखा पाते, तो उससे पहले आप मेरा मुंह भी न देख पाते। वहां भले ही किसी चीज का अभाव हो, मरने के लिए पानी का अभाव नहीं है।' कहते-कहते गला रुंध गया। भर्राई आवाज में बोली, 'कल से आप जो मेरा अपमान कर रहे हैं। क्योंकि झूठ है इसलिए सहन कर रही हूं नहीं तो...।'

कदार बाबू हक्क-बक्क रह गए।

इसके बाद आठ दस दिन बाप-बेटी के किस तरह कटे अन्तर्यामी ही जानते हैं। अचला अपने कमरे से निकली ही नहीं। घर के नौकर चाकरों को मुंह दिखाना कठिन हो गया। समय बिताने के लिए वह खुली खिड़की के सामने आ बैठी।

जाड़े के दिन, दोपहर के साथ-साथ धुंधली छाया मानो आकाश से धीरे-धीरे धरती पर उतर रही थी। जब शाम होने लगी तो उसने सुरेश की गाड़ी को फाटक के अंदर घुसते देखा उसका चेहरा फक पड़ गया। खिड़की के सामने से भाग कर बिस्तर पर जा लेटी।

कोई बीसेक मिनट के बाद दरवाजे पर खटखट हुई और बाहर से पिता की स्नेह भरी आवाज आई, 'जाग रही हो बेटी?'

अचला ने उत्तर नहीं दिया।

वे और भी कोमल स्वर में बोले, 'शाम हो गई बेटी, उठो। सुरेश की बुआ तुम्हें लेने आई है। महिम बहुत बीमार है।'

अचला ने उठकर दरवाजा खोल दिया। सुरेश की बुआ अन्दर आ गई।

अचला ने झुककर उनके चरणों की धूल ली।

केदार बाबू बिस्तर के एक किनारे बैठ कर बेटी से बोले,'तुम लोगों के चले आने के बाद ही महिम को जोरों का बुखार आ गया। शायद ठंड लगने से या चिन्ता से बुखार आया है।' फिर वे सुरेश की बुआ से बोले, 'मैं तो चिन्ता के मारे परेशान था कि इन लोगों को भेज देने के बाद महिम ने कोई खबर क्यों नहीं भेजी, सुरेश की उम्र लम्बी हो। अगर वह इन्हें न ले आता तो क्या होता, भगवान ही जाने।'

अचला चुपचाप सुनती रही। न कुछ पूछा और न घबराहट ही प्रदर्शित की।

सुरेश की बुआ ने अचला की बांह पर अपना दायां हाथ रखकर शान्त स्वर में कहा, 'डरने की बात नहीं बिटिया। दो ही दिन में ठीक हो जाएगा।'

अचला ने एक बार फिर झुककर उन्हें प्रणाम किया और अलगनी पर से चादर उतार कर जाने के लिए तैयार हो गई।

सर्दियों की सांझ-इस सर्दी में बिना कोई गर्म कपड़ा पहने बाहर जाने को तैयार देख पिता के हृदय को चोट लगी लेकिन विधवा बुआ के पहनावे को देखकर टोकने की इच्छा नहीं हुई। बस इतना ही बोले, 'चलो बिटिया, मैं भी चलता हूं।'

और चप्पलें पहन कर सबसे आगे सीढ़ियों से नीचे उतर गए।

23

अचला को महिम से सबसे बड़ी शिकायत यही थी कि पत्नी होने के बावजूद उसे कभी पति के सुख-दुःख में हाथ बंटाने का अवसर नहीं मिला। इसके लिए सुरेश भी अपने मित्र से बचपन से

काफी झगड़ता आया था। दुर्दिन में किसी की सहायता की बात तो दूर-उसे अभाव क्या है, कहां पीड़ा है, यही कभी कोई समझ नहीं पाता।

जब घर जलकर राख हो गया तो महिम के मन को क्या चोट लगी। उसके चेहरे को देखकर भी अचला समझ नहीं सकी। मृणाल विधवा हो गई इससे भी पति के दु:ख का अनुमान कर पाना असम्भव ही था। जिस दिन अचला ने उसके मुंह पर कह दिया था कि वह उसे प्यार नहीं करती, महिम के लिए यह आघात कितना बड़ा था। उसके बारे में भी अचला अंधेरे में ही रही थी लेकिन वह इतनी नासमझ नहीं थी कि प्रत्येक दुर्भाग्यपूर्ण घड़ी में पति की निर्विकार उदासीनता को सत्य स्वीकार करने में उसके मन को कोई खटका होता ही न हो। इसलिए उस दिन स्टेशन पर पति के दृढ़ शान्त चेहरे को बार-बार देखकर सारे रास्ते यही सोचती आई थी कि सहनशीलता के झूठे नकाब की ओट में उसके वास्तविक चेहरे का स्वरूप जाने कैसा है।

सुरेश की रबर टायर वाली गाड़ी तेजी से दौड़ रही थी। बुआ एक ओर दरवाजा खींचकर चुपचाप बैठी थी और उनकी बगल में अचला पत्थर की मूर्ति जैसी स्थिर बैठी थी। केदार बाबू किसी ओर से कोई उत्साह न पाकर रास्ते की ओर देखते हुए बकते चले जा रहे थे-'सुरेश जैसा दयावान, बुद्धिमान, गुणवान युवक देश में दूसरा नहीं। महिम के बुद्धूपन से तो मैं ऊब गया हूं। जहां आदमी ढूंढ़े न मिले। डॉक्टर वैद्य का नाम नहीं। केवल चोर-डकैत और गीदड़ रहते हैं, ऐसे गांव में जा बसने का दंड तो एक न एक दिन भोगना ही पड़ेगा।' -ऐसी ही बेसिर पैर की बातें बिना सोचे-समझे वे उस चुप बैठी नारी के कानों में डालते जा रहे थे।

इसका भी एक कारण था। केदार बाबू वास्तव में ऐसी हल्की प्रवृत्ति के आदमी न थे। लेकिन आज उनके हृदय का सारा आनन्द संयम के किसी बांध को मान ही नहीं रहा था। अपने परम मित्र सुरेश से खुलकर विवाद, इकलौती बेटी का मौन विद्रोह, और सबसे बढ़कर निहायत घिनौनी और भौंडी आशंका का दबाव पिछले कई दिनों से उनकी छाती पर पत्थर की तरह सवार था। आज अचानक बुआ के आ जाने से वह भार अचानक गायब हो गया था। महिम की बीमारी को उन्होंने उतना महत्व नहीं दिया। महत्वपूर्ण बात यह थी कि सुरेश स्वयं जाकर उसे अपने यहां ले आया है और किसी बहाने उसकी पत्नी को उसके पास पहुंचाने के लिए अपनी बुआ को भेजा है। बेटी- दामाद में कुछ दिनों से मन-मुटाव चल रहा था।

सांझ हो गई। रास्ते की गैस-बत्तियां जल चुकी थीं। गाड़ी सुरेश के फाटक में घुसी और बरामदे के पास जाकर रुक गई। उचक कर केदार बाबू ने देखा और घबड़ाकर बोले, 'दो-दो गाड़ियां क्यों खड़ी हैं?'

अचला की चकित दृष्टि तुरन्त उधर गई। देखा, एक अंग्रेज को सुरेश बड़े अदब के साथ गाड़ी पर सवार करा रहा था और साध्वी पोशाक पहने एक बंगाली सज्जन बगल में खड़े थे। पलक झपकते ही वह समझ गई। वे दोनों डॉक्टर हैं।

वे चले गए तो गाड़ी बरामदे में जा रुकी। सुरेश खड़ा था।

केदार बाबू ने चिल्लाकर पूछा 'महिम कैसा है सुरेश? बीमारी क्या है?'

सुरेश ने कहा, 'ठीक है, आइए?'

केदारबाबू और परेशान होकर बोले, 'बीमारी क्या है, सो तो कहो।'

सुरेश बोला, 'बीमारी का नाम बताऊं तो आप समझ नहीं पाएंगे। बुखार है। सीने में सर्दी जमी है। लेकिन आप उतरें तो सही। उन्हें भी उतरने दें।'

केदारबाबू ने उतरने की जरा-सी भी कोशिश नहीं की। बोले, 'थोड़ी सी सर्दी जम गई है। तो इसका इलाज तो तुम खुद कर सकते हो। मैं कोई नन्हा-मुन्ना नहीं हूं सुरेश। दो-दो डॉक्टर क्यों? और फिर अंग्रेज डॉक्टर?' कहते-कहते उनकी आवाज कांपने लगी।

सुरेश पास आ गया। हाथ पकड़कर उतारते हुए बोला, 'बुआ, अचला को अन्दर ले जाओ। मैं आता हूं।'

अचला ने किसी से कुछ पूछा-ताछ नहीं। अंधेरे में उसकी शक्ल भी दिखाई नहीं दी। उतरते समय पायदान पर उसके पांव लड़खड़ाने लगे। यह भी किसी ने नहीं देखा। यह भी किसी को नजर न आया। बुआ के पीछे-पीछे चुपचाप अन्दर चली गई।

दो-एक मिनट बाद जब पर्दे को हटाकर वह कमरे में पहुंची तो महिम अपने घर के बारे में बड़बड़ा रहा था। लड़खड़ाती आवाज में अटांग-शटांग बक रहा है। रोग कितना अधिक बढ़ गया है यह समझना शेष नहीं रहा। कुछ देर दीवार का सहारा लेकर उसने अपने आपको संभाला। सिराहने बैठी जो स्त्री माथे पर पट्टी रख रही थी, उसने उलटकर देखा और धीरे से उठ गई। उसने झुक कर उसे प्रणाम किया। विधवा वेश। बाल गर्दन तक छोटे-छोटे कटे। चेहरे पर युग- युग की विधवाओं जैसा वैराग्य। मद्धिम रोशनी में अचला पहचान न सकी कि यह मृणाल है। अचला का सारा शरीर हिल उठा। कुछ कहने के लिए उसके होंठ कांपे। लेकिन एक शब्द भी नहीं निकला। दूसरे ही पल उसका बेहोश शरीर टूटी लता की तरह मृणाल के पैरों में लुढ़क गया।

होश में आई तो देखा, पिता की गोद में सिर रखे वह एक कोच पर पड़ी है। एक नौकरानी आंखों और मुंह पर गुलाब जल के छींटे दे रही है। पास खड़ा सुरेश धीरे-धीरे पंखा झल रहा है। क्या हो गया? यह सोचने में उसे देर लगी। लेकिन याद आते ही लाज से घबड़ा कर उसने उठने की कोशिश की। रोकते हुए केदार बाबू बोले, 'थोड़ा आराम कर लो बिटिया, अभी मत उठो।'

अचला ने धीरे से कहा, 'मैं अब ठीक हूं बाबूजी।'

उसने फिर उठने की कोशिश की। पिता ने जबर्दस्ती उसे रोक कर कहा, 'उठने की अभी आवश्यकता नहीं। थोड़ा सो जाने की कोशिश करो।'

अस्फुट स्वर में सुरेश ने भी इसी बात का समर्थन किया। अचला ने चुपचाप एक नजर उस पर डाली और पिता का हाथ ठेलकर सीधी खड़ी होकर बोली, 'मैं यहां सोने के लिए नहीं आई। मुझे कुछ नहीं हुआ। मैं उस कमरे में जा रही हूं।'

और यह कहकर बाहर चली गई।

इस मकान के कमरों को वह भूली नहीं थी। बीमार का कमरा खोजने में उसे देर नहीं लगी। अन्दर पहुंचते ही मृणाल ने उसे देखा। बोली, 'मंझली दीदी, जरा देर तुम यहां बैठो। मैं आह्निक कर लूं। जरा ध्यान रखना बर्फ की टोपी लुढ़क न जाए।'

और मृणाल अपने स्थान पर अचला को बैठाकर चली गई।

24

भयंकर निमोनिया। स्वस्थ होने में कुछ देर लगेगी।

लेकिन महिम धीरे-धीरे स्वस्थ होता चला जा रहा था। भय की कोई बात नहीं थी। उसका वह प्रलाप आंखों की खोई-खोई दृष्टि शांत और स्वाभाविक होती चली जा रही थी।

दसेक दिन बाद-एक दिन तीसरे पहर महिम शान्त लेटा हुआ था। इस वर्ष सर्दी अधिक पड़ी थी। उस पर अभी-अभी बारिश की एक बौछार भी पड़ गई थी। रोगी की खाट से सटा कर ही एक बड़ी-सी चौकी थी जिस पर बिस्तर बिछा हुआ था। सब लोग अच्छी तरह कपड़े ओढ़ कर उसी चौकी पर बैठे थे। सबकी आंखों में चिन्तारहित तृप्ति की झलक थी। केवल बुआ घर के धन्धे में जुटी थीं और केदार बाबू घर से अभी तक वहां नहीं पहुंचे थे।

सुरेश की ओर देखकर मृणाल ने हाथ जोड़कर कहा, 'अब मुझे छुटकारा दीजिए सुरेश बाबू। मैं अपने घर जाऊं। इस कड़ाके की सर्दी में कहीं मेरी बूढ़ी सास चल न बसी हो।'

'अब भी क्या उसके जीने की आवश्यकता रह गई है? ऊं हूं-उसके लिए आपका जाना नहीं हो सकता।' सुरेश ने कहा।

मृणाल ने पल भर को गर्दन घुमाकर एक लम्बी सांस ली। फिर सुरेश की ओर देखकर मुस्कराती हुई बोली, 'आप ही क्यों, मैंने भी यह प्रश्न अनेक बार पूछा है। लगता है कि अब तो उनके जाने में ही कल्याण है। लेकिन जो मरने-जीने के मालिक हैं, उनको तो ऐसा ख्याल नहीं होता। अगर होता तो आदमी संसार में आने के कष्ट से बच जाता।'

अचला अब तक चुप बैठी थी। मृणाल की बातों पर उसके पति की मृत्यु की याद करके बोली, 'इसका अर्थ तो यह हुआ कि जो अन्तर्यामी हैं वे जानते हैं कि हजारों कष्टों के बावजूद आदमी मरना नहीं चाहता।'

मृणाल के चेहरे पर छिपी वेदना झलक उठी। सिर हिलाकर बोली, 'नहीं मंझली दी ऐसी बात नहीं। ऐसा समय वास्तव में आता है जब मनुष्य मृत्यु की कामना करता है। एक रात अचानक नींद टूटी तो देखा सास बिस्तर पर नहीं है। जल्दी से बाहर निकली। देखा पूजाघर का दरवाजा खुला है। चुपचाप अन्दर चली गई। देखा, गले में आंचल डाले, हाथ जोड़े भगवान से मौत की भीख मांग रही हैं। कह रही हैं, 'हे भगवान, अगर एक दिन भी मैंने तन-मन से तुम्हारी सेवा की हो तो मेरी लाज रख लो। मैं मुक्ति नहीं चाहती। स्वर्ग नहीं चाहती। बस इतना ही चाहती हूं कि मुझे और शर्मिन्दा मत करो ठाकुर। मैं अब अपना मुंह बहू को नहीं दिखा सकती।' कहते-कहते मृणाल रो पड़ी।

इस प्राथना म मा क हृदय का ाकतना गहरा वदना था। सुरश का आख भर आइ। कुछ दर धरती की ओर ताकता रहा फिर सिर उठाकर आवेश भरे स्वर में कहा, 'अच्छा दीदी, जाओ। अपनी बूढ़ी सास की सेवा करके अपने कर्त्तव्य का पालन करो। मैं तुम्हें नहीं रोकूंगा। इस अभागे देश के पास आज भी अगर गर्व करने के लिए कुछ है तो वह है तुम जैसी नारियां। ऐसी चीज कोई भी और देश नहीं दिख सकता। उसने जिज्ञासा भरी नजरों से अचला की ओर देखा। लेकिन वह खिड़की के बाहर घुमैले मेघ के एक टुकड़े पर नजर टिकाए बैठी थी। उसने कोई उत्तर नहीं दिया।

लेकिन मृणाल ने शरमा कर इस आलोचना को अपने से हटाकर दूसरी ओर मोड़ने के विचार से जल्दी से कहा, 'नहीं क्यों है? आप सभी की बात जानते हैं न। अच्छा मंझले दादा से आप बड़े हैं या छोटे?'

इस विचित्र प्रश्न पर सुरेन्द्र हंसकर बोला, 'क्यों भला?'

मृणाल ने बाधा दी, 'मुझे आप कह कर न पुकारें। मैं आपसे उम्र में बहुत छोटी हूं। तो मंझले दादा, छोटे दादा जल्दी बताइए।'

अचला ने आकाश की ओर से नजर हटाकर उसकी ओर देखा। बहुत दिन पहले एक दिन उसने इतनी जल्दी और सहजता से उससे मंझली दीदी का नाता जोड़ लिया था। वह बात याद आ गई। क्योंकि सुरेश को मृणाल के चरित्र की इस विशेषता का पता नहीं था इसलिए उसने कौतूहल भरी हंसी के साथ कहा, 'छोटे दादा, तुम्हारे मंझले दादा से लगभग डेढ़ साल छोटा हूं।'

मृणाल बोली 'तो कृपा करके छोटे दादाजी, एक आदमी ठीक कर दीजिए जो सुबह की गाड़ी से मुझे पहुंचा आए।'

सुरेश ने यह नहीं सोचा था कि जाने की अनुमति मिलते ही वह कल ही जाने को तैयार हो जाएगी। गम्भीर होकर बोला, 'और दो दिन भी क्या नहीं रुक सकोगी दीदी? तुम्हारे जिम्मे महिम को छोड़कर हम लोग निश्चिन्त थे। मुझे ऐसा ख्याल नहीं आता कि इतनी सावधानी से मैंने अस्पताल में भी किसी को सेवा करते देखा हो। क्यों अचला?'

उत्तर में अचला ने केवल सिर हिला दिया।

सुरेश को चिन्तित-सा देखकर मृणाल बोली, 'आप इसके लिए चिन्ता न करें। जिसकी चीज है उसी के हाथों सौंप कर जा रही हूं। नहीं तो शायद जा नहीं पाती। आपको तो याद है कि कितनी जल्दी में आना पड़ा था। कोई इन्तजाम भी नहीं कर पाई थी। कल आप छुट्टी दें। फिर जब आज्ञा होगी चली जाऊंगी।'

सुरेश कुछ देर चुप रहा। फिर सहसा बोल उठा, 'अच्छा मृणाल, उस घोर देहात में एक बूढ़ी सास की सेवा और पूजा आदि करके तुम्हारा समय कैसे कटेगा यही सोच रहा हूं।'

मृणाल के चेहरे पर फिर पीड़ा झलक उठी। लेकिन हंसकर बोली, 'समय काटने का भार मुझ पर ही तो नहीं है छोटे दादा। जिन्होंने समय को बनाया है वही उपाय करेंगे।'

सुरेश ने कहा, 'अच्छा, यह तो हुआ। लेकिन तुम्हारी सास अधिक दिन तो जीवित नहीं रहेगी और डॉक्टर की सलाह के अनुसार महिम को भी कुछ दिनों के लिए पश्चिम के किसी स्वास्थ्यकर स्थान में रहना होगा। फिर तुम वहां अकेली कैसे रहोगी?'

मृणाल ऊपर की ओर देखकर केवल जरा सा हंसी। बोली, 'यह तो वही जानें।'

अनजाने ही सुरेश के होठों से एक गहरी सांस निकली।

मृणाल ने कहा, 'छोटे दादा शायद यह सब नहीं मानते।'

'क्या सब?'

'वही, जैसे भगवान...?'

'नहीं।'

'फिर हम लोगों के लिए शायद आपके मुंह से उपेक्षा की गहरी सांस उभरी।'

सुरेश ने अचानक इसका कोई उत्तर नहीं दिया। कुछ देर अनमना-सा उसकी ओर देखते रहकर गर्दन हिलाकर बोला, 'नहीं मृणाल, यह बात नहीं है। किसी अज्ञात भविष्य का भार अनजाने ईश्वर पर छोड़कर वैसे लोग हम लोगों से जीतकर ही रास्ते पर चलते हैं। मैंने देखा है। लेकिन इस तर्क को छोड़ो दीदी, हो सकता है मुझसे तुम्हें घृणा हो जाए।'

मृणाल ने झट झुककर सुरेश के पैरों की धूल ली। बोली, 'अच्छा, रहे।'

सुरेश ने अवाक् होकर पूछा, 'यह क्या हुआ मृणाल?'

'क्या?'

'कोई बात नहीं और इस तरह पैरों की धूल लेना।'

मृणाल बोली, 'बड़े भाई के पैरों की धूल लेने के लिए दिन, तिथि देखनी पड़ती है क्या?' और फिर हंस पड़ी।

'विचित्र लड़की हैं', कहकर स्नेह से हंसते हुए उसकी ओर देखकर सुरेश आश्चर्य से अवाक् रह गया। उसे ऐसा लगा उसका सारा चेहरा सावन की घटा वाले आकाश जैसा घिर गया है। लेकिन आश्चर्य के इस धक्के को संभाल कर इस सम्बन्ध में कुछ पूछने से पहले ही अचला मृणाल के साथ कमरे से बाहर चली गई।

सुरेश सोचने लगा कि मृणाल अचानक उसकी पग धूलि लेकर क्यों चली गई और उसके साथ ही उड़ा हुआ चेहरा लिए अचला क्यों चली गई। आरम्भ से अन्त तक एक-एक बात को दुहरा कर देखा लेकिन समझ में कुछ नहीं आया। हो न हो उसी का कोई बुरा आचरण इसका कारण है।

सवेरे अचला को अकेली पाकर उसने कहा, 'तुम्हें मेरी एक बात का उत्तर देना होगा।'

अचला का चेहरा लज्जा से लाल हो उठा। बात क्या थी, यह अनजानी नहीं थी। पिछली रात की हरकत का विवरण देना पड़ेगा। यह ताड़कर उसने मीठे स्वर में पूछा, 'किस बात का?'

सुरेश ने धीमे-धीमे कहा, 'कल मृणाल अचानक मेरे पैरों की धूल लेकर चली गई और तुम भी उदास होकर मुंह लटकाए चली गई। क्या इसीलिए मैंने उसकी सास के मरने की बात कही थी?'

इस अप्रत्याशित प्रश्न से राहत सी मिल गई। अचला को मन ही मन प्रसन्नता हुई। बोली, 'यह प्रसंग छेड़ना क्या उचित था? बेचारी के पति नहीं रहे। सास के मर जाने पर अकेलेपन की तो सोचो जरा।'

'मुझसे बड़ी गलती हो गई। लेकिन मृणाल यह तो समझती है कि वह कुछ दिनों की ही मेहमान हैं। फिर वह असहाय ही क्यों होने लगी?'

अचला ने कहा, 'हम लोगों ने तो यह बात उससे एक बार भी नहीं कही। तुमने ही उसे तरह-तरह से डराया कि गांव में अकेली कैसे रहेगी?'

सुरेश ने पछता कर पूछा, 'तो उसके जाने से पहले क्या हमें भरोसा नहीं देना चाहिए? यह कि उसे डर नहीं, यह बात...।'

कहते-कहते करुणा से उसका गला भर आया।

अचला हंस पड़ी। पराये दुःख से दुःखी इस युवक की दया की हजारों कहानियां उसे याद आ गई। बोली, 'नहीं-नहीं, भरोसा नहीं देना होगा और न डर दिखाने की जरूरत है।'

सुरेश ने आत्म विस्मृत होकर अचानक उसके हाथ को कसकर पकड़ कर जोरों से झकझोर दिया। कहा, 'वह तुम्हारे योग्य बात हुई। तुमसे यही तो मैं चाहता हूं अचला।' कहते ही लजाकर उसका हाथ छोड़कर वह भाग गया।

अचला की नसों का रक्त बिजली की गति से दौड़ा और पसीने की बूंदों से माथा भर गया। बदन बार-बार सिहरने लगा। एक कुर्सी खींचकर निर्जीव सी बैठ गई। थोड़ी देर में वह भाव तो जाता रहा लेकिन बीमार पति की खाट पर बैठने में सुबह का सारा समय कैसे तो भय में बीतने लगा।

जाते-जाते भी मृणाल को दो-एक दिन की देर हो गई। महिम से विदा मांगने गई तो देखा वह करवट बदलकर असमय में सो गया है। झूठी नींद का निश्चित कारण समझते हुए भी बोली, 'उन्हें अब जगाने की जरूरत नहीं मंझली दीदी। है न?'

उत्तर में अचला के होंठों पर एक बांकी मुस्कान खेल गई। मृणाल समझ गई अचला मन-ही- मन उससे ईर्ष्या करती है। यह निरर्थक द्वेष उसे कांटा सा गड़ा करता है। फिर भी अचला अपनी हीनता से इस बीमार आदमी की कमजोरी का उलटा अर्थ लगाएगी। एक पल के लिए उसका जी मचल उठा। लेकिन स्वयं पर काबू पाकर कान में बोली, 'तुम तो सब कुछ जानती हो मंझली दीदी। मेरी ओर से क्षमा मांग लेना। कहना, स्वस्थ होकर जब गांव लौटेंगे तो जिन्दा रही तो भेंट होगी।'

नीचे केदार बाबू बैठे थे। मृणाल ने उन्हें प्रणाम किया तो उनकी आंखें गीली हो उठीं। इस थोड़े से समय में ही औरों की तरह वह भी इस विधवा को बहुत स्नेह करने लगे थे। कुर्ते की

आस्तीन से आंख पोंछते हुए बोले, 'बेटा, तुम्हारे मंगल से ही हमने मोहिम को यम के जबड़े से वापस पाया है। कभी फुर्सत मिले तो इस बूढ़े चाचा को मत भूलना बिटिया। मेरा घर तुम्हारे लिए रात दिन खुला रहेगा।'

कुछ दूर अचला खड़ी थी। मृणाल ने उसे दिखाते हुए मुस्कराकर कहा, 'इनके होते यम के बाप की क्या मजाल की मंझले दादा को ले जाए। मैंने जिस दिन उन्हें मंझली दीदी को सौंपा मेरा काम उसी दिन समाप्त हो गया।'

केदार बाबू कुछ गंभीर हो उठे।

दो प्रौढ़ कारिन्दे और एक नौकरानी मृणाल को उसके घर छोड़ आने को तैयार थे। उनकी घोड़ा गाड़ी फाटक से निकल गई तो केदार बाबू के अन्तर की गहराइयों से एक गहरी सांस निकली। धीरे से मुंह से निकला, 'विचित्र-अद्भुत लड़की।'

सुरेश का मन भी शायद इसी भाव से भरा था। उसने और किसी ओर ध्यान न देकर हामी भरते हुए आवेग के साथ कहा, 'मैंने तो ऐसा कभी देखा नहीं। न तो कभी ऐसी मीठी वाणी ही सुनी, न ऐसा कुशल कामकाज ही देखा। जो भी काम दीजिए इस कुशलता से करेगी जैसे जीवन भर यही करती आई है। लेकिन आश्चर्य तो इस बात का है कि गांव से बाहर कभी कदम ही नहीं रखा।'

केदार बाबू ने सच मानते हुए आश्चर्य से पूछा, 'अच्छा।'

सुरेश बोला, 'उसे देखकर मुझे लगता है, पूर्व जन्म के संस्कार की जो बात कही जाती है, कहीं सच न हो।' कहकर वह हंसने लगा।

पूर्व जन्म के प्रसंग से केदार बाबू कुछ चिन्तित होकर बोले, 'सो जो भी है। इसे देखकर मेरी निश्चित धारणा है कि यह अनमोल नारी रत्न है। इसे आजीवन इस तरह मुर्दा बनाए रखना पाप ही नहीं, महापाप है। मेरी लड़की होती तो हर्गिज इस तरह न रहने देता।'

'क्या करते आप?' सुरेश ने आश्चर्य से पूछा।

केदार बाबू ने ओजपूर्ण शब्दों में कहा, 'मैं फिर से उसका विवाह करता। एक बुड्ढे को सौंपकर जिन लोगों ने इसे उन्नीस-बीस वर्ष की उम्र में जोगिन बना दिया है वे इसके शुभचिन्तक नहीं, कट्टर शत्रु हैं। शत्रु का नाम भी मैं उचित नहीं समझता।'

फिर कुछ देर चुप रहकर बोले, 'जरा इसके स्वामी के व्यवहार को देखो। दो-दो पत्नियों की मृत्यु के बाद जब पचास वर्ष की आयु में उस खूसट ने इस लड़की से गठबन्धन किया तो अपने मौज मजे के अतिरिक्त इसके भविष्य के बारे में कुछ नहीं सोचा।'

सुरेश को निरुत्तर देखकर वे और भी जोश में आ गए। बोले, 'मैं विधवा विवाह की अच्छाई-बुराई पर बहस नहीं करना चाहता। पर तुम्हारा सारा हिन्दू समाज चीख-चीखकर मर जाए तो भी यह मानने का नहीं कि दूध पीती बच्ची के लिए यही विधान श्रेष्ठ है। ऐसा कुछ भी तो उसके पास

नहीं जिसे देखकर वह एक दिन भी गुजार सके। सारी जिन्दगी कोई खिलवाड़ है कि ब्रह्मचर्य-ब्रह्मचर्य का शोर मचाने से सारा संसार रातों रात तपोवन बन जाएगा। उस लड़की की वेश-भूषा देखकर ही मेरा कलेजा टूक-टूक हो जाता है।'

सुरेश ने उत्तर नहीं दिया। नजर उठाकर देखा तक नहीं। लेकिन कनखियों से देखा, अचला चौखट का सहारा लिए बुत सी खड़ी थी, अब नहीं है। न जाने कब अन्दर चली गई।

मृणाल के चले जाने के बाद अचला जब-जब सुरेश के चेहरे की ओर देखती उसे वह अनमना सा दिखाई देता। न जाने कौन सा शोक उसे धीरे-धीरे उदास बनाता चला जा रहा था। दो दिन की बात है। तीसरे पहर निचले बरामदे के एक ओर धूप में आराम कुर्सी पर बैठा वह कोई किताब पढ़ रहा था। आहट पाकर उसने उलट कर देखा। अचला स्वयं उसके लिए चाय लेकर आ रही थी। पहले ऐसा कभी नहीं हुआ। आश्चर्य से सीधे बैठते हुए सुरेश ने पूछा, 'बैरा कहां है जो स्वयं चाय लेकर आई हो?'

अचला ने कोई उत्तर नहीं दिया। एक छोटी-सी तिपाई पर चाय का प्याला रखते हुए दूसरी कुर्सी खींचकर बैठ गई।

उसके इस नितान्त नए आचरण से दूसरा प्रश्न करने का साहस सुरेश न कर सका। चुपचाप चाय का प्याला उठा लिया।

कुछ देर बाद अचला ने धीरे से कहा, 'अच्छा सुरेश बाबू, विधवा विवाह को आप अच्छा नहीं समझते?'

चाय का प्याला होंठ से लगाए रखकर सुरेश ने कहा, 'समझता हूं। क्योंकि मेरा कुसंस्कार अभी उस सीमा तक नहीं पहुंचा है।'

सोचने का अधिक अवसर न देकर अचला बोली, 'फिर तो मृणाल जैसी लड़की से विवाह करने में आपको रत्ती भर भी आपत्ति नहीं होनी चाहिए।'

चाय के प्याले को हाथ में लिए कठोर स्वर में सुरेश ने पूछा, 'इसका मतलब?'

अचला के चेहरे या आंखों में उत्तेजना का चिह्न तक दिखाई नहीं दिया। सहज ढंग से बोली, 'आपके असंख्य ऋणों से ऋणी हूं। इसके सिवा आपकी शुभ चिन्तक हूं। मैं आपको सुखी, सहज, सांसारिक और स्वाभाविक देखना चाहती हूं। एक दिन आप विवाह करने को तैयार थे। आज मेरा एकान्त अनुरोध है। स्वीकार कीजिए।।' कहते-कहते अचला हांफने लगी।

बहुत देर तक सुरेश बुत की तरह बैठा रहा फिर बोला, 'इससे क्या तुम्हें वास्तव में प्रसन्नता होगी?'

'हां।'

'वह राजी हो जाएगी।'

'मेरा विचार है, हो जाएगी?'

सुरेश फीकी हंसी हंसकर बोला, 'लेकिन मुझे विश्वास नहीं है। जो नारियां पति के साथ हंसते-हंसते मरती थीं। मृणाल उसी कोटि की स्त्री है। मुंह की बात पर उसे राजी नहीं कराया जा सकता। इस असम्भव को सम्भव बनाने की चेष्टा में व्यर्थ ही उसके सामने मेरी मिट्टी पलीद मत करो अचला। उसने मुझे दादा कहा है। इस सम्मान को मैं सुरक्षित रखना चाहता हूं।'

देखते ही देखते अचला का चेहरा क्रोध से काला पड़ गया। कठोर होकर बोल उठी, 'संसार में अकेली मृणाल ही सती है सुरेश बाबू। ऐसी भी सतियां हैं जिन्होंने मन में भी किसी को पति के रूप में चुन लिया हो तो लाखों प्रलोभनों से भी उन्हें डिगाया नहीं जा सकता। उनकी चर्चा भले ही पुस्तकों में न मिले, लेकिन यह सच है।'

इतना कहकर हैरान और हक्के-बक्के सुरेश की ओर नजर तक न उठाकर वह गर्वित नारी दृढ़ कदम उठाती हुई बाहर चली गई।

25

किसी प्रशंसा में किसी के लिए कितना कठोर आघात और अपमान छिपा रह सकता है। वक्ता और श्रोता, दोनों में शायद कोई थोड़ी देर पहले तक इसे जानते नहीं थे। हाथ का प्याला हाथ में लिए! सुरेश बेबस-सा बैठा रहा और अचला अपने कमरे में जाकर तकिए में मुंह गाड़कर रुलाई का रोकने का प्रयास करने लगी। बगल में महिम का कमरा था। कहीं उसके कानों में आवाज न पहुंचे। अन्तर्यामी के अतिरिक्त वास्तव में इस रुलाई का इतिहास और कोई नहीं जान सका।

लेकिन इस गहरे दुख से उसे एक नया तथ्य मिला। नारी का सतीत्व कितना मूल्यवान है, इतने दिनों के बाद आज पहली बार उसकी आंखों के सामने स्पष्ट हुआ। उस दिन सुरेश के उसे छूने पर पिता की संदेह भरी दृष्टि से वह बेहद दुखी और नाराज हुई थी। समझा था यह उस पर अत्याचार है। लेकिन आज अचानक उस धर्महीन, परायी स्त्री पर नजर रखने वाले सुरेश को ही सतीत्व के चरणों पर सिर झुकाकर इस तरह प्रणाम करते देखा तो यह समझना शेष न रहा कि उसका वास्तविक स्थान क्या है?

एक बात और। उसने आज यह भी अनुभव किया कि स्पष्ट कहने की शक्ति क्या होती है। वह पढ़ी-लिखी थी। तन-मन से पति के प्रति निष्ठा ही सतीत्व है, यह बात वह जानती थी। वह अच्छी तरह जानती थी कि अकेला तन पूर्ण नहीं होता। फिर भी मन जब-जब डावांडोल हुआ है उसे यह कहने में हिचक नहीं हुई कि वह पति को प्यार नहीं करती। तब भी उसने स्वयं को छोटा महसूस नहीं किया। लेकिन जब आज सुरेश की जबान से निकली हुई बात ने अनजाने ही उसके नाम के साथ असली शब्द को जोड़ देना चाहा तो उसकी अन्तरात्मा एक हृदयबेधी वेदना के आर्त स्वर में चीखकर रो पड़ी।

लेकिन इसका यह अर्थ नहीं कि मृणाल पर उसकी श्रद्धा बढ़ गई हो। उसके सम्बन्ध में उसे आज जो चेतना मिली वह जीवन भर नहीं भूलेगी।

पिता की छड़ी की ठक ठक और पीछे से सुरेश के पैरों की आहट सुनाई दी। समझ गई कि वे लोग महिम के पास जा रहे हैं। थोड़ी देर बाद पिता की पुकार पर आंखों को आंचल से अच्छी तरह पोंछकर किवाड़ खोलीं और उस कमरे में चली गई।

उसकी सूरत देखकर केदार बाबू ने पूछा, 'क्यों, क्या बात है? दो बजे शोरबा देना था चार बज रहे हैं। अरे, यह शक्ल ऐसी क्यों? सो रही थीं?'

उत्तर न देकर अचला जल्दी से चली गई। जब से रोगी को शोरबा देने को कहा गया था, यह काम मृणाल ही करती थी। नौकर चूल्हे पर चढ़ा देता था। समय का अन्दाजा करके वह उतार लिया करती थी। उसके जाने के बाद यह भार अचला पर आ पड़ा था। आज उसे याद ही नहीं रही। दौड़ी-दौड़ी गई। देखा, आग कब की ठंडी हो चुकी है और शोरबा जल चुका है। बहुत देर तक सन्न-सी खड़ी रही। अब लौटी तो यह सुन कर केदार बाबू ने सुरेश से कहा, 'मैंने तो तुमसे तभी कहा था कि सुरेश कि अगर एक अच्छी नर्स न रखोगे तो महिम को बचा नहीं पाओगे। मेरी लड़की को क्या तुम लोग मुझसे अधिक जानते हो?'

सुरेश चुप बैठा रहा। महिम पत्नी के शर्म से फीके पड़े चेहरे को देख रहा था। धीरे से बोला, 'सुरेश, नर्स के हाथ से दवा मुझे नहीं रुचेगी। इन्हें सहायता के लिए एक आदमी दे दो। इन्हें रात भर जागना पड़ता है। दिन में थोड़ा-सा आराम न मिले तो कल-पुर्जों का आदमी भी काम नहीं सकता। भले ही यह बात एकदम सच न हो लेकिन झूठ भी नहीं थी। अचला कमरे से बाहर चली गई।

रात में कई बार जी में आया कि बीमार पति से रो-रोकर अपने अपराधों के लिए क्षमा मांगकर पूछे कि उसकी जैसी पापिन को लांछन से बचाने की उन्हें क्या पड़ी थी? लेकिन लज्जा के कारण यह प्रश्न उसके मुंह से नहीं निकला।

सुरेश का नियम था कि रोजाना रात को महिम के कमरे में जाकर सारी जरूरी चीजों की व्यवस्था करने के बाद सोने जाता था। मृणाल जब थी तब तो वह लगभग रात भर आता जाता रहता था। जरूरत भी थी। लेकिन अब वह कमरे में नहीं जाता था। जरूरत पड़ने पर दासी को भेज कर मालूम कर लेता था। केवल सांझ से पहले एक बार वह स्वयं जाकर पूछताछ कर लेता था।

उसके इस रवैये ने सबसे पहले अचला का ही ध्यान खींचा था। लेकिन इस पर कुछ कहना सम्भव नहीं था। इसलिए वह चुप थी। लेकिन जिस दिन महिम ने ही इसकी चर्चा की उसे कहना पड़ा कि वह अधिकतर घर में नहीं रहते। इसका कारण वह नहीं जानती। महिम ने चुपचाप सुना कोई राय नहीं दी।

26

हर काम और उठने-बैठने तक में अचला के मन के एकान्त कोने में यह बात हर पल सुलगती रही कि सुरेश के हृदय में कोई बहुत बड़ा परिवर्तन आ गया है, जिससे उसका कोई सम्बन्ध नहीं है। जो उद्दाम प्रेम कभी उसमें पैदा होकर बढ़ा वह टूटे-फूटे घर सा उसे छोड़कर कहीं चला गया।

वह स्वयं को धिक्कारने लगी। लेकिन विदाई की वेदना को वह किसी भी तरह मन से दूर न हटा सकी। यहां तक कि बीच-बीच में भयानक भय से उसके समूचे बदन के रोएं खड़े हो जाते थे। और यह सन्देह जाग उठता था कि उसने अनजाने कभी सुरेश को प्यार किया है या नहीं।

वह अपने आप पर व्यंग्य करके कहने लगी, 'इस सम्भव होने से पहले वह डूब मरेगी।' यह बात छाया की तरह उसके पीछे लगी रही। इस विभीषिका से पीछा छुड़ाने के इरादे से नहाने- खाने के समय को छोड़कर शेष समय में से थोड़ी-सी देर भी वह पति से अलग रहने का साहस न कर सकी।

इसी तरह कुछ दिन बीत गए।

महिम लगभग ठीक हो गया। जलवायु बदलने के लिए जबलपुर जाने की बात चल रही थी। अचला स्टोव पर पति के लिए दूध गरम कर रही थी। दूध बार-बार उबल रहा था इसलिए उसके पास किसी दूसरी ओर देखने की फुर्सत नहीं थी।

महिम कभी अधिक नहीं बोलता। लेकिन आज एक लम्बी सांस छोड़कर बोला, 'सच अचला, अत्यधिक दुःख के बिना कभी बड़ी वस्तु प्राप्त नहीं की जा सकती। मेरा घर फिर बन जाएगा। यह रोग भी जाता रहेगा। इतने दुःखों के बाद जो अनमोल वस्तु मैंने पाई है, वह तुम हो। आज मुझे लगता है कि तुम्हारे बिना मेरा एक पल भी नहीं कटेगा।'

अचला चुपचाप कटोरे के गर्म दूध को ठंडा करती रही।

कुछ देर रुककर महिम ने कहा, 'मृणाल और सुरेश ने भी कम सेवा नहीं करी। लेकिन जाने क्यों जब भी मुझे होश आता, घुटन महसूस होती। बार-बार सोचता इन्हें इतना कष्ट और असुविधा हो रही है। इनके इस अहसान का बदला कैसे चुकाऊंगा? लेकिन ईश्वर के हाथों तुम्हारे साथ बंधा सम्बन्ध ऐसा है कि यह चिन्ता ही नहीं होती कि तुम्हारा ऋण कभी चुकाना पड़ेगा। मुझे बचाना जैसे तुम्हारा ही स्वार्थ है।'

अचला पूर्ववत दूध ठंडा करती रही। बोली नहीं।

महिम ने कहा, 'और कितना ठंडा करोगी, लाओ।'

अचला ने कुछ नहीं कहा, नजर झुकाए उसी तरह बैठी रही। पहले तो महिम को हैरानी-सी हुई। लेकिन वह समझ गया कि अपने आंसू छिपाने के लिए ही वह इस तरह सिर गाड़े बैठी है। सुरेश क्यों नहीं आता, इसका वास्तविक कारण न जानते हुए भी महिम ने कुछ अनुमान नहीं लगाया था, सो नहीं। इसके लिए उसके मन में क्षोभ मिश्रित प्रसन्नता थी। क्योंकि अचला सतर्क हो गई है। अकेले में भेट हो सकती है, इस डर से वह कमरे से बाहर नहीं निकलती। इसलिए उसका मन आज जैसे वासन्ती पवन के साथ उड़ा चला जा रहा था।

उसकी खाट के पास ही एक चौकी पड़ी थी। आधी रात तक अचला उसी पर बैठी कोई किताब पड़ती रही थी। और फिर थककर उसी पर सो गई।

सुबह महिम ने जगाया तो हड़बड़ा कर उठ बैठी। खिड़की खोलकर देखा, सवेरा हो चुका था।

महिम किसी काम के लिए कहते-कहते रुक गया। सिर से पांव तक पत्नी को देखकर आश्चर्य से पूछा, 'तुम्हारी चादर कही गई?'

अचला ने आश्चर्य से देखा, जागने के बाद वह जो चादर लपेट कर आई है सुरेश की है। पति के इस प्रश्न ने जैसे कोड़ा मारा। लाज और दुःख से चेहरा बदरंग हो गया। पहले तो वह कुछ सोच ही न पाई। फिर याद आया जब वे सो गए थे तो अपनी चादर तह करके उनके पैरों पर रखकर खुद आंचल ओढ़कर पढ़ने बैठ गई थी। नींद में उसे सर्दी भी लगी थी।

पत्नी के शर्माए चेहरे को देखकर महिम स्नेह भरी हंसी हंसकर बोला, 'इसमें इतना शर्माने की क्या बात है अचला? हो सकता है नौकर ने ही उलट-पलट कर दिया हो। तुम्हारी चादर वहां और उसकी यहां रखी हो या सुरेश ही कल शाम यहां छोड़ गया हो। बैरे से कह दो, बदल देगा।'

अचला चादर लेकर अपने कमरे में आ बैठी। फिर कुछ भी समझना शेष नहीं रहा। काफी रात बीतने पर सुरेश चुपके से कमरे में आया होगा। और उसे जड़ाते देख अपनी चादर उसे चढ़ाकर चला गया होगा। उसे लगा सुरेश उसी को देखने के लिए आया होगा। और रोज ही आता है। किसी को मालूम ही नहीं हो पाता।

इस बात से उसकी लज्जा की सीमा न रही। मेहमान के प्रति मकान मालिक का चोरी-चोरी ऐसा करने को वह जीवन भर क्षमा नहीं करेगी।

केदार बाबू के बचपन के एक साथी जबलपुर में रहते थे। उनके यहां से उत्तर आया- 'जलवायु और प्राकृतिक दृश्यों के लिए बहुत ही सुन्दर स्थान है। मेरा घर भी काफी बड़ा है। महिम मजे में यहां रह सकता है।'

एक दिन सवेरे केदार बाबू ने आकर यह बताया। बोले, 'माघ का महीना बीत चला। रास्ते की परेशानी झेलने लायक हो गए हो। अब देर काहे की, चल ही देना चाहिए, जगदीश की पत्नी है। वे मां के समान महिम की देखभाल करेंगी। इस बहाने एक बार मेरा भी जबलपुर जाना हो जाएगा।'

महिम सुनता रहा, लेकिन कोई उत्साह नहीं दिखाया। उसे उदास देखकर पिता के चले जाने के बाद उसने धीरे से पूछा, 'क्यों, जबलपुर तो अच्छी जगह है। नहीं जाना चाहते?'

महिम ने कहा, 'तुम लोग मुझे जितना स्वस्थ और सबल समझ रही हो वास्तव में उतना हुआ नहीं हूं। कभी होऊंगा या नहीं इसकी भी आशा नहीं है।'

अचला ने कहा, 'डॉक्टर ने जलवायु परिवर्तन की सलाह दी है तो घूम आओ। सब ठीक हो जाएगा।'

महिम ने धीरे-धीरे गर्दन हिलाई। फिर बोला, 'क्या जाने। लेकिन ऐसी-ऐसी हालत में अपने या किसी के भी भरोसे मुझे स्वर्ग भी जाने का भरोसा नहीं होता। अन्दर से मैं बहुत ही अस्वस्थ और कमजोर हूं अचला। तुम पास न रहो तो शायद अधिक दिन नहीं बचूंगा। ' कहते-कहते उसकी आवाज भर्रा गई।

वह जबान खोलकर कभी कुछ मांगता नहीं, कभी कोई कमी और दुःख प्रगट नहीं करता। इसलिए उसकी इस याचना ने कील चुभोकर अचला के हृदय के स्नेह, करुणा और माधुर्य का मुंह खोल दिया। वह अपने आपको संभाल न सकी। और कहीं कुछ कर न बैठे इस डर से आंसू दबाती हुई दौड़कर वहां से चली गई।

दूसरे दिन सवेरे हाथ में एक तार लिए आई और मुस्कराकर बोली, 'जगदीश बाबू ने तार का उत्तर दिया है। उन्होंने अपने मकान के पास ही हम लोगों के लिए एक मकान ठीक कर दिया है।'

'क्या मतलब?'

'वे पिताजी के मित्र हैं। मैंने कल पिताजी को लिख भेजा था कि एक मकान ठीक करने के लिए उन्हें तार दे दे। उसी का यह उत्तर है।'

अचला ने एक पीला-सा लिफाफा पति के बिस्तर पर फेंक दिया।

महिम ने उसे पढ़कर केवल 'अच्छा' कहा। वह समझ गया कि अचला स्वेच्छा से साथ जाना चाहती है।

अचला जाने की तैयारियां करने लगी।

उस दिन दोपहर को घर आकर सामान ठीक कर रही थी कि केदार बाबू दरवाजे के पास खड़े होकर बोले, 'तुम न जाओ तो कोई हानि है बेची?'

अचला ने चौंककर पूछा, 'क्यों पिताजी?'

स्वास्थ्य और इलाज के दृष्टिकोण से उसका साथ रहना उचित नहीं है। लेकिन पिता होकर बेटी से यह कहने में उन्हें शर्म आई। इसलिए महिम की वर्तमान आर्थिक स्थिति की ओर इशारा करते हुए बोले, 'कौन अधिक दिन की बात है। फिर जगदीश के यहां उसे कोई कष्ट नहीं होता। कुछ दिनों के लिए व्यर्थ ही खर्च।'

असली बात अचला ने नहीं समझी। पिता की ओर देखते हुए बोली, 'शायद उन्होंने कहा है।'

'नहीं, नहीं। महिम ने कुछ नहीं कहा। मैं ही सोच रहा हूं कि....।'

'तुम कुछ न सोचो। मैं ठीक कर लूंगी।' कहकर सामान ठीक करने लगी।

दूसरे दिन अपने दो गहने बेचकर नकद रुपये मंगवा कर रखे।

फागुन के बीचोबीच जाने का विचार था लेकिन सुरेश की बुआ ने पंडित से पत्रा दिखाकर पहले ही सप्ताह में यात्रा का दिन निश्चित कर दिया। सबको वही राय माननी पड़ी।

जाने के दो दिन पहले से ही अचला का मन हवा में तैरते फिरने लगा। कलकत्ते से बाहर कुछ दिनों के लिए ससुराल में रहने के सिवाय वह कभी बाहर नहीं गई थी। पश्चिम की तो उसने शक्ल ही नहीं देखी थी। वहां कितने प्राचीन स्मारक हैं। कितने वन, पर्वत, नद-नदी, जलप्रपात हैं। जिनके बारे में लोगों की जबानी सुनने के सिवाय आंखों से देखने की कल्पना उसके मन में नहीं आई। वही सारे आश्चर्य अपनी आंखों में देखते जा रही है।

इसके अतिरिक्त वहां उसके पति को स्वास्थ्य मिलेगा। अपने घर की अकेली स्वामिनी रहेगी। पति उसे छोड़कर अकेले स्वर्ग जाने का भी भरोसा नहीं करते, इस बात ने उसकी सारी चिन्ता को मधुमय बना दिया। आज सुरेश के लिए भी उसके प्राण रोने लगे। उससे हृदय से क्षमा मांगने लगी। लेकिन खोज करने पर पता चला, वे कल से ही घर पर नहीं हैं।

जाने के दिन सुबह से ही घटाएं घिर आईं। बूंदाबांदी आरम्भ हो गई। सामान बांधकर स्टेशन भेज दिया गया। टिकट ले लिए गए। अचला के लिए भी सेकेंड क्लास की टिकट लेने की बात चली थी लेकिन उसने मना करते हुए कहा, 'रुपया फूंकने का शौक है तो बताओ। मैं स्वस्थ हूं, सबल हूं। कितने बड़े-बड़े घरों की स्त्रियां ड्योढ़े दर्जे के जनाने डिब्बे में सफर करती हैं। मैं नहीं कर सकती?' अन्त में ऐसा ही किया गया।

लेकिन दो दिन से सुरेश के दर्शन नहीं हुए। आज दिन अच्छा न था। किसी कारण वह अपने पढ़ने वाले कमरे में था। उस उदास कमरे में अचला ने बसन्त के झोंके की तरह प्रवेश किया। उसकी आवाज में प्रसन्नता झलक रही थी। बोली, 'इस जीवन में अब आप हम लोगों की शक्ल भी न देखेंगे क्या? ऐसा क्या अपराध किया है? कहिए तो?'

सुरेश चिट्ठी लिख रहा था। नजर उठाकर देखा। अपना घर जल जाने के बाद उसके आस-पास के पेड़-पौधों की शक्ल अचला ने देखी थी। सुरेश के चेहरे ने ऐसी याद दिलाई कि वह मन ही मन कांप उठी। वह भूल गई कि क्या कहने आई थी। पास जाकर उद्विग्न होकर पूछा, 'तबियत खराब है सुरेश बाबू? मुझसे नहीं कहा?'

सुरेश ने पल भर को नजर उठाई। तुरन्त झुकाकर बोला, 'नहीं, मेरी तबियत ठीक है,' फिर किताब के पन्ने पलटते हुए बोला, 'आज जा रही हो? सब ठीक हो गया? अब न जाने कब भेंट होगी।'

लेकिन दूसरी ओर से उत्तर न पाकर आश्चर्य से उसने सिर उठाकर देखा। अचला की दोनों आंखें भर आई थी। आंखें मिलते ही आंसू की बड़ी-बड़ी बूंदें निकल पड़ीं।

सुरेश का गर्म खून खौल उठा। लेकिन सारी शक्ति लगाकर अपने को जब्त करके सिर झुका लिया।

आंचल से आंसू पोंछकर अचला ने कहा, 'तुम्हारी तबियत बिल्कुल ठीक नहीं है। तुम भी हम लोगों के साथ चलो।'

'नहीं।'

'नहीं क्यों? तुम्हारे लिए. ....'बात पूरी न हो सकी। बाहर से बैरे ने आवाज दी, 'बाबूजी, चाय...' और पर्दा हटा कर अन्दर आ गया।

अचला मुह फेरकर बाहर चली गई।

घंटे भर बाद जब वह कमरे में गई तो महिम ने पूछा, 'दो दिन से सुरेश कहां है? बुआ ने भी कुछ नहीं बताया। क्या आज भी नहीं मिलेगा?'

'आज तो घर पर हैं।' अचला ने कहा।

'अभी-अभी नौकरानी कह रही थी, वह सवेरे ही निकल गया है', महिम ने कहा।

अचला चुप रही। चुपचाप किसी काम में लग गई।

धीरे-धीरे स्टेशन जाने का समय निकट आ गया। बुआ भरा सामान लेकर तैयार हो गई। नौकर ने गाड़ी पर सामान लाद दिया। लेकिन सुरेश का कहीं पता न था।

अकेले में पाकर बेटी के सिर पर हाथ रखकर केदार बाबू ने स्नेहिल स्वर में कहा, 'सती हो बेटी, मां-सी हो। बुढ़ापे के कारण बहुत कुछ बुरा-भला कहा। दुःखी मत होना।' कहकर वह झटपट वहां से खिसक गए।

गाड़ी पर सवार होकर महिम ने दुःखी स्वर से कहा, 'आखिर उसने हमसे भेंट नहीं ही की। उससे एक बात कहने के लिए मैं दो दिन तक उसकी प्रतीक्षा करता रहा।'

पिता की बात से अचला की आंखों में आंसू बह रहे थे। गर्दन हिलाकर बोली, 'नहीं।'

बुआ आड़ में खड़ी थी। उन्हें प्रणाम करके अचला ने उनके चरणों की धूल ली। गदगद होकर असंख्य आशीर्वाद देती हुई वे बोल उठीं, 'तुम्हारा सुहाग अक्षय हो बिटिया। पति को आरोग्य करके जल्दी लौटो, ईश्वर से मेरी यही प्रार्थना है।'

'मेरे लिए यही सबसे बड़ा आशीर्वाद है बुआ', आंखें पोंछती हुई अचला गाड़ी में जा बैठी।

27

हावड़ा से ट्रेन छूटने में दसेक मिनट की देर थी। आकाश बादलों से घिरा था। मूसलाधार वर्षा हो रही थी। लोगों के चलने से सारा प्लेटफॉर्म कीचड़ से भर गया था। लोग गठरी-पोटली लिए संभल-संभलकर जगह ढूंढ़ते फिर रहे थे।

तभी हाथ में बैग लिए सुरेश को अचला ने आते देखा।

आश्चर्य और दुश्चिन्ता से केदार बाबू का चेहरा स्याह पड़ गया। उसके आते न आते वे चीख उठे, 'अरे, माजरा क्या है सुरेश? तुम कहां चले?'

उत्तर सुरेश ने अचला को दिया। उसकी ओर देखकर रूखी हंसी हंसते हुए बोला, 'मैंने देखा, तुम्हारे उपदेश, या आमन्त्रण किसी को भी उपेक्षा नहीं की जा सकती। आज सवेरे आंख में अंगुली गड़ा कर तुमने न बताया होता कि मेरा स्वास्थ्य ठीक नहीं है तो मैं समझ ही न पाता। चलो कुछ दिन तुम्हारा ही मेहमान होकर रहूं। देखूं, ठीक हो सकता हूं या नहीं। सच कह रहा हूं न?'

'ठीक तो है। इसके अलावा नई जगह में हमें काफी मदद भी मिल जाएगा।' कहकर महिम ने अचला की ओर देखा। फिर अचला से बोला, 'मुझसे क्यों नहीं कहा? जिसके स्वास्थ्य के लिए इतनी उत्कंठा रही। आज सुबह तुम दोनों ने जिस बात की चर्चा की, उसकी खबर मुझे क्यों नहीं होने दी। इस चुप-चुप की क्या जरूरत थी अचला?'

लेकिन अचला दूसरी ओर मुंह फेरे खड़ी रही।

सुरेश भीतरी उत्तेजना को बाहर धकेलकर अकारण परेशान-सा होकर बोल उठा, 'समय तो है नहीं। चलो गाड़ी में ही बातें होगी। चलिए केदार बाबू।'

सामने की ओर नजर किए मानो सबको ठेलते हुए ले चला।

काफी देर तक केदार बाबू कुछ नहीं बोले। महिम को उसकी सीट पर बैठाकर अचला को उन्होंने औरतों वाले डिब्बे में चढ़ा दिया। जब ट्रेन चलने लगी तब झुककर उन्हें प्रणाम करके सुरेश महिम की बगल में आ बैठा तो उन्होंने कहा, 'आशा है रास्ते में कोई कष्ट न होगा। औरतों वाला डिब्बा जरा दूर है, बीच-बीच में जरा खोज-खबर लेते रहना सुरेश।'

फिर महिम से बोले, 'पहुंचते ही समाचार देना न भूलना।' कहकर आंसू पोंछते हुए चल दिए।

गाड़ी छूटी तो सर्दी लगने के डर से महिम कम्बल लपेटकर लेट गया। सुरेश वहीं बैठा रहा। उसकी आंखें स्वाभाविक नहीं थीं। जैसे भीतर भयंकर आग लग रही थी। जिसकी तेज रोशनी उसकी आंखों से छिटक रही थी।

पैसेंजर गाड़ी हर स्टेशन पर रुकती, धीमी चाल से बढ़ने लगी। बाहर मूसलाधार वर्षा होती रही।

किसी बड़े स्टेशन पर गाड़ी रुकने को हुई तो कम्बल से मुंह निकालकर महिम ने कहा, 'भीड़ तो थी नहीं, थोड़ा सो क्यों नहीं लिया सुरेश? ऐसी सुविधा तो हर समय मिल नहीं सकती।'

सुरेश ने चौंककर कहा, 'हां, सो जाता हूं।'

उसका यह चौंकना ऐसा बेतुका और व्यर्थ लगा कि महिम आश्चर्य से अवाक् रह गया। जैसे वह उससे छिपाकर कोई गुनाह कर रहा था और पकड़े जाने पर भय से कांप गया। इस आशंका को महिम देर तक मन से नहीं निकाल सका।

गाड़ी रुक गई।

अपनी स्थिति समझ हंसी से चेहरे को कुछ सरस बनाकर सुरेश बोला, 'मैंने सोचा था, तुम सो रहे हो। इसीलिए चौंक उठा...।'

महिम ने केवल 'हूं' कहा। यह अनावश्यक सफाई भी उसे अच्छी नहीं लगी।

सुरेश बोला, 'उन्हें किसी चीज की जरूरत तो नहीं। पूछता...।'

'लेकिन वर्षा हो रही है।'

'विशेष नहीं। मैं झपटकर देख आता हूं।' सुरेश ने कहा और दरवाजा खोलकर उतर गया। औरतों वाले डिब्बे के पास जाकर देखा, अचला को एक समवयस्क साथिन मिल गई है। उसी से गपशप कर रही है। उस लड़की ने पहली बार सुरेश को देखा। सुरेश ने पूछा, 'कुछ चाहिए या नहीं।' अचला ने सिर हिलाकर 'नहीं' की। बोली, 'तुम्हें पानी में नहीं भीगना चाहिए, जाओ।' यह कहकर वह खिड़की के पास आ गई। धीरे से बोली, 'मेरी चिन्ता की आवश्यकता नहीं। जिनकी चिन्ता है उन्हीं का ख्याल रखना।'

सुरेश ने कहा, 'उसका ख्याल है। लेकिन तुम्हें खाने को कुछ, पानी..।'

अचला ने मुस्कराकर कहा, 'नहीं, नहीं, कुछ नहीं चाहिए। तुम भीग कर बीमार पड़ना चाहते हो क्या?'

सुरेश ने एक नजर अचला को देखा और फिर नजरें झुका लीं। बोला, 'चाहता तो मुद्दत से हूं। लेकिन अभागे के पास बीमारी भी तो फटकना नहीं चाहती।'

अचला की कनपटी तक शर्म से लाल हो उठी। हंसकर बोली, 'अच्छा तुम चलो तो सही। वह काम कराऊंगी तुमसे कि...।'

लेकिन बात पूरी न कर सकी। उसकी छिपी लज्जा ने रोक लिया।

गाड़ी छूटने की घंटी बजी। कुछ कहना चाहते हुए भी सुरेश बिना कहे चल दिया। लेकिन बाधा पाकर पलटकर देखा। उसकी चादर का एक छोर अचला की मुट्ठी में था। वह फुसफुसाकर बरस-सी उठी, 'मैंने तुम्हें साथ चलने को कहा था। यह बात तुमने सबके सामने क्यों कहीं?'

ठीक इसी बात के लिए सुरेश के अन्दर उथल-पुथल मची थी। वह पश्चाताप से जल रहा था। करुण स्वर में बोला, 'अनजाने ही अपराध हो गया अचला।'

अचला ने पूर्ववत् गर्म होकर कहा, 'अनजाने? सबके सामने मेरी हंसी कराने के लिए जान-बूझकर तुमने कहा था।'

गाड़ी चल पड़ी। सुरेश को कुछ कहने का मौका नहीं मिला। अचला ने उसकी चादर छोड़ दी। वह तेजी से चल दिया।

अचला ने खिड़की से बाहर सिर निकालकर देखा, महिम उन्हीं लोगों की ओर देख रहा था। अचला अपने स्थान पर आ बैठी तो उस लड़की ने पूछा, 'यही हैं आपके बाबू?'

अनमनी अचला केवल 'हूं' करके सूनी आंखों से बाहर खेत-खलिहान, पेड़-पौधों को देखती रही।

फिर गांव, शहर पार होने लगे। उसके मन की कुढ़न समाप्त हो गई। चेहरा निर्मल और प्रसन्न हो उठा। वह फिर उस लड़की से खुशी-खुशी बातें करने लगी।

किसी बड़े स्टेशन पर सुरेश खानसामा के हाथों चाय और खाने की चीजें लेकर पहुंचा तो अचला ने सब कुछ रखवाकर शिकायत भरे स्वर में कहा, 'इस झंझट के लिए तुमसे किसने कहा था? शायद तुम्हारे मित्र रत्न ने?'

सुरेश होंठ दबाकर हंसते हुए चल पड़ा तो अचला ने उसे आवाज दी। उसे देखते ही अचला हंस पड़ी और लाज से लाल पड़ गई। उस रक्तिम आभा को सुरेश ने दोनों आंखों से जी भर कर पी लिया।

अचला ने पति के बारे में जानने के लिए सुरेश को पुकारा था कि उन्हें कोई तकलीफ या असुविधा तो नहीं है। लेकिन अब कुछ पूछने की शक्ति ही नहीं रही। उसने बेतुकी गम्भीरता से पूछा, 'हमें इलाहाबाद में गाड़ी बदलनी होगी? कितनी रात में गाड़ी वहां पहुंचेगी मालूम है? पता करके बता जाएंगे मुझे।'

'अच्छा।' कहकर सुरेश चकित-सा चला गया।

लौटकर अचला ने देखा, वह लड़की अपनी जगह से दूर हटकर बैठी है। मन की खीज न संभाल पाकर अचला ने पूछा, 'आप लोग चाय-डबल रोटी नहीं खाते?'

लड़की नम्रता के साथ हंसकर बोली, 'इस बला से कोई घर बचा है? सभी खाते हैं।'

अचला ने कहा, 'फिर घृणा से दूर क्यों खिसक गई?'

उसने शरमाकर कहा, 'नहीं बहन, घृणा से नहीं। मर्द तो सभी खाते हैं लेकिन मेरे ससुर यह सब पसंद नहीं करते। और हम औरतों को...।'

ऐसे ही खाने छूने के कारण मृणाल से उसकी जुदाई हुई थी। उस दिन भी जिस कारण अपने को रोक नहीं पाई थी आज भी वैसी ही जलन से स्वयं को भूल बैठी और रुखाई के साथ बोली, 'मैं आपको तंग नहीं करना चाहती। आप मजे में अपनी जगह पर आकर बैठ सकती हैं।' और पलक मारते अचला ने चाय-डबल रोटी खिड़की के बाहर फेंक दी। वह लड़की बहुत देर तक काठ की मारी-सी बैठी रही फिर आंचल से आंसू पोंछने लगी। शायद उसने सोचा है कि इतनी देर के परिचय और बातचीत की जिसने कोई मर्यादा नहीं रखी आंसू देखकर न जाने क्या कर बैठे।

तीसरे पहर के लगभग वर्षा फिर आरम्भ हो गई। वह लड़की इसी पानी में उतर जाएगी-वह तैयार होने लगी।

अचला से और न रहा गया। उसके पास आ बैठी। उसकी हथेली अपनी मुट्ठी में लेकर कोमल स्वर में बोली, 'मैं अपने व्यवहार पर बहुत लज्जित हूं, मुझे क्षमा करें।'

लड़की हंसी लेकिन कुछ कह न सकी।

अचला ने कहा, 'मन ठीक नहीं है। मैं क्या कर सकती हूं। पति बीमार है। जलवायु परिवर्तन के लिए बाहर जा रही हूं। अच्छे हो गए तो ठीक हैं। नहीं तो परदेश में क्या बीतेगी भगवान ही जानते हैं' कहते-कहते गला भर आया।

लड़की ने आश्चर्य से कहा, 'लेकिन आपके पति को देखकर तो लगता नहीं कि वह बीमार हैं।'

अचला बोली, 'मेरे पति इसी गाड़ी में हैं। यह तो उनके मित्र हैं।'

लड़का हरान हाकर चुप हा गइ।

अचला को लगा कि सुरेश से उसकी बातचीत का ढंग उसे बुरा लगा है। वह लाज से भर उठी। और बोली, 'हम लोग हिन्दू नहीं ब्राह्म हैं।'

जब लड़की ने कोई उत्तर नहीं दिया तो उसका हाथ छोड़कर अचला ने कहा, 'आप हमारा आचार व्यवहार ठीक से समझ नहीं सकतीं इसलिए हमें विचित्र न समझें।'

लड़की हंस पड़ी। बोली, 'हम तो ऐसा नहीं सोचते। आप लोग ही हम लोगों से दूर रहना चाहते हैं। अच्छा, आप अपने पति को लेकर इतनी दूर न जाकर हमारे यहां क्यों नहीं चलती?'

'कहां, आरा?'

'वहां भी आदमी रहते हैं। मेरे पति ठेकेदारी करते हैं। इसीलिए मुझे वहां कभी-कभी जाकर रहना पड़ता है। मैं तो डिहरी की बात कह रही हूं। सोन नदी के किनारे अपना छोटा-सा घर है। वहां दो दिन में ही आपके पति स्वस्थ हो जाएंगे। चलेंगी?' अचला के दोनों हाथ अपनी गोदी में लेकर वह उसकी ओर देखने लगी।

इस अपरिचित लड़की का हार्दिक आग्रह देखकर अचला मुग्ध हो उठी। बोली, 'लेकिन इसके लिए आपके पति की अनुमति होनी चाहिए।'

'ऐसा मत सोचो। मैं ही मालिक हूं। अनुमति लेनी होगी तो मैं ले लूंगी। अगर आपको जगह पसंद न आए तो आप सीधी डिहरी चली आएं।'

गाड़ी की धीमी चाल से पता चल गया कि आरा स्टेशन निकट आ रहा है।

'मेरा स्टेशन आ रहा है। मैं उतरूंगी। लेकिन आप चिन्ता न करें, आपके पति स्वस्थ हो जाएंगे। लेकिन वचन दीजिए लौटती बार एक बार मेरे घर में चरणों की धूल अवश्य देंगी।' अचला ने आंसू रोकते हुए कहा, 'यह सुअवसर मिला तो जरूर मिलती जाऊंगी।'

'सुअवसर क्यों नहीं मिलेगा? आपकी ऐसी भक्ति और प्रेम को ईश्वर कभी उपेक्षा नहीं कर सकते।'

अचला उत्तर न दे सकी। मुंह फेरकर उमड़ते आंसू रोकने लगी।

वर्षा में गाड़ी प्लेटफार्म पर रुकी। उसका देवर वहीं खड़ा था। उसने आकर दरवाजा खोल दिया। उसके कान के पास मुंह ले जाकर अचला ने चुपके से कहा, 'अपने पति का नाम तो आप लेंगी नहीं। जानती हूं। लेकिन अपना नाम तो बता दीजिए। अगर कभी आई तो आपको खोजूंगी कैसे?'

उसने जरा हंसकर कहा, 'मेरा नाम राक्षसी है। डिहरी में जिस बंगाली लड़की से पूछेंगी, मेरा ठिकाना बता देगी। एक बार आइए जरूर, मेरी कसम। मैं राह देखूंगी। सोन के किनारे ही मेरा घर है।'

उसने हाथ जोड़कर अचला को नमस्कार किया और भीगती हुई चली गई।

गाड़ी फिर धीरे-धीरे चल पड़ी। अभी सांझ नहीं हुई थी। किन्तु वर्षा के साथ हवा के झोंकों ने रात को भयंकर बना दिया था।

गाड़ी छूट जाने के बाद एक लम्बी उसांस भरकर वह अपनी जगह लौट आई। और अकेली सूने डिब्बे के एक कोने में जाकर चादर लपेटकर आंखें मूंद कर लेट गई।

वह कब सो गई, कितनी देर सोई पता नहीं। अचानक अपना नाम सुनकर वह चौंक कर उठ बैठी। देखा, दरवाजे के पास सुरेश खड़ा है।

सुरेश ने चिल्लाकर कहा, 'जल्दी उतरो। गाड़ी प्लेटफार्म पर खड़ी है। तुम्हारा बैग कहां है?'

अचला को याद आया, जबलपुर के लिए इलाहाबाद में गाड़ी बदलनी है, अपना बैग उठाकर हड़बड़ाकर उतर आई। बोली, 'इस पानी में उन्हें कैसे उतारियेगा, ऐसे तो बीमारी बढ़ जाएगी सुरेश बाबू।'

सुरेश ने क्या उत्तर दिया, वर्षा के कारण समझ में नहीं आया। एक हाथ से बैग और दूसरे से अचला का हाथ कसकर पकड़े हुए वह उधर वाले प्लेटफार्म की ओर लपका। वह गाड़ी छूटने वाली थी। पहले दर्जे के एक सूने डिब्बे में अचला को धकेलते हुए बोला, 'तुम यहां बैठो, मैं उसे ले आऊं।'

'तो मेरी यह मोटी चादर लेते जाइए। उन्हें अच्छी तरह ओढ़ाकर लाइए।' अचला ने अपनी चादर सुरेश के बदन पर फेंक दी। वह तेजी से चला गया।

अचला सामने की ओर देखती रही। दूर खम्भे पर स्टेशन की रोशनी जल रही थी। भयंकर वर्षा में रोशनी इतनी फीकी थी कि दिखाई ही नहीं दे रहा था। तभी स्टेशन की घंटी जोरों से बज उठी और जिस गाड़ी से अचला उतरी थी भयानक अजगर की तरह आवाज करती आकाश-पाताल कंपाती हुई प्लेटफार्म से निकल गई।

फिर घंटी बजी। अचला ने समझा कि यह घंटी इस गाड़ी के छूटने की है। लेकिन वे लोग चढ़ गए कि नहीं। कहां चढ़ गए, सामान सब लाया या नहीं। कुछ भी न जानकर अचला चिन्तित हो गई।

कम्बल ओढ़े हाथ में नीली लालटेन लिए एक खलासी तेजी से जा रहा था। अचला ने पुकारकर पूछा, 'सारे यात्री चढ़ गए या नहीं?'

पहले दर्जे का डिब्बा देखकर वह ठिठककर बोला, 'जी मेम साहब।' अचला कुछ निश्चिन्त सी हुई। समय पूछा।

उसने बताया, 'नौ बजकर..।'

'नौ बजकर?' अचला चौंक पड़ी। लेकिन इलाहाबाद पहुंचने में तो रात लगभग बीत जाती। पूछा, 'इलाहाबाद...।'

लेकिन वह आदमी वर्षा में खड़ा नहीं रह पा रहा था। ऊपर शेड नहीं था और गाड़ी की छत से छींटे उड़कर उसके नाक-मुंह में सुई की तरह चुभ रहे थे। हाथ की रोशनी को तेजी से हिलाते 'मुगलसराय' कहता हुआ चला गया।

सीटी बजाकर गाड़ी चल पड़ी। तभी सामने से दौड़ता हुआ सुरेश कहता गया, 'डरो मत, मैं बगल के कमरे में हूं।'

28

सुरेश बगल के कमरे में चढ़ गया है। ठीक है। लेकिन वे? तब से वह बाहर ही आंखें बिछाए हैं। इलाहाबाद जाने के बजाय इस स्टेशन पर गाड़ी क्यों बदली गई? उसका मन किसी भी प्रकार यह मानने को तैयार नहीं हुआ कि इस गाड़ी में उसके पति हैं। वह सुरेश के साथ नितान्त अकेली किसी दिशाहीन उद्देश्यहीन यात्रा पर जा रही है। नहीं, ऐसा नहीं हो सकता। कहीं न कहीं वे इस गाड़ी में अवश्य हैं।

अचानक एक झोंके से सिमटकर वह एक कोने में चली गई और अपने को देखा। सारे बदन का कपड़ा कहीं भी सुखा नहीं रह गया। कपड़े बदलने के उद्देश्य से उसने अपने बैग को अपनी ओर खींचकर खोलना चाहा तभी गाड़ी की चाल धीमी पड़ गई। थोड़ी देर में ही गाड़ी स्टेशन पर आ रुकी। पानी जोरों से पड़ रहा था। यह जानने का कोई उपाय नहीं था कि कौन- सा स्टेशन है। बैग खुला पड़ा रहा। अन्दर के अदम्य आवेग से नीचे उतरकर अंधेरे में अंदाज से झपटकर सुरेश वाले डिब्बे की खिड़की के सामने जा खड़ी हुई।

जोर से आवाज दी, 'सुरेश बाबू!'

उस डिब्बे में दो-एक बंगाली और एक अंग्रेज सज्जन थे। सुरेश एक कोने में आंखें मूंदे सिमटा बैठा था। अचला की चीख ने वहां बैठे सभी को चौंका दिया। हक्के-बक्के सुरेश ने आंखें खोलकर देखा। दरवाजे में खड़ी अचला के चेहरे पर पानी की धारा और रोशनी ने एक साथ पड़कर रूप के एक ऐसे इन्द्रजाल की रचना कर दी थी कि सब की मुग्ध दृष्टि विस्मय से अवाक् थी।

सुरेश दौड़कर उसके पास पहुंच गया।

उसने पूछा, 'उन्हें नहीं देख रही। कहां है वे? कौन से डिब्बे में चढ़ाया है उन्हें?'

'चलो ले चलूं', कहकर सुरेश बारिश में ही उतर आया और अचला का हाथ पकड़कर उन्हें ओर खींचता ले चला जिधर से वह आई थी।

अचला के डिब्बे के पास आकर सुरेश ठिठक गया। अंदर देखकर घबराते हुए पूछा, 'तुम्हारा बैग कैसे खुला पड़ा है?' और अचला के उत्तर की प्रतीक्षा न कर जोर से खींचता उसे अंदर ले गया और दरवाजा अंदर से बंद कर दिया।

अंगुली उठाकर पूछा, 'इसे खोला किसने?'

अचला ने कहा, 'मैंने। लेकिन इसे छोड़ो, वे कहां हैं? मुझे दिखा दो या यह बता दो किधर हैं। मैं खुद खोज लूंगी।' कहते कहते दरवाजे की ओर बढ़ने लगी।

सुरेश ने झपट कर उसका हाथ थाम लिया और बोला, 'इतनी घबरा क्यों रही हो? देखती नहीं गाड़ी चल पड़ी है?'

बाहर अधर का आर दखकर हा अचला समझ गइ कि बात ठाक ह गाड़ा चलन लगा था। उसने मुड़कर सुरेश के पीले और श्रीहीन चेहरे को देखा और कटे पेड़ की तरह दोनों हाथों से सुरेश के पांव पकड़ती हुई रो पड़ी, 'कहां हैं वे? उन्हें क्यों सोते में गाड़ी से धकेल दिया? बीमार आदमी का खून करके तुम्हें...।'

'मैं ऐसा काम कर सकता हूं, तुम्हें विश्वास है?' सुरेश ने अपना पांव खींचकर कहा।

अचला रोती हुई बोली, 'तुम सब कुछ कर सकते हो। तुमने हमारे घर में आग लगाकर उन्हें जलाकर मार डालना चाहा था। मैं तुम्हारे पैर पकड़ती हूं। बताओ, कहां हैं वह? क्या किया है तुमने?'

अचानक अचला तीर की तरह उठकर खड़ी हुई। अगला स्टेशन निकट आ गया था इसलिए गाड़ी की चाल धीमी हो गई थी। सुरेश ने दाएं हाथ से उसे रोकते हुए कहा, 'बैठो, महिम इस गाड़ी में नहीं है।'

'नहीं है, तो कहां है?' कहते-कहते वह धम्म से बेंच पर बैठ गई।

सुरेश ने कुछ कहना चाहा, लेकिन कह नहीं पाया। फिर धीरे-धीरे चलता हुआ अचला के सामने जा खड़ा हुआ। बोला, 'महिम सकुशल है। अब वह इलाहाबाद पहुंच गया होगा। वहां से वह जबलपुर भी जा सकता है और कलकत्ता भी वापस हो सकता है।

'और हम कहां जा रहे हैं?' अचला ने सिर उठाकर पूछा।

उसने बड़ी रुखाई से अचला के प्रश्न का उत्तर दिया, 'हम शायद संदेह नरक में जा रहे हैं। जिस पतन के रास्ते में राह दिखाती हुई इतनी दूर खींच लाई हो, उसके बीच में ही चाहने से रुकने का स्थान नहीं मिल सकता। अब तो अन्त तक चलना ही पड़ेगा।'

अचला एड़ी चोटी तक कांप उठी। जो झूठा-मक्कार परायी स्त्री को गलत रास्ते ले जाकर बेझिझक ऐसी बात कह सकता है, उससे कोई क्या कहे?

'तुम तो कुछ ऐसा जता रही हो जैसे सर्वनाश अकेले तुम्हारा ही हुआ हो। लेकिन सर्वनाश का जो अर्थ है वह मेरे संबंध में किस सीमा तक पहुंच पाता है। मैं तुम लोगों की तरह ब्रह्म ज्ञानी नहीं हूं। पाप-पुण्य का स्वांग नहीं भरा जाता। वास्तविक सर्वनाश की ही सोचता हूं। तुम्हारे पास रूप है, आंसू हैं, स्त्री के जो शस्त्र हैं, सभी तुम्हारे तरकश में हैं। तुम्हें किसी रास्ते में रुकावट नहीं आएगी, लेकिन मेरा परिणाम सोच सकती हो? मैं पुरुष हूं। इसलिए जेल से बचने के लिए मुझे अपने हाथों गोली खानी पड़ेगी।' कहकर सुरेश ने छाती के बीच में हाथ रखकर दिखाया।

अचला ने घृणा से मुंह फेर लिया। यह देख सुरेश आग बबूला हो उठा, 'मोर का पंख खोंसकर कौआ कभी मोर नहीं होती अचला। उस निगाह को मैं पहचानता हूं। लेकिन वह तुम्हें नहीं सोहती। जिसे सोह सकती है वह मृणाल है। तुम नहीं। तम असूर्यपश्या हिन्दू नारी नहीं हो। उतरकर जहां जी चाहो चली जाओ। मैं पत्र लिखे देता हूं। महिम को दिखाना, वह तुम्हें अपना लेगा। असल में तुम वेश्या हो, इसलिए तुम्हें भगा लाया। तुम सती सावित्री नहीं हो। यह तेज गर्व तुम्हें नहीं सोहता। तुम्हारे लिए नितान्त अनाधिकार चेष्टा है।'

रुधी सांस के कारण सुरेश ज्यों ही रुका अचला टूटे स्वर में चीख उठी, 'और कहिए सुरेश बाबू! दोनों पैरों से मुझे रौंदकर संसार में जितनी भी कड़वी बातें हैं, व्यंग्य है, अपमान है, सब कीजिए। यही चाहती हूं मैं। इसी की आवश्यकता है। हमारा यही संबंध है।'

सुरेश गाड़ी की दीवार से टिककर काठ सा हो रहा। अचला के खुले बिखरे बाल जमीन पर लोटने लगे। शिकारी पहले निशाने में गिरी हुई चिड़िया की मृत्यु मंत्रणा के जिस प्रकार अवाक हो कर देखता है, उसी तरह वह उस मरणासन्न स्त्री को देखता रहा।

गाड़ी धीमी होकर एक स्टेशन पर आकर रुक गई।

सुरेश ने सहज स्वर में कहा, 'इस हालत में तुम्हें देखकर लोग चकित रह जाएंगे। उठकर बैठो। मैं अपने डिब्बे में जाता हूं। सुबह होने पर जहां जाना चाहोगी, भिजवा दूंगा। इस बीच कोई भयानक काना कर बैठना। उसका कोई परिणाम नहीं निकलेगा।'

सुरेश दरवाजा खोलकर नीचे उतर गया। सावधानी से दरवाजा बंद करके न जाने क्या सोचकर चुपचाप खड़ा रहा। उसके बाद मुंह बढ़ाकर बोला, 'मेरी बात तुम समझोगी नहीं। लेकिन इतना सुन लो। इस समस्या का हल मेरे जिम्मे रहा। तुम्हारी कोई बुराई मैं नहीं होने दूंगा।' कहकर धीरे-धीरे अपने डिब्बे की ओर चला गया।

गाड़ी चल पड़ी। भीगे कपड़ों में सुरेश को सर्दी लग रही थी। लेकिन बैग खोलकर कपड़े बदलने की कोशिश न कर सका। ठीक उसी समय उसके कानों में पड़ा, 'कुली-कुली।'

आंखें खोलकर उसने देखा, गाड़ी किसी स्टेशन पर खड़ी है। बहुत से लोग चढ़-उतर रहे हैं। उन्हीं में से एक शोकमग्न नारी मूर्ति किसी प्रतीक्षा में खड़ी है। वह अचला थी। चमड़े का एक बहुत बड़ा बैग सिर पर लिये एक कुली के उतरते ही उसने कुछ पूछा और धीरे-धीरे गेट की ओर बढ़ने लगी।

तभी ट्रेन की सीटी प्लेटफॉर्म के किसी छोर से गूंज उठी, सुरेश को जैसे बिजली छू गई। उसने अपना बैग खींचा और उतर पड़ा।

टिकट की बात अचला को याद ही नहीं थी। गेट पर टिकट बाबू के सामने पहुंचते ही वह ठिठक गई। तभी पीछे से सुरेश ने कोमल स्वर में कहा, 'रुको मत, बढ़ो। मैं टिकट दे रहा हूं।' अचला को उसके आने का पता न था। पलभर भय और झिझक से उसके पांव नहीं उठे। फिर धीरे-धीरे बाहर चली गई।

बाहर जाकर सुरेश ने कहा, 'मैंने सोचा था, तुम सीधी कलकत्ते जाओगी लेकिन अचानक डिहरी में क्यों उतर पड़ी? यहां कोई परिचित है क्या?'

'कलकत्ते में किसके पास जाऊँ?'

'लेकिन यहां?'

अचला ने कोई उत्तर नहीं दिया।

कुछ देर चुप रहकर सुरेश बोला, 'शायद मेरी किसी बात पर तुम अब विश्वास न कर सकोगी। मुझे कोई शिकायत नहीं। लेकिन अन्तिम समय मैं तुमसे एक भीख मांगता हूं।'

अचला वैसी ही चुप रही।

सुरेश ने कहा, 'मेरी बात किसी को समझाने की जरूरत भी नहीं है और मैं समझाना भी नहीं चाहता। मैं आज उस देश की राह ले रहा हूं जहां जाने से यहां की आग जला नहीं सकेगी। लेकिन मेरा अन्तिम संबल मुझे दे दो। मैं हाथ जोड़कर विनती करता हूं।'

अचला के मुंह से फिर भी एक भी शब्द नहीं निकला, 'मैंने तुम्हें बहुत कड़वी बातें कही हैं। बहुत दुःख दिया है। लेकिन भला आदमी बना रहने के घमंड में तुम्हारे माथे पर कलंक की कालिमा पोतूं, यह मैं मरकर भी बर्दाश्त नहीं कर सकूंगा। मेरे लिए तुम्हें तकलीफ न उठानी पड़े। विदा होने से पहले मुझे इस सुयोग की भीख देती जाओ अचला।'

उसके स्वर में क्या था, अन्तर्यामी ही जानें। अचला की आंखें छलक उठीं। फिर भी अपने कंठ को संभालकर धीरे से पूछा, 'मुझे क्या करना होगा, बताइए।'

सुरेश ने जेब से टाइम टेबल निकालकर गाड़ी का समय देखते हुए कहा, 'शाम से पहले अब किसी भी ओर जाने की कोई गुंजाइश नहीं है। इतनी देर के लिए मुझ पर अविश्वास मत करो। मुझसे अब तुम्हारा कोई अमंगल नहीं होगा।'

पूछने पर पता चला बड़ी सड़क पर शहंशाह शेरशाह के नाम पर बनाई गई एक सराय है। उन्होंने एक बैलगाड़ी किराए पर ली और सराय की ओर चल दिए।

सराय में पहुंचकर गाड़ीवान को किराया चुकाकर सुरेश ने मनीबैग वहीं रख दिया, 'अब यह तुम्हारे पास ही रहेगा। आवश्यकता पड़ने पर लेने में संकोच मत करना।'

अचला के मन में आया, पूछे कि इसका अर्थ क्या है? लेकिन पूछ न सकी।

सुरेश ने कहा, 'यह सामने वाला कमरा ही कुछ अच्छा है। तुम जरा सुस्ता लो। मैं बगल के कमरे में कपड़े बदल लूं।' कहकर अपना बैग उठाकर बरामदा पार करके कोने वाले कमरे में चला गया।

उसके जाने के बाद अचला अकेली रास्ते में खड़ी न रह सकी। अपने भारी बक्स को किसी तरह ठेलकर कमरे में ले आई और उसी पर टिक कर रास्ते से आने जाने वालों को देखने लगी।

29

उसी कमरे के सामने बक्स पर बैठे-बैठे आशा-विश्वास का सपना देखते-देखते दो घंटे बीत गए। मानो उसे याद ही न हो कि वह यहां क्यों बैठी है।

तभी उसे याद आया लगभग दो घंटे पहले सुरेश कपड़े बदलने के लिए गया था। इतनी देर से वह अकेला क्या कर रहा है, यह जानने के लिए उस कमरे के पास पहुंची और बंद किवाड़ के पल्ले हटाकर जो कुछ देखा उसका समूचा बदन जैसे पत्थर हो गया। अंधेरे-उजाले में अत्यन्त गन्दे फर्श पर सुरेश चित्त पड़ा था। उसके बदन पर वही कपड़े थे। बैग खुला पड़ा था। उसमें रखी कुछ चीजें इधर-उधर पड़ी थीं।

पलक झपकते अचला को उसकी अन्तिम बात याद आ गई। वह डाक्टर है। मनुष्य का जीवन बचाना ही नहीं जानता उसके प्राण चुपचाप निकाल देने की कला भी उसे आती है। वह द्वार थाम कर वहीं बैठ गई। अन्दर जाने का साहस ही नहीं हुआ।

सुरेश से परिचय होने के पहले दिन से लेकर आज तक जितनी इच्छा आकांक्षा, भूलचूक, छल, आग्रह-आवेग दोनों के बीच से गुजरा, एक-एक कर दिखाई देने लगा। उसका अपना आचरण, पिता का आचरण-उसका सारा बदन सिहर उठा।

जीवन के उपयोग की अनेक वस्तुएं, साधन उसके पास थे तो भी आज चुपचाप बिना किसी आडम्बर के सब कुछ छोड़कर चला गया। इसकी गहरी पीड़ा अचला को रह-रहकर बेचने लगी। उसने वास्तव में प्रेम किया था। इस बात को मृत्यु के सामने खड़े होकर पूछने और अविश्वास करने की गुंजाइश ही नहीं रही। उसकी आंखों से आंसू बहने लगे।

प्यार की जाति नहीं होती, धर्म नहीं होता। जो इस तरह मर सकता है वह समाज द्वारा गढ़े नियमों से बहुत ऊपर है। उसे विधि-निषेध छू नहीं सकते। मृत्यु के सामने खड़ी अचला इस बात से कैसे इंकार कर सकती है।

अचला आंचल से आंसू पोंछ रही थी। अचानक उसका कलेजा धक से रह गया। लगा, लाश हिल रही है।

दूसरे ही पल अस्फुट कातर स्वर के साथ सुरेश ने करवट बदली।

'वह मरा नहीं, जीवित है।' अचला ने उसकी ओर दौड़ते हुए टूटे स्वर में पुकारा, 'सुरेश बाबू'।

आवाज सुनकर सुरेश ने अपनी लाल आंखें खोलकर देखा। लेकिन कुछ बोला नहीं।

कुछ पल बीत जाने पर सुरेश ने धीरे से पूछा, 'क्यों रो रही हो अचला?'

अचला ने भर्राई आवाज में कहा, 'तुम इस तरह क्यों सो रहे थे? क्यों नहीं आये? मुझे इतना क्यों डराया?'

उसके स्वर में ऐसा स्नेह, ऐसी करुणा और इतनी मिठास थी कि सुरेश ही नहीं अचला के मन में भी मोह पैदा हो गया। बोली, 'तुम्हें इतनी नींद लगी थी तो मुझसे कहा क्यों नहीं? मैं उधर वाले कमरे को झाड़ पोंछकर तुम्हारे लिए कुछ बिछा देती? गाड़ी आने में तो काफी देर थी।' सुरेश ने कोई उत्तर न देकर उसका दायां हाथ उठाकर अपने तपते माथे पर रखा।

अचला चौंक पड़ी, 'यह तो तप रहा है। बुखार हो गया क्या?'

सुरेश ने कहा, 'हूं-और यह बुखार सहज ही जाने वाला नहीं है। शायद!'

अचला ने धीरे से हाथ खींच लिया। सहने और धैर्य रखने की उसमें जितनी भी शक्ति थी उसने सबको एकत्र कर गाड़ी के समय तक बनाए रखने का निश्चय कर रखा था। लेकिन इस अकल्पनीय संकट के आ पड़ने से अब उसकी आशा की पतली सी किरण भी पलभर में छिप गई तो मृत्यु की कामना के अतिरिक्त संसार में मांगने के लिए और कुछ नहीं रह गया।

इस हालत म उस यहा अकला छाड़ जान का कल्पना भा नहा कर सका। परदश म वह क्या करेगी, किससे सहायता मांगेगी, क्या परिचय देकर लोगों की सहानुभूति की अधिकारणी होगी-बिजली के समान एक साथ चिन्ताओं के दिमाग में दौड़ते ही यह सोचकर कोई किनारा न पा सकी कि वह भाग जाए या बुक्का फाड़कर रो पड़े या सिर पीट-पीटकर अपने ही हाथों अपने जीवन को समाप्त कर दे।

30

उस दिन स्टेशन से भीगते हुए जो लौटे सो पांव के दर्द और सर्दी बुखार ने केदार बाबू का सात-आठ दिन तक पीछा नहीं छोड़ा। बेटी-दामाद का कोई समाचार नहीं मिला तो अत्यन्त चिन्तित होकर अपने मित्र को जबलपुर पत्र लिखा। आज उसका उत्तर आया। पत्र में लिखा था, वहां कोई नहीं पहुंचा, न ही उन्हें किसी की कोई खबर है। ये चंद पंक्तियां पढ़कर उड़े हुए चेहरे से सूनी आंखों से केदार बाबू बार-बार बाहर की ओर देखते और चश्मे के शीशे को पोंछते रहे। आखिर उन लोगों का हुआ क्या? कहां गए वे? किसे लिखें, किससे पूछें, कुछ भी न सोच सके। उनकी आफत-मुसीबत में जो आदमी तन-मन से उनके काम आता था वह सुरेश भी यहां नहीं है। वह भी उन्हीं के साथ है।

ठीक उसी समय बैरे ने पत्र लाकर उनके सामने रख दिया। केदार बाबू ने किसी तरह नाक पर चश्मा रखकर पत्र उठा कर देखा। पत्र अचला के नाम था। कहां से आया, किसने लिखा, यह जानने की अकुलाहट में दूसरे का पत्र खोलना चाहिए कि नहीं, यह प्रश्न भी उनके मन में नहीं उठा। जल्दी से लिफाफा फाड़ डाला। पत्र मृणाल ने लिखा था। फिर वे आरम्भ से अन्त तक उसे पढ़ गए। जी में क्या होने लगा। वह उसे फिर पढ़ने लगे। मृणाल ने नारी की सहनशीलता, धैर्य, क्षमा आदि के तीखे उपदेश देकर अन्त में लिखा था-

'यह अवश्य है कि मंझले दादा तुम्हारे बारे में कुछ नहीं कहते। पूछने पर गम्भीर हो उठते हैं। लेकिन मैं तो स्त्री हूं। सब समझ सकती हूं। अच्छा यह तो कहो मंझली दीदी, झगड़ा झंझट किसके यहां नहीं होता? लेकिन उसके लिए रूठना। तन और मन की ऐसी स्थिति में तुम्हारे पति नाराज भी हो सकते हैं। घबराकर, ऊब कर चले भी आ सकते हैं। लेकिन तुम तो पागल नहीं हो गई हो कि उन्होंने कहा और तुमने हां कर दी-बनवास। तभी मैं सोचा करती हूं कि कैसे साहस करके तुमने अपने मरणासन्न पति को इस वन में भेज दिया और निश्चिन्त होकर सात-आठ दिन नहीं सात-आठ महीने से बाप के घर मजे में पड़ी हो। विश्वास करो जब वे सामान के साथ घर आए हैं उन्हें पहचान नहीं सकी। किस बात में तुम लोगों की लड़ाई हो गई और इन्होंने जबलपुर जाना स्थगित करके यहां आने का निश्चय किया। मैं कुछ नहीं जानती और न जानना चाहती हूं। जानती तो भी सास को छोड़कर कहीं जा नहीं सकती। मेरे सिर की कसम, पत्र पाते ही चली आओ। आ पाती तो आकर तुम्हारे पैर खींच घर ले आती। अगर मंझले दादा इतना अधिक बीमार न हो गए होते। तुम एक बार आकर आंखों से देखो। तब समझोगी कि तुमने व्यर्थ ही मान करके कितना बड़ा

अन्याय किया है। यह घर भी तुम्हारा है, मैं भी तुम्हारी हूं। इसलिए यहां आने में संकोच न करना। चरणों में कोटि-कोटि प्रणाम। एक बात और, मेरे पत्र की बात मंझले दादा न जानें। छिपाकर लिखा है। इति-मृणाल।

पत्र समाप्त करने के बाद में मृणाल ने एक छोटी सी कैफियत भी दीं- 'मैं जानती हूं कि पति की अनुपस्थिति में तुम घड़ी भर भी सुरेश बाबू के यहां नहीं रह सकती इसलिए मैके के पते पर भेज रही हूं।'

केदार बाबू के हाथ से छूट कर पत्र गिर गया। आकाश की ओर आंखें उठाए चश्मा पोंछने लगे। इतना तो समझ में आ गया कि महिम जबलपुर के बजाय अपने घर पर है और अचला वहां नहीं है। वह कहां है? उसका क्या हुआ? यह सब या तो महिम जानता नहीं या जानकर भी बताना नहीं चाहता।

अचानक याद आया-सुरेश कहां है? वह तो उन्हीं का मेहमान रहने के इरादे से साथ ही गया था। वह अभी तक अपने घर नहीं लौटा।

और इसके बाद जो आशंका उनके हृदय में शूल-सी चुभी, उसकी चोट से वे सीधे बैठे नहीं रह सके। आरामकुर्सी पर लेट गए और आंखें मूंद लीं।

दोपहर को नौकरानी सुरेश के घर जाकर पूछ आई। बुआ को भी कुछ मालूम नहीं। कोई पत्र नहीं आया है। इससे वे भी चिन्तित हैं।

रात को सोने वाले कमरे में केदार बाबू मृणाल के पत्र को लेकर रोशनी में पढ़ने बैठे। उसके एक-एक अक्षर को ध्यान से देखकर खोजने लगे कि कहीं टिकने की जगह मिले।

वे पीढ़ियों से कलकत्ते रहते आए हैं। कलकत्ते के बाहर भी कोई भला आदमी जीवित रह सकता है, वह सोच भी नहीं सकते। इस जन्म के परिचित स्थान, समाज और सदा सर्वदा के बन्धु-बान्धवों से बिछुड़ कर कहीं अज्ञातवास में जीवन के शेष दिन बिताने पड़े तो वे दुस्सह दिनों को कैसे काटेंगे। यह उनकी कल्पना से परे था। और बेटी होकर जिस हतभागिनी ने बीमार बाप के कन्धों पर यह बोझा लादा है, उसे वह क्या कहकर शाप दें यह भी उनकी कल्पना से बाहर था।

सारी रात वे एक बार भी झपकी न ले सके। सुबह होते-होते बदहजमी का रोग फिर उभर आया। लेकिन क्योंकि आज उनकी ओर देखने वाला तक कोई दिखाई नहीं दे रहा था इसलिए असहाय से बिस्तर पर पड़े रहने में भी उन्हें घृणा महसूस हुई। इतनी भयंकर पीड़ा को भी शान्त भाव से छिपाए अन्य दिनों की तरह बाहर निकले और बैरे को स्टेशन के लिए गाड़ी लाने को कहकर जल्दी-जल्दी कपड़े-लत्ते सहेजने लगे।

31

सर्दियों का सूरज ढलने को था। उसकी हल्की गर्म किरणों से सोन नदी के किनारे दूर तक फैला। चीर धू-धू कर रहा था। ऐसे समय में एक बंगाली के मकान में बरामदे की रेलिंग पकड़ कर उस ओर देखती अचला चुपचाप खड़ी थी। उसके अपने जीवन से उस महाखंड का कोई सम्बन्ध था या नहीं, यह और बात है लेकिन उसकी अपलक आंखों को एक नजर देखते ही यह समझ में आ सकता था कि इस तरह देखने पर कुछ भी नहीं देखा जा सकता।

'दादा..।'

चौंककर अचला ने पीछे की ओर देखा। जो लड़की एक दिन अपने को राक्षसी बताकर आरा स्टेशन पर उतर गई थी, यह वही थी।

अचला के श्रीहीन चेहरे को देखकर बोली, 'अच्छा दीदी, हर कोई तो यह देख रहा है कि सुरेश बाबू स्वस्थ हो गए हैं। डॉक्टर कह रहे हैं कि अब भय बिल्कुल नहीं। फिर भी तुम्हारी यह उदासी नहीं जाती। यह क्या तुम्हारा अन्याय नहीं है? पति हमारे भी हैं। उन्हें कुछ होता-हवाता है, तो हम भी चिन्ता के मारे मर सी जाती हैं। लेकिन शपथ ले लो, तुमसे उसकी तुलना हो ही नहीं सकती।'

अचला ने मुंह फेरकर सांस ली, उत्तर नहीं दिया।

'इश्- एक उसाँस ली और बस।' उसने अचला का एक हाथ अपनी मुट्ठी में लेकर बहुत ही करुण स्वर से पूछा, 'अच्छा दीदी सच-सच बताना, हमारे घर तुम्हारी घड़ी भर भी मन नहीं लग रहा न? खूब कष्ट हो रहा है, असुविधा है?'

अचला पूर्ववत नदी की ओर देखती हुई बोली, 'तुम्हारे ससुर ने जो भलाई की है, वह क्या मैं जीवन भर भूल सकूंगी बहन?'

वह हंस पड़ी। बोली, 'मैं जैसे भूलने के लिए ही तुम्हारे पीछे पड़ी हूं, शायद इसीलिए उस समय बाबू जी के इतना पुकारने पर भी उत्तर नहीं दिया? सोचा, बूढ़ा जब-तब....।'

अचला ने पलटकर आश्चर्य से कहा, 'नहीं, हर्गिज नहीं।'

राक्षसी बोली, 'हूं हर्गिज नहीं। वह भी अगर मैं स्वयं साक्षी न होती। मैं ठाकुर घर में थी। मैंने सुना सुरमा-अरी ओ सुरमा बिटिया चार-पांच बार उन्होंने पुकारा तुम्हें। पूजा की तैयारी कर रही थी। छोड़कर लपकी। देखा वे सीढ़ी से नीचे उतर रहे थे।'

लाज भरे पश्चाताप से तिलमिलाकर अचला बोली, 'शायद कमरे में..।'

राक्षसी ने कहा, 'कहां का कमरा? जिनके लिए कमरा है वे तो उस समय बाहर टहलने गए थे। मैंने आंगन में से स्पष्ट देखा था, ठीक इसी तरह रेलिंग पकड़े खड़ी थी।' यह जरा रुकी और हंसकर बोली, 'पर तुम तो अपने में थीं नहीं बहिन कि बूढ़े-ठेढ़े की पुकार सुन पातीं। जो सोच रही थीं, वह कहूं तो....।'

अचला फिर नदी के उस पार देखने लगी।

यहां यह बता देना आवश्यक है कि राक्षसी की नाम से रत्ती भर भी समानता नहीं थी। उसका नाम भी राक्षसी नहीं वीणापाणि था। पैदा होते ही मां मर गई थी इसलिए दादी ने उसे राक्षसी कह दिया था।

अचला को मुंह फेर कर चुप हो जाते देख वह मन ही मन शर्मिन्दा हो उठी। दुःखी होकर बोली, 'अच्छा बहन, तुमसे जरा सी दिल्लगी करना भी कठिन है। मैं जानती नहीं हूं कि बाबू जी को तुम कितनी श्रद्धा भक्ति करती हो। उनसे ही तो मैंने सब कुछ सुना। वे सवेरे टहलकर लौट रहे

था। तुम रोती हुई डाक्टर को खोज में निकली थी। इसके बाद वे तुम्हारे साथ गए और सराय में से तुम्हारे पति को घर ले आए। यह सब भगवान की कृपा है दीदी। वरना तुम लोगों के चरणों की धूल कभी इस कुटिया में पड़ेगी उस दिन गाड़ी में किसने सोचा था। मैं पूछ रही हूं तुम्हें कौन-सा कष्ट है, कौन सी असुविधा हो रही है, मैं बस यही जानना चाहती हूं।'

सहसा उसके चेहरे को अपनी ओर खींचते ही उसने देखा, उसकी आंखों के कोनों से चुपचाप आंसू बह रहे हैं। वीणापाणि स्तब्ध खड़ी रह गई। और फिर आंचल से आंसू पोंछकर अपनी सूनी नजरें दूसरी ओर फेर लीं।

अगले दिन तीसरे पहर एक नए मासिक पत्र की कोई कहानी पढ़कर वीणापाणि अचला को सुना रही थी। बेंत की कुर्सी पर अधलेटी अचला कुछ तो सुन रही थी और कुछ उसके कानों में बिलकुल नहीं पहुंच रही थी। तभी वीणापाणि के ससुर रामचरण लाहिड़ी 'बिटिया राक्षसी' कहते हुए ऊपर आए। दोनों झट उठकर खड़ी हो गई। वीणापाणि ने बूढ़े के सामने एक कुर्सी खींच कर पूछा, 'क्या है बाबू जी?'

ये बूढ़े बहुत ही निष्ठावान हिन्दू थे। कुर्सी पर बैठते हुए स्नेह से अचला की ओर देखते हुए बोले, 'एक बात कहनी है बिटिया, अभी-अभी पुजारी जी आए थे। वे तुम पति-पत्नी के नाम से संकल्प करके भगवान को तुलसी चढ़ा रहे थे। वह कल समाप्त होगा। सो कल तुमको कष्ट करके कुछ देर तक बिना खाए रहना पड़ेगा।'

सुनकर अचला का चेहरा स्याह पड़ गया। धुंधले प्रकाश में बूढ़े को तो नहीं दिखा लेकिन वीणापाणि ने देख लिया। वह नारी थी। जन्म से उसी संस्कार में पली थी। बीमार पति के कल्याण के लिए यह कितने उत्साह और आनन्द की बात है, इसे वह संस्कार जैसा ही समझती थी लेकिन अचला के चेहरे के इस विचित्र परिवर्तन को देखकर उसके आश्चर्य की सीमा न रही। सहेली के नाते पूछा, 'अच्छा बाबूजी, आपने तुलसी तो सुरेश बाबू के लिए चढ़वाई है, फिर उन्हें उपवास न कराकर आप दीदी को क्यों कह रहे हैं?'

बूढ़े ने हंसकर कहा, 'वे और तुम्हारी दीदी क्या दो हैं बिटिया? सुरेश बाबू तो इस दशा में उपवास नहीं कर सकेंगे। सो तुम्हारी दीदी को ही करना पड़ेगा। शास्त्र में ऐसा नियम है। सोचने की बात नहीं।'

उत्तर में अचला हां- ना कुछ भी न बोली तो उसकी यह चेष्टाहीन नीरवता शुभ चिन्तक बूढ़े की नजर में भी आ गई। सीधे अचला की ओर देखते हुए पूछा, 'इसमें क्या तुम्हें कोई आपत्ति है बेटी?' अचला से कोई उत्तर देते न बन पड़ा।

बूढ़े ने खड़े होकर कहा, 'तो वही होगा' और धीरे-धीरे नीचे उतर गए।

नौकर बत्ती दे गया। वे दोनों वैसी ही सिमटी-सिमटी बैठी रहीं। मासिक पत्रिका की उस जानदार कहानी का शेष अंश पढ़ने-सुनने का किसी में उत्साह नहीं रहा।

न जान क्या सोचकर वीणापाणि सहसा ही अपनी कुर्सी अचला की कुर्सी के पास खींच लाई और अपना दायां हाथ सखी की गोदी में रखकर धीरे से बोली, 'उस पार के छोर को देखकर मेरे मन में क्या आ रहा था। जानती हो दीदी? -लग रहा था ठीक जैसे तुम हो, ठीक उसी तरह थोड़े से अंधेरे में लिपटी-अरे ऐसे सिहर क्यों उठी?'

अचला कुछ पल चुप रह कर बोली, 'एकदम सर्दी सी लग गई।'

वीणापाणि अन्दर गई और एक ऊनी चादर ले आई। अच्छी तरह अचला को ढक कर अपनी कुर्सी पर बैठ कर बोली, 'दीदी, तुमसे एक बात पूछने को बड़ा जी चाहता है। लेकिन लाज आती है। नाराज न हो तो....।'

अज्ञात आशंका से अचला का कलेजा कांप उठा। अधिक बोलने में गला न कांप उठे, इस भय से संक्षेप में केवल 'न' कह दिया।

दुलार से उसकी हथेली को थोड़ा-सा दबाकर वीणापाणि कहने लगी। आज तुम मेरी दीदी हो। मैं तुम्हारी छोटी बहन हूं। लेकिन उस दिन गाड़ी में तो कोई भी नहीं होती थी। फिर भी तुमने अपना सही परिचय मुझसे क्यों छिपाना चाहा था। जो तुम्हारे पति थे उनके लिए कहा था कोई नहीं है- कहा था बीमार पति दूसरे डिब्बे में हैं। उन्हें लेकर जबलपुर जा रही हो। लेकिन तुम मुझे ठग नहीं सकीं। मैं ठीक पहचान गई थी कि वे तुम्हारे कौन हैं। फिर तुमने बताया था कि तुम ब्राह्म हो। लेकिन तुम्हारे देवता का जनेऊ देखकर तो विष्णुपुर के पातक-ठाकुर भी शर्मा जाएं। इतना झूठ क्यों बोला था दीदी?'

रूखी हंसी हंसकर अचला बोली, 'अगर न बताऊं?'

वीणापाणि बोली, 'तो मैं ही बताती हूं। लेकिन पहले यह कहो कि ठीक बता दूं तो क्या होगा?'

अचला के कलेजे में रक्त की गति रुकने की नौबत आ गई, चेहरे पर मौत का सा पीलापन छा गया।

वीणापाणि ने होंठ दबाकर जरा हंसते हुए कहा, 'अच्छा कुछ दो न दो, अगर सच बता दूं तो क्या खिलाओगी अचला दीदी?'

अचला के कानों में अपना नाम आग की लपट की तरह लगा।

वीणापाणि कहने लगी, 'हम दोनों बहनों का उतना अपराध नहीं है जितना हमारे पति देवताओं का। एक ने बुखार की बेहोशी में तुम्हारा असली नाम बता दिया और दूसरे ने सोचकर तुम्हारा सही परिचय खोज निकाला।'

अचला ने धड़कते कलेजे को संयत करके कहा, 'क्या है सही परिचय जरा सुनूं।'

वीणापाणि बोली, 'सच है या नहीं। उनमें बुद्धि है, यह तुम्हें मानना ही पड़ेगा। एक रात अचानक बोल उठे, अपनी अचला दीदी के बारे में जानती है? वे घर से भाग आई हैं।' मैंने गुस्सा होकर कहा, 'रखो अपनी चालाकी। दीदी कहीं सुन लें तो जीवन भर तुम्हारी शक्ल नहीं देखेगी।'.

वे बोले, 'भले ही न देखें लेकिन मैं शपथपूर्वक कह सकता हूं कि यह बात सच है। ननद-देवरानी से झगड़कर या सास-ससुर से न पटने के कारण पति को साथ लेकर निकल पड़ी है। सुरेश बाबू का हाल देखकर तो लगता है कि तुम्हारी दीदी उन्हें समुद्र में डूब मरने को कह दें तो वे इंकार नहीं कर सकते। खैर, जहां भी हो छिप कर दोनों जने रहेंगे जब तक कि खोज ढूंढ़कर, रो-पीटकर, मना-मनूकर सास- ससुर बेटे-पतोहू को न ले जाएं। यह असली घटना न हो तो मुझे....।'

'मैंने कहा, 'अच्छा यही सही। लेकिन गाड़ी में मुझे जैसी अपरिचित मूर्ख स्त्री से झूठ बोलने की दीदी को क्या गरज पड़ी थी?' हंसकर बोले, 'तुम्हारी दीदी अगर तुम्हारी तरह बुद्धिमती होती तो कोई गरज न होती। लेकिन वे बुद्धिमती बिलकुल नहीं हैं। उन्होंने जैसे ही सुना कि तुम्हारा घर डिहरी है, दो दिन बाद तुम वहीं जाओगी वैसे ही वे डिहरी के बदले जबलपुर, अचला के बदले सुरमा और हिन्दू के बदले ब्राह्म बन गईं। तुम्हें यह नहीं सूझा कि जो टिकट कटाकर जबलपुर जा रहे थे अचानक गाड़ी बदलकर डिहरी क्यों आ गए और बीमार पति को लेकर किसी बंगाली के यहां न उतरकर इतनी दूर सराय में क्यों ठहरे?' कहते-कहते वीणापाणि ने उसके कान के पास मुंह ले जाकर धीमे से कहा, 'बताओ न दीदी, क्या हुआ था? मैं कभी किसी को कुछ नहीं बताऊंगी। तुम्हारा बदन छूकर कसम खाती हूं।'

वीणापाणि के मुंह से अपने बारे भी सत्य आविष्कार का मिथ्या इतिहास सुनकर अचला की देह निष्प्राण पत्थर के टुकड़े सी सखी की बाहों में लुढ़क गई। आंसू के अटूट प्रवाह के अतिरिक्त बहुत देर तक उसमें जीवन का कोई लक्षण दिखाई नहीं दिया।

वीणापाणि ने अपने आंचल से उसके आंसू पोंछकर स्नेह भरे स्वर में कहा, 'सुरमा दीदी, छोटी बहन का कहना मानें, घर लौट जाओ। यह यात्रा शुभ नहीं है। इतने कष्टों से सुहाग का सिन्दूर बच गया तो मान करके गुरुजनों को दुख मत दो। उन्हें मत रुलाओ। झुककर ससुराल लौट जाने में कोई हेठी नहीं बहन। मां-बाप से रूठकर घर के बाहर सुरेश बाबू ठीक नहीं रहते। तुम्हारे मुंह से जाने की बात सुनकर वे प्रसन्न ही होंगे। यह मैं निश्चित कहती हूं।'

आंखें पोंछकर अचला सीधी बैठ गई। सारा संकोच हटाकर बोली, 'हमारे घर लौटने का कोई उपाय नहीं है वीणा।'

वीणापाणि विश्वास न कर सकी। बोली, 'कोई उपाय नहीं? तुम्हें अधिक नहीं जानती, लेकिन जितना जानती हूं उससे समूचे संसार के सामने शपथपूर्वक कह सकती हूं कि तुम कोई ऐसा काम हर्गिज नहीं कर सकती जिससे तुम्हारा किसी ओर का रास्ता बन्द हो सके। अच्छा, तुम अपनी ससुराल का पता बता दो। परसों हम लोग जा रहे हैं। बाबूजी को साथ लेकर तुम्हारे यहां जाऊंगी। देखती हूं क्या कहते हैं। तुम्हारे सास-ससुर मेरे भी यही हुए। उनके सामने खड़ी होने में मुझे कैसी लज्जा?'

अचला न चाककर पूछा, 'परसा तुम घर जा रह हा, सुना ता नहा? यहा कान-कान रहग?'

'कोई नहीं। केवल नौकर-दरबान घर की रखवाली करेंगे। मेरी जेठ-सास बहुत दिनों से बीमार हैं। अब उनके जीने की आशा नहीं। उन्होंने सबसे मिलने की इच्छा प्रगट की है।'

अचला ने पूछा, 'तुम्हारा ससुराल है कहां है?'

वीणापाणि ने बताया, 'कलकत्ता में पटल डांगा।'

पटल डांगा का नाम सुनकर अचला का मुंह सूख गया। कुछ देर चुप रह कर धीरे से बोली, 'तब तो हमे भी कल ही घर छोड़ देना पड़ेगा।'

वीणापाणि हंस पड़ी, 'इसीलिए तुम्हें घर जाने को कह रही थी। क्या इतनी देर में मेरी बात का यह अर्थ निकाला तुमने? नहीं-नहीं, मुझसे अपराध हो गया। अब कभी जाने के लिए नहीं कहूंगी। जब तक जी चाहे इस झोंपड़ी में रहो। हम में से किसी को आपत्ति नहीं।'

'सच ही क्या तुम लोगों का जाना निश्चित हो गया है?'

'हां। गाड़ी में सीटें तक रिजर्व हो गई।' बाबूजी के कमरे में झांक कर देखा। पन्द्रह आना सामान भी बंध चुका।

नौकरानी दरवाजे के पास आकर बोली, 'बहूजी, मां जी रसोई में बुला रही है।'

'आई', कह कर हंसते हुए उसने फिर दोनों बाहों में अचला को गले लगाकर कान में कहा, इतने दिन भीड़-भाड़ में बड़े कष्ट में तुम लोगों के दिन बीते हैं। अब पूरा घर खाली-नहीं कोई नहीं। मैं बला भी टल रही हूं-समझ गई न दीदी।' और सखी के गाल पर दो उंगलियों का दबाव डालकर दासी के पीछे तेजी से निकल गई।

सुख का एक टुकड़ा-दक्षिण बयार सी वह सौभाग्यवती स्त्री धीरे-धीरे आंख से ओझल हो गई। लेकिन कानों में उसकी दो बातें गूंजती रही। आज की रात और कल का दिन शेष है। उसके बाद कोई रोक रुकावट नहीं। इस सूनी नगरी में पास और दूर-जहां तक भी दृष्टि गई भविष्य के बीच आंख खोलकर देखा अकेली वह और केवल सुरेश के अतिरिक्त और कुछ दिखाई नहीं दिया।

32

इस सूने घर में अकेले सुरेश के साथ दिन बिताना पड़ेगा। और वह बुरी साइत हर पल निकट आती जा रही थी। बाधा नहीं, रोक नहीं, लाज नहीं, कल का बहाना करने का मौका नहीं मिलेगा।

वीणापाणि ने कहा था, 'सुरमा दीदी, ससुराल अपना घर है-स्त्रियों को वहां झुक कर जाने में कोई लाज नहीं।'

हाय रे हाय। उसके कौन और क्या नहीं। इसका लेखा अन्तर्यामी के सिवा और किसने रखा है। उसके पति आज भी हैं और अपने कहने को वह जला हुआ घर धरती की गोद से आज भी मटियामेट नहीं हुआ। आज भी वह पलभर के लिए उसमें जा कर खड़ी हो सकती है।

बगल के किसी कमरे की घड़ी में दो बजे। बदन पर ऊनी चादर हटाते ही उसने अनुभव किया, इस जाड़े की रात में भी उसके माथे पर, मुंह पर पसीने की बूंदें जमा हैं। सिरहाने की खिड़की खोल दी। अष्टमी का चन्द्रमा ठीक सामने ही था। वह खिड़की के सामने अपने भाग्य की अन्तिम समस्या लेकर बैठ गई।

कहीं कोई शब्द नहीं। घर के भीतर बाहर रात की गहरी नीरवता छा रही थी। पीछे पत्थर की मूर्ति सा चुप खड़ा सुरेश-सहसा उसका शरीर पत्ते की तरह कांपने लगा और पल भर में उसने दोनों हाथ बढ़ाकर अचला का माथा अपनी छाती से चिपटा लिया।

अपने को छुड़ाकर अचला ने आंखें पोंछी। लेकिन सबसे बड़े आश्चर्य की यह बात थी कि जो व्यक्ति उसके सर्वनाश की जड़ था उसके इस व्यवहार से अचला के मन में घृणा पैदा नहीं हुई। बल्कि धीरे से बोली 'तुम इस कमरे में क्यों आए?'

सुरेश चुप रहा। शायद उसकी आवाज ही नहीं निकली, अचला ने धीरे से खिड़की बन्द करके कहा, 'सर्दी से तुम्हारा हाथ कांप रहा है। नंगे मत खड़े रहो। अन्दर जाकर सो जाओ।' सुरेश की आंखें जल उठीं। लेकिन आवाज कांपने लगी। अचला का हाथ पकड़ कर खींचते हुए बोला, 'तो तुम भी मेरे कमरे में चलो।'

अचला आश्चर्य से उसके मुंह की ओर ताकती हुई बोली, 'नहीं, आज नहीं,' और धीरे से अपना हाथ छुड़ा लिया।

इस शान्त और संयत ठुकराने में क्या था, ठीक-ठीक न समझ पाने के कारण सुरेश चुपचाप खड़ा रहा। अचला उसकी ओर देखे बिना बोली, 'क्या तुम यह जानकर इस कमरे में आए थे कि मैं जाग रही हूं?'

सुरेश ने जैसे चोट खाकर कहा, 'और क्या तुम्हें सोयी जानकर आया हूं? क्या ख्याल है तुम्हारा?'

'ख्याल?' अचला मुंह फेर कर जरा हंसी। उस हंसी ने जैसे स्पष्ट शब्दों में कहा, 'अरे कायर, सोयी स्त्री के कमरे में चोरों की तरह नहीं घुसना चाहिए। आज भी तुम पुरुष के इस महत्व का दावा करते हो?' लेकिन यह न कहकर बोली, 'तुम्हारी तबियत ठीक नहीं। ज्यादा मत जागो। सो जाओ जाकर,' कहकर वह अपने बिस्तर पर जाकर सिर से पांव तक कम्बल ओढ़कर सो गई।

सुरेश कुछ देर तक पंगु-सा वहीं खड़ा रहा फिर धीरे से अपने कमरे में चला गया।

33

पांच-छ: दिन हुए दो नौकर-नौकरानियों को छोड़कर बाकी सब कलकत्ते चले गए। और नहीं गए केवल मकान मालिक। आवश्यक काम के कारण वे नहीं जा सके। इतने दिनों तक रामचरण बाबू अपने काम में व्यस्त रहे। आज सुबह वे अचानक ऊपर के कमरे में आ पहुंचे और सुरमा का नाम लेकर पुकारने लगे।

सोदया का सवेरा था। अब तक कोई जागा नहीं था। पुकार सुनकर अचला हड़बड़ा कर बाहर निकली और सुरेश भी दरवाजे पर आंखें मलता हुआ आ गया। उन दोनों को अलग-अलग कमरों से निकलते देख बूढ़े की प्रसन्न दृष्टि अचानक संदिग्ध हो उठी। उसे सुरेश ने नहीं देखा। लेकिन अचला ताड़ गई।

सुरेश की ओर देखते हुए राम बाबू ने दुखी स्वर में कहा, 'असमय में आपकी निद्रा भंग कर दी। भूल हो गई मुझसे।'

सुरेश ने हंस कर कहा, 'गलती क्या? असल में मैं तो जग ही रहा था। वरना ढोल पीटकर भी मेरी नींद न तोड़ पाते।'

बूढ़े ने अचला को सम्बोधित करते हुए कहा, 'आज सुरमा बिटिया पर कुछ उपद्रव करने की जरूरत आ पड़ी है।' यह कहकर जरा हंसते हुए बोले, 'मेरी खटोली हाजिर है। मुझे तुरन्त बाहर जाना है। दो-तीन बजे से पहले शायद न लौट सकूं। थोड़ा दाल-चावल उबाल कर रख लेना बिटिया। जिससे उस समय आकर मुझे चूल्हा-चक्की न करना पड़े।'

वे कट्टर धार्मिक ब्राह्मण थे। अपनी पत्नी और पतोहू के सिवा और किसी के हाथ का बना भोजन नहीं खाते थे। उनकी रसोई भी बिलकुल अलग थी। यहां तक कि हर कोई उसमें जा नहीं सकता था। बीच-बीच में स्वयं बना लेने की आदत थी। इसलिए घर की स्त्रियां कलकत्ता जा पाई थीं, कई दिन से वे यही करते रहे थे। लेकिन आज अचानक इस अपरिचित स्त्री पर यह भार डालने से वह आश्चर्य तथा भय से अभिभूत हो गई।

अचला के उदास चेहरे को देखकर राम बाबू ने कहा, 'तुम सोच रही हो, यह बुड्ढा आज क्या कह रहा है। रसोई के मामले में जो इतना परहेज, इतना विचार रखता है आज उसे क्या हो गया है? तुम्हारे हाथ के भोजन से अरुचि क्यों होगी।' इतना कहकर अचला के मौन मुखड़े को देखते हुए बोले, 'मन ही मन तुम सोच रही हो कि इस बुड्ढे के में अचानक उदारता जब आ ही गई है तो मुझे कष्ट न देकर उस रसोइए से भी तो चल जाता। नहीं बिटिया, वह नहीं चलता। इस बुड्ढे में आज भी वही कट्टरता है, वही कुसंस्कार है। मर भी जाऊं तो भी संध्या गायत्री न करने वाले इस रसोइए के हाथ का अन्न मेरे गले से नहीं उतरेगा। फिर बिटिया राक्षसी और तुमको मैंने एक ही मान लिया है। अब रुक नहीं सकता। कहने को जो शेष रह गया है खाते समय ही कहूंगा।' कहकर वह जाने लगे तो अचला बेचैन हो उठी। बोली, 'मैं तो वैसा खाना बनाना जानती नहीं। मेरे हाथ की रसोई आपको पसन्द नहीं आएगी।'

पलटकर राम बाबू जरा हंसे। बोले, 'तुम मुझे इसी पर विश्वास करने को कहती हो।'

अचला ने कहा, 'हर कोई बढ़िया खाना बनाना नहीं जानती।'

वे बोले, 'सभी जानते हैं। मैं क्या यही कह रहा हूं।'

अचला कोई उत्तर न खोज कर चुप रही, लेकिन सुरेश के लिए वहां खड़ा रहना असम्भव हो उठा। किसी ओर देखे बिना हाथ-मुंह धोने के बहाने जल्दी-जल्दी सीढ़ी से उतर गया।

'तो मैं चलूं?' कहकर रामचरण बाबू भी सुरेश के पीछे हो लिए। अचला कुछ देर हक्का-बक्की सी खड़ी रही। फिर जोर से बोली, 'जरा सुनिए।'

बुड्ढे ने मुड़कर देखा, अचला कुछ कहना चाहती है। कुछ कदम आगे बढ़ आए। बोले, 'एक बात कहनी है बिटिया, तो जानती हो सुरमा मैं बचपन में मुहल्ले भर का मंझला दादा था। शायद तुम्हारे पिता से उम्र में छोटा भी न होऊं। तुम मुझे बड़े चाचा क्यों नहीं कहती?'

अचला जानती थी कि बूढ़े उसे बहुत स्नेह करते हैं। स्नेह के इस प्रगट रूप से उनकी आंखों के कोने में आंसू झलक पड़े। इसलिए सिर हिलाकर उसने केवल हामी भरी।

उन्होंने पूछा, 'और कुछ कहोगी?'

अचला धरती की ओर देखती रही। फिर सारी शक्ति समेटकर बोली, 'लेकिन मेरे पिताजी ब्राह्म थे।'

रामचरण बाबू सहसा चौंक पड़े। बोले, 'वास्तव में कलकत्ता में लोग शौकिया ब्राह्म बन जाते हैं, दो दिन के लिए। ब्राह्मों के साथ बैठकर हिन्दुओं को गालियां देते हैं। वैसी गालियां सच्चे ब्राह्म कभी जबान पर ला भी नहीं सकते। और उसके बाद अपने समाज में लौट कर इक। ही खरी-खोटी ब्राह्मों को सुनाते हैं। ऐसे ब्राह्म हों तो मुझे जरा भी आपत्ति नहीं।'

अचला का चेहरा शर्म से रंग गया। बोली, 'नहीं, सच्चे ब्राह्म।'

कुछ देर बूढ़े जरा कमजोर पड़ गए। फिर बोले, 'ब्राह्म ही हुए तो क्या? उनकी लड़की तो नहीं है। बल्कि जिसके धर्म में तुमने हाथ बंटाया है वे तो हिन्दू हैं। उनके गले में यज्ञोपवीत है। इन कुछ धागों का आज तक उन्होंने अपमान नहीं किया। तुम बूढ़े चाचा से निकल नहीं सकती। रसोई आज तुम्हें बनानी ही पड़ेगी।'

अचला ने पूछा, 'अच्छे बड़े चाचाजी, मैं ब्राह्म होऊं तो आप मेरे हाथ का नहीं खाएंगे?'

'नहीं। लेकिन तुम हो ही नहीं सकतीं।'

'लेकिन अगर होती तो आपके लिए अछूत हो जाती।'

'बिटिया अछूत नहीं होती। बस तुम्हारे हाथ का खाता नहीं।'

'क्यों न खाते? घृणा से....।'

बूढ़े से कोई उत्तर देते न बन पड़ा।

'बड़े चाचाजी, आपकी दया माया कितनी है, इसके अनेक प्रमाण हैं संसार में। जानती हूं मैं। लेकिन उसका इससे बड़ा प्रमाण और कोई नहीं, लेकिन आप जैसे व्यक्ति का हृदय इतना अनुदार कैसे हो सकता है। मैं सोच नहीं पाती। आप मनुष्य को इस तरह घृणा कैसे कर सकते हैं?'

राम बाबू अकुला कर बोले, 'मैं घृणा करता हूं? किसे? कब?'

अचला ने कहा, 'जिसका छुआ हुआ आपके लिए अस्पृश्य है, वही आपकी घृणा का पात्र है। मन में आप उसी को घृणा करते हैं। नौकर को छोड़िए, पाठक जी का पकाया भी आपके गले से नहीं उतरता। आप स्वयं कह चुके हैं। इससे देश की कितनी हानि, कितनी अवनति हुई है। यह तो...।'

राम बाबू चुपचाप सुन रहे थे। अचला के जोश पर भी विचार कर रहे थे। बोले, 'क्या हम किसी को नहीं करते बिटिया। जो शिकायत तुमने की है ऐसे साहब लोग करते हैं। उनसे तुम्हारे पिता ने सीखा और अपने पिता से तुमने सीखा। नहीं तो मनुष्य भगवान है यह आज केवल उन्हीं को नहीं हमें भी था। आज भी है।'

इतने में नीचे कुछ शोरगुल सुनाई पड़ा। एक पल उधर ध्यान देकर उन्होंने कहा, 'सुरमा, जिनके लिए खाना बहुत बड़ी चीज है उनसे अपना मेल नहीं बैठ सकता। हमारे यहां खाना बहुत मामूली चीज है। आज उसका प्रबन्ध कर रखना। फिर खाते-खाते बात होगी कि हम किससे कितनी भी घृणा करते हैं और उससे देश की कितनी अवनति हुई है। मैं अब चला', कहकर वह तेजी से उतर गए।

34

तीसरे पहर तृप्ति की डकार लेते हुए राम बाबू उठने लगे। बड़े कष्ट से हल्का-सा हंसकर अचला ने कहा, 'लेकिन चाचाजी, जिस दिन आप जानोगे कि आपकी जात गई आप उस दिन मुझ पर नाराज नहीं होने पाएंगे।'

राम बाबू ने मीठा हंसकर गर्दन हिलाते हुए कहा, 'अच्छा, अच्छा, वही होगा बिटिया।' और वे हाथ धोने चले गए। उनके खड़ाके की खटपट अब तक सुनाई देती रही। अचला सम्पूर्ण दृष्टि से उसी का अनुसरण करती रही।

बहुत दिनों से काम करने वाली इधर की नौकरानी बंगालियों के तौर तरीकों के साथ-साथ कुछ बंगला भी सीख गई थी। वह काम से आई तो बहूजी के बैठने के ढंग से दंग रह गई। बड़ी होने के नाते अधसीखी बंगला के डांट के शब्द का प्रयोग करके बेला की ओर अचला का ध्यान दिलाते हुए पूछा, 'आज खाने-पीने का भी काम होगा कि यों ही चुपचाप बैठे रहने से काम चल जाएगा?'

चौंक कर अचला ने देखा-बेला जाती रही थी। सांझ हो चली थी। वह शरमा कर उठ खड़ी हुई और बोली, 'मैंने तो शाम के बाद ही खाने की सोची है लालू की मां। आज भूख-प्यास बिलकुल नहीं है।'

लालू की मां हैरान होकर बोली, 'अभी-अभी तो कहा था बाबूजी कि बड़े बाबू खा लें तब खाओगी।'

'नहीं-एक बार रात को ही खाऊंगी' कहकर वह जल्दी से उठकर चली गई।

थोड़ा समय मिलता कि वह रेलिंग के पास कुर्सी खींचकर चुपचाप नदी की ओर देखा करता। आज रात भी वैसे ही बैठी थी, अचानक राम बाबू की चप्पलों की आहट से उसने मुड़कर देखा। वे बिल्कुल बीच में आ खड़े हुए थे और नारियल को एक ओर टिका कर कुर्सी खींचकर बैठ गए। जरा हंसकर बोले, 'आज उसी बात का निर्णय करने आया हूं सुरमा। तुम्हारे ब्राह्म ज्ञानी पिताजी ठीक हैं कि इस बूढ़े चाचा की बात ठीक है। आज इसका हल किए बिना नीचे नहीं जाऊंगा।'

अचला समझ गई कि प्रश्न जाति-भेद वाला है। थकी हुई आवाज में बोली, 'तर्क भला मैं क्या जानती हूं चाचाजी।'

राम बाबू ने सिर हिलाकर कहा, 'अरे बाप रे, तुम किसी मामूली बाप की बेटी हो। लेकिन बात झूठी है, यही गनीमत है। नहीं तो उस समय तो मैं हार ही जाता।'

किसी बात पर तर्क करने योग्य मन की अवस्था अचला की न थी। इस तर्क युद्ध से छुटकारा पाने का जरा-सा मौका पाकर बोली, 'तो फिर तर्क की क्या पड़ी है चाचाजी, आप ही की जीत हुई। जो हार चुकी उसे दुबारा हराने से क्या लाभ?'

राम बाबू ने तत्काल कोई उत्तर नहीं दिया। उम्र वाले आदमी ठहरे, संसार में उन्होंने बहुत कुछ देखा है इसलिए इस सिमटी आवाज का मर्म भी जैसे उनसे छिपा न रहा। वैसे ही उसके थके पीले चेहरे पर उसकी छाप भी वे साफ देख पाए कि वह सुखी नहीं है, कोई पीड़ा रात-दिन उसके अन्दर जल रही है। वे जरा देर चुप रहे और हंसने की कोशिश करते हुए स्नेह से बोले, 'बूढ़ा आदमी बकबक करता अच्छा लगता है। सांझ को अकेले दम घुटने लगता है। शायद सोचा, झूठ-सच कहकर बिटिया को जरा चिढ़ा दूं। लेकिन कलई खुल गई।' झुककर उन्होंने हुक्के के लिए हाथ बढ़ाया।

अचला समझ गई कि वे जाने की तैयारी कर रहे हैं और नीचे जाकर कठिनाई से ही उनका समय कटेगा। यह समझ कर उसका मन दुःखी हो गया। वह स्वयं उठी और हुक्का उनकी ओर बढ़ाते हुए बोली, 'जी चाहे आप कितना तम्बाकू वहां पिएं। लेकिन मैं आपको अभी नहीं जाने दूंगी।'

हुक्का हाथ में लेकर वे बोले, 'लगाम इतनी ढीली मत करो बिटिया। अन्त तक संभाल नहीं सकोगी। मुंह बन्द किए मेरा हुक्का पीना तो तुमने देखा ही है। उसके बजाय कुछ कहने-सुनने दो।'

'लेकिन दम न घुट जाए। क्यों बड़े चाचाजी। खैर ठीक है। लेकिन बकबक होगी काहे पर?'

रामबाबू ने मुंह का धुंआ ऊपर की ओर छोड़ते हुए कहा, 'यही तो मुसीबत कर दी तुमने। महावक्ता से यह पूछने पर उसकी जबान जो बन्द है।'

'अच्छा चाचाजी, अगर आपको यह मालूम हो कि आज जबर्दस्ती जिसका पकाया भात खाया है उसके जैसी नीच, घृणित इस संसार में कोई नहीं तो क्या करोगे आप? प्रायश्चित? और कहीं शास्त्र में उसकी विधि ही न हो?'

'फिर तो बला ही टल गई। प्रायश्चित करना ही नहीं पड़ेगा।'

'लेकिन तब मुझ पर कितनी घृणा होगी?'

'कब?'

'जब पता चलेगा कि मेरी कोई जात नहीं।'

होंठों से हुक्का हटाकर उस मद्धिम रोशनी में ही कुछ देर तक उसे देखकर रामबाबू धीरे से बोले, 'तुम लोगों की यही बात तो मैं किसी भी तरह समझ नहीं पाता। तुम सबकी क्यों कहता हूं, जानती हो सुरमा? अपने लड़के के मुंह से भी यह नालिश सुनी है मैंने। वह तो खोलकर कहता है कि छुआछूत के भूत से ही तो देश रसातल में जा रहा है। क्योंकि इसकी जड़ में घृणा है और घृणा का परिणाम कभी अच्छा नहीं निकलता है।'

अचला मन-ही-मन चकित हुई। वह सोच भी नहीं सकती थी कि किसी भी बहाने इस घर में इस आलोचना का प्रवेश हो सकता है। बोली, 'बात झूठी है।'

रामबाबू जरा हंसकर बोले, 'झूठ है या नहीं। मान लो, यह न कहूं। लेकिन सच नहीं है। शास्त्र के नियमानुसार चलता हूं, बस इतना ही। जो इससे भी आगे जाते हैं जैसे मेरे गुरु देव। वे स्वयं पकाकर खाते हैं। लड़की तक को छूने नहीं देते।'

अचला कोई उत्तर न दे सकी।

रामबाबू ने हुक्के में दो-चार कश लगाए। फिर बोले, 'जवानी में बहुत घुमा। कितने वन-जंगल, पर्वत-पहाड़, कैसे-कैसे लोग, कितनी तरह के आचार-विचार। उन सबका नाम तुम लोगों को शायद मालूम न हो। कहीं खान-पान का विचार है, कहीं उसका नाम-निशान तक नहीं। फिर भी वैसे ही असभ्य हैं, उतने ही छोटे।'

यह कहकर जले तम्बाकू में बेकार ही और दो-चार कश लगाकर हुक्का खम्भे से टिका दिया। अचला जैसी बैठी थी, बैठी रही।

कुछ देर चुप रहकर रामबाबू बोले, 'असली बात क्या है जानती हो सुरमा। तुम लोगों ने साहबों से पाठ पढ़ा है। वे उन्नत हैं, राजा हैं, धनी हैं। उन लोगों में अगर पैर उठाकर हाथों के बल चलने का रिवाज होता तो तुम लोग कहते-ठीक इसी तरह चलना सीखे बिना उन्नति की कोई आशा नहीं।'

ऐसी दलीलें अचला ने अखबारों में बहुतेरी पढ़ी थी। इसलिए कुछ बोली नहीं। जरा हंसी।

रामबाबू ने कहा, 'श्रीधाम श्रीक्षेत्र में जब जाता है, जाने कितने अनजाने लोगों की भीड़ में होता हूं। वहां छुआछूत की बला नहीं है। सोचने को जी भी नहीं चाहता। लेकिन इसका जन्म अगर घृणा से होता तो क्या आसानी से ऐसा कर पाता। यही समझो कि मैं किसी का छुआ नहीं खाता। लेकिन राह चलते गरीब को भी कभी घृणा से नहीं देखा।'

अचला व्याकुल स्वर में बोल उठी, 'मैं क्या आपको जानती नहीं बड़े चाचा जी? संसार में ऐसी दया किस में है?'

'दया नहीं बिटिया प्रेम। मैं जैसे इन्हीं लोगों को अधिक प्रेम करता हूं। लेकिन असली बात बताऊं, कोई आदमी जब धीरे-धीरे हीन हो जाता है तो सबसे हीन के मत्थे सारा दोष मढ़कर

सांत्वना पाता है। सोचता है इस आसान रुकावट को संभालते ही राता रात बड़ा हो जाएगा। हम लोगों का भी ठीक यही रवैया है। लेकिन जो कठिन है, जो अटल है... ?'

बात पूरी करने का समय नहीं मिला। सीढ़ी पर जूतों की आवाज हुई। मुड़कर देखते ही सुरेश पर नजर पड़ी। पूछ बैठे, 'अच्छा सुरेश बाबू, आप तो हिन्दू हैं। जाति भेद को मानते हैं?' सुरेश सकपका गया। जिस दलदल पर वे चल रहे हैं, उसे हर कदम टटोले बिना बढ़ने से किस गहराई में धंस जाएंगे उसका कोई पता नहीं। इसलिए सत्य-सत्य है या नहीं, इसकी परीक्षा भी आवश्यक है। इसलिए अचला की ओर ताककर मतलब भांपने की कोशिश की। फिर सकपकाता सा बोला, 'हम क्या हैं, यह तो आप जानते ही हैं।'

'खूब जानता हूं। यही तो खयाल था। लेकिन आपकी देवी जी तो पासा ही पलट देना चाहती हैं। कहती हैं-जाति भेद सरीखे इतने बड़े अन्याय, इतने बड़े अनर्थ को वे हर्गिज कबूल नहीं कर सकी। मलेच्छ के हाथ का खाने में उन्हें आपत्ति नहीं। यह शिक्षा जन्म से ही इन्हें अपने पिता से मिली है। इनके हाथ का भोजन खाकर मेरी जाति गई या रही? प्रायश्चित की आवश्यकता है या नहीं? अब तक इसी पर बात हो रही थी। आपका क्या विचार है?'

अचला का स्वभाव उससे छिपा नहीं। विद्रोह की आग निरन्तर सुलग रही थी। लेकिन यह आग अचानक कैसे भड़की और कहां तक फैली इसका अनुमान न लगा पाकर शंका और उद्वेग से वह सूख गया। लेकिन तुरन्त अपने को संभाल कर हंसने की कोशिश करने लगा।

रामबाबू ने सिर हिलाकर कहा, 'यद्यपि यह उचित नहीं, फिर भी ऐसा सोचने में मुझे आपत्ति न थी। लेकिन पति के कल्याण के लिए भी जब एक हिन्दू स्त्री ने कर्त्तव्य का पालन न करना चाहा, तुलसी चढ़ाने के दिन भी उपवास नहीं किया। अच्छा सुरेश बाबू आपका विवाह तो हिन्दू मत से क्या था?'

सुरेश ने कहा, 'हां।'

वह धीमे से हंसकर बोले, 'मैं जानता हूं।' फिर अचला की ओर देखकर बोले, 'तुमसे कहने को बातें तो बहुत हैं। लेकिन अब तुम्हारे पिता के ब्राह्म होने का मुझे कोई दुख नहीं। ऐसे अनेक ब्राह्म को जानता हूं जो समाज में आकर आंखें भी बन्द करते हैं, थोड़ा-बहुत आचार भी करते हैं। लेकिन लड़की के विवाह में गोलमाल नहीं करते। खैर, एक चिन्ता जाती रही मेरी।'

लेकिन इससे भी अधिक चिन्ता टली सुरेश की। बूढ़े की हां में हां मिलाते हुए बोला, 'आप ठीक कह रहे हैं। आजकल ऐसे लोग ही अधिक हैं। वे..?'

सहसा दोनों चौंक उठे। बीच में ही अचला की तीखी आवाज गरज उठी। सुरेश की आंखों में जलती हुई आंखें गड़ाती हुई बोली, 'इतने गुनाहों के बाद भी गुनाह बढ़ाने में तुम्हें शर्म नहीं आती? तुम तो जानते हो पिताजी फरेबी नहीं। मन वचन से ब्राह्म हैं। तुम्हें मालूम है वे...।' कहते-कहते वह कुरसी से उठ गई।

सुरेश पहले तो सकपकाया फिर बूढ़े की आश्चर्य से फैली आंखों को देखकर एकदम जल उठा। बोला, 'झूठ क्या है? तुम्हारे पिता क्या हिन्दू घर में तुम्हारा विवाह करने को तैयार नहीं थे?' कुछ देर चुप रहकर अपने आपको संभालकर धीरे से बोली, 'यह बात आज मुझसे क्यों पूछ रहे हो? इस कारण को संसार में सबसे अधिक क्या तुम नहीं जानते? तुम्हें खूब मालूम है कि मैं क्या हूं, मेरे पिताजी क्या हैं। लेकिन इसके लिए तुमसे झगड़ने की इच्छा नहीं है। बल्कि शर्म आती है। तुम्हारी जो इच्छा हो बनाकर इन्हें बताओ। मैं नहीं सुनना चाहती, मैं जाती हूं।' वह तेजी से बगल के कमरे में चली गई।

बूढ़े ने शायद भूल से ही हुक्के की ओर हाथ बढ़ाया। लेकिन तुरन्त अपना हाथ खींचकर खंखार कर गले को साफ करके बोला, 'आजकल स्वास्थ्य कैसा है सुरेश बाबू?'

सुरेश अनमना-सा हो गया। चौंककर बोला, 'जी ठीक है।' कहते ही उसे सच्चाई याद आई। बोला, 'छाती में जरा यहां पर दर्द है। क्या जाने कल से बढ़ा या...?'

'ऐसे जाड़े की रात में इतनी देर तक बाहर घूमना क्या ठीक है?'

'घूमता नहीं रहा। उस घर के दो हजार रुपये बयाना देकर आ रहा हूं?'

रामबाबू को आश्चर्य हुआ। फिर बोला, 'नदी पर है, अच्छा मकान है। लेकिन मुझसे पूछते तो मैं मना न करता। हां, उससे पूछ लिया है या अपनी राय से ही खरीद लिया है?'

'नापसन्द का तो कोई विशेष कारण देख नहीं रहा। रहने लायक कुछ सामान भी कलकत्ता से मंगवाया है। आशा है कल-परसों तक आ जाएगा।'

रामबाबू थोड़ी देर चुप रहे। फिर न जाने क्या सोचकर पुकारा, 'सुरमा।'

अचला ने उत्तर नहीं दिया, लेकिन कमरे से निकल कर अपनी कुर्सी पर आ बैठी। बूढ़े ने स्नेह से कहा, 'तुम्हारे पति ने तो बहुत बड़ा मकान खरीद लिया। अब तो इस बूढ़े चाचा को छोड़कर तुम जा नहीं सकोगी।'

अचला चुप रही।

बूढ़े ने फिर कहा, 'घर और सामान ही नहीं, मैं जानता हूं घोड़ा गाड़ी भी आ रही है। और इससे भी अधिक यह जानता हूं कि यह सारा कुछ तुम्हारे ही लिए है। लेकिन बिटिया तुम्हारी राय...।'

'मेरी राय की तो जरूरत नहीं चाचा जी।'

रामबाबू झट बोल उठे, 'यह कैसी बात? तुम्हीं तो सब कुछ हो। तुम्हारी ही इच्छा से...।'

अचला उठ खड़ी हुई, 'नहीं चाचा जी, मेरी इच्छा से कुछ आता-जाता नहीं। आप सब समझ नहीं पाएंगे। मैं आपको समझा भी नहीं सकूंगी। अगर आप आज्ञा दें तो मैं जाऊं?'

बूढ़े के मुंह से बात नहीं निकली।

अचानक नौकरानी एक कड़ाही में आग ले आई। सबका ध्यान उस पर जा टिका। सुरेश ने हैरानी से कहा, 'मैंने बैरा से लाने को कहा था, लेकिन उसने तुम्हें हुक्म दे दिया। जहां दर्द है वहां जरा....?'

आग की आवश्यकता स्पष्ट नहीं करनी पड़ी। लेकिन उसके लिए एक आदमी की जरूरत थी। रामबाबू ने अचला की ओर देखा। उसने जल्दी से मुंह फेर कर शान्त स्वर में कहा, 'मुझे नींद लग रही है चाचाजी, मैं जाती हूं।' कहकर वह चली गई।

दरवाजा बन्द होने की आवाज सुनाई दी तो रामबाबू ने नौकरानी के हाथ से कड़ाही लेकर कहा, 'चलिए सुरेश बाबू आप...?'

'कोई नई बात नहीं। जीवन में यह काम अनेक बार कर चुका हूं,' और जबर्दस्ती उसे उसके कमरे में खींच ले गए। आग की कढ़ाई फर्श पर रखकर उसका हाथ दबा कर बोले, 'नहीं, नहीं सुरेश बाबू-यह हर्गिज नहीं हो सकता। मैं समझ रहा हूं। कुछ क्या है। लेकिन छोड़िए, जरूरत होगी तो फिर...।'

सुरेश एक शब्द भी न कह सका। लेकिन बच्चों की तरह उसके होंठ कांपने लगे और आंसू छिपाने के लिए उसने मुंह फेर लिया।

35

सुरेश एक सोफे पर आंखें मूंदे पड़ा था। सामने एक कुर्सी पर बैठे रामबाबू उसकी दुखती छाती सेंक रहे थे। तभी द्वार खुलने की आवाज हुई। देखा अचला आ रही है। बिना किसी आडम्बर के बोली, 'काफी रात हो गई चाचाजी, आप सोने जाइए।।'

'इसी के इन्तजार में था बिटिया', कहकर रामबाबू खड़े हो गए और सुरेश को देखकर बोले, 'इतनी देर तक विडम्बना के सिवा और क्या भोगते रहे हम दोनों। भला यह काम हम लोगों से होने का है? जिसका काम उसी को सोहता है। बैठो, मैं जरा हाथ-पाँव पसार लूं।' उन्होंने हुक्का उठाया और बाहर जाकर सावधानी से दरवाजे बन्द करते हुए हंसकर बोले, 'गनीमत है। ऊंघते हुए हाथ-पांव न जला बैठा। क्यों सुरेश बाबू?'

सुरेश ने कुछ न कहकर हाथ जोड़कर नमस्कार किया।

अचला कुर्सी पर आ बैठी। सेंक देने के लिए कपड़े को गर्म करती हुई बोली, 'फिर कैसे दर्द हो गया? कहां हो रहा है?'

सुरेश ने न तो आंखें खोली, न बोला। बस छाती की बांयी ओर हाथ से दिखा दिया। फिर सहसा अचला का फलालेन समेत हाथ को कसकर छाती पर दबा लिया। अचला के चेहरे पर उद्वेग का कोई चिह्न नहीं दिखा। वह यही आशा कर रही थी। बोली, ''छोड़ो, छोड़ो ओर सेक दूं।'

सुरेश ने हाथ छोड़ दिया। लेकिन अपनी आकुल बांहें बढ़ाकर अचला को खींच लिया और छाती से कसकर दबाते हुए असंख्य चुम्बनों से अभिभूत कर दिया। लगा जैसे इस बौखलाई

उन्मत्तता का कोई सीमा नहीं है। इस युग में इसका कभी विराम न होगा। विच्छेद न होगा। अचला ने बाधा नहीं दी। जैसे इसके लिए वह तैयार थी। लेकिन थकावट से ही जब यह पागलपन दूर हो गया तो अपने को धीरे से छुड़ाकर अपनी कुर्सी पर जा बैठी।

एक लम्बा निश्वास फेंकते हुए सुरेश बोला, 'इस तरह हम लोगों का कब तक कटेगा अचला? तुम्हारा कष्ट मैं जानता हूं। लेकिन मेरे दुख को भी सोच देखो।'

अचला ने इसका उत्तर न देकर पूछा, 'तुमने यहां मकान खरीदा है?'

'तुम्हारे लिए अचला।'

'चीज-वस्तु, गाड़ी-घोड़ा भी मंगाया है।'

'सब तुम्हारे ही लिए।'

अचला चुप रही। कुछ देर बाद उसने पूछा, 'रामबाबू के सामने तुमने मेरे पिताजी का नाम लिया है? घर बताया है?'

'नहीं।'

'तो मैं जाती हूं' अचला कुर्सी से उठ गई।

आग की कड़ाही को हटाकर दरवाजा बाहर से बन्द कर रही थी कि सुरेश हड़बड़ा कर उठ बैठा, 'एक बात बताती जाओ अचला। तुम क्या और कहीं जाना चाहती हो?'

'और कहां?'

'जहां हमे कोई न जानता हो, कोई न पहचानता हो। ऐसी किसी जगह। यह देश जितना...।'

'यहां भी तो हमें कोई नहीं जानता-पहचानता।'

'लेकिन धीरे-धीरे...?'

टोककर अचला बोली, 'धीरे-धीरे जान जाएंगें? हां, जान सकते हैं। लेकिन यह खतरा तो हर जगह है।'

सुरेश उमंग में आकर बोला, 'तो यह निश्चित रहा। यही तुम्हारी राय है।' कहते-कहते जाने किसने उसे धकेल कर उठा दिया। लेकिन अकुलाए पैर बढ़ाते ही देखा, दरवाजा बन्द करके अचला जा चुकी है।

कई दिन से घटाएं घिर रही थीं। वर्षा के आसार थे। सुरेश के नए मकान में कलकत्ता से ढेरों सामान आ चुका था। दो घोड़े और गाड़ी भी आई थीं।

एक दिन दोपहर को रामबाबू एक हाथ में हुक्का और दूसरे में एक नीला लिफाफा लिए आ पहुंचे। अचला रेलिंग के पास एक सोफे पर अधलेटी पड़ी किसी मासिक पत्रिका का विज्ञापन पढ़ रही थी, चाचाजी को देखते ही उठ बैठी।

लिफाफा उसकी ओर बढ़ाते हुए रामबाबू बोले, 'यह लो अपनी राक्षसी का पत्र। इतने दिन वह तुम्हें न लिख सकी। इसके लिए क्षमा कर दो।'

हसते हुए चिट्ठी देकर पास ही एक कुर्सी खींचकर बैठ गए और नदी की ओर देखते हुए हुक्का पीने लगे।

अचला ने आरम्भ से अन्त तक पत्र पढ़ने के बाद कहा, 'तो ये सब परसों सुबह की गाड़ी से आ रहे हैं? यह बुआ कौन है चाचाजी? और उनकी राजपुत्र वधू? राजपुत्र के गार्जियन ट्यूटर...।'

रामबाबू हंसकर बोले, 'दिल्लगी करने का मौका हाथ आ जाए तो राक्षसी बिटिया चूकने की नहीं। बुआ हुई मेरी छोटी विधवा बहन। और राजपुत्र वधू उनकी लड़की-भंडारपुर के भवानी चौधरी की पत्नी। खैर, कहने को कोई जो चाहे कहे, राजा-रजवाड़े सा ही घर है। राजपुत्र हुआ उसी का दसेक वर्ष का लड़का और यह अन्तिम आदमी है, देखे बिना नहीं बता सकता बेटी। होंगे कोई अधिक वेतन वाले नौकर। आएं, खाएं, पिएं, पश्चिम के हवा पानी से गले और छाती की जलन दो दिन में जाती रहेगी। लेकिन चिन्ता तो यह है कि अपना घर छोटा है। राजा-रजवाड़ों को सोचकर बनवाया भी नहीं। घर-द्वार की व्यवस्था भी उनके अनुकूल नहीं, साथ में नौकर-नौकरानियां भी आवश्यकता से तिगुने आएं शायद। इसीलिए सोच रहा हूं, अगर तुम्हारे घर को...?'

अचला परेशान होकर बोली, 'लेकिन उसका अब समय कहां चाचाजी। फिर अकेले इतनी दूर रहना उनके लिए सुविधाजनक होगा?'

'समय है, अगर अभी से जुटा जाए। स्थान हो तो किसे असुविधा होगी। सुरेश बाबू तो सुनते ही इक्के पर सवार होकर चले गए। तुम्हारी गाड़ी भी तैयार होकर आई समझो। तुम जल्दी से तैयार हो जाओ बिटिया। इतने में मैं भी जूते बदलकर चादर ले आऊँ।'

अचला कुछ देर चुप रही फिर उठकर बोली, 'अच्छा मैं कपड़े बदल लेती हूं।' कहकर चली गई।

इतने दिनों में उसे कोई भी घर से बाहर निकलने को राजी नहीं कर सका था। पन्द्रह मिनट बाद जब वह अपनी अभ्यस्त वेशभूषा में तैयार होकर आई तो उसे चारों ओर का सब कुछ नया और आश्चर्यजनक-सा लगा। फाटक के बाहर बड़ी-सी जोड़ी खड़ी थी। नई पोशाक वाले कोचवान ने मालकिन समझकर सलाम किया और दरवाजा खोलकर अदब से हटकर खड़ा हो गया। अचला के पीछे-पीछे रामबाबू जब सामने वाली जगह में बैठ गए तो यह सब कुछ विचित्र सपना-सा लगा। उसकी अभिभूत नजर गाड़ी के जिस हिस्से पर भी पड़ी लगा यह मूल्यवान और धनवान के वैभव या गर्व ही नहीं है। इसका एक-एक टुकड़ा जैसे किसी के अगाध प्रेम का बना है।

कठोर सड़क पर चार जोड़ी टापों की टप-टप आवाज गुंजाती हुई जोड़ी दौड़ने लगी।

रामबाबू ने सामने की ओर उसका ध्यान खींचते हुए कहा, 'यह रहा तुम्हारा घर बिटिया। नौकर-चाकर नियुक्त किए जा चुके हैं। मामूली तौर पर सजाने का काम भी काफी हो चुका होगा। बस तुम लोगों के सोने के कमरे में हाथ लगाने से मना कर दिया है।'

गाड़ी की आवाज से सुरेश बाहर आया। काम छोड़कर अपनी मालकिन को देखने के लिए नौकर-नौकरानियां भी बाहर आ गई।

रामबाबू के साथ अचला उतर आई। उसने सुरेश की ओर नजर उठाकर भी नहीं देखा। तीनों मकान के अंदर चले गए।

36

मकान को सामान्य रूप से रहने के योग्य बनाने में सारा समय लग गया। थके-मांदे तीनों जब लौटने के लिए गाड़ी पर बैठे तो एक पहर रात जा चुकी थी।

एक बहुत पुरानी स्मृति जो धुंधली पड़ गई थी। बहुत दिनों बाद आज फिर ताजा हो गई। सुरेश के कलकत्ते वाले घर से एक ऐसी ही सांझ ठीक इसी समय गाड़ी से लौट रहे थे। उस दिन सुरेश के उपभोग के असंख्य साधन और ऐश्वर्य उसके मन को खींचकर बहुत दूर ले गए थे। उस दिन इसी सुरेश के हाथ स्वयं को सौंपना असंगत या असम्भव नहीं लगा था। बहुत दिनों के बाद आज वही बात याद आ गई और उसके सर्वांग को छूती हुई लाज की आंधी बहने लगी। घर पहुंचकर रामबाबू जब सन्ध्या वन्दन के लिए चले गए तो थकान और सिर दुखने की दुहाई देकर वह असमय ही कमरा बन्द करके लेट गई। लगा जैसे लज्जा और अपमान उसे निगल जाना चाहते हैं। पिता की लाज, पति की लाज, सगे-सम्बन्धियों की लाज। सोचने लगी एक दिन जब वास्तविकता का लोगों को पता चलेगा तो मुंह छिपाने की जगह कहां रहेगी।

दरवाजे का कड़ा खटखटा कर रामबाबू ने कहा, 'एक बूंद पानी तक पिए बिना सो गई बिटिया, क्या तबियत इतनी खराब है?'

अचला की विचारधारा टूट गई। लगा, जैसे उसके पिता की आवाज हो। कभी रूठ जाने पर सो रहने से वे इसी प्रकार घबराई आवाज से दरवाजे के बाहर से पुकारा करते थे।

स्नेह की इस पुकार को वह टाल न सकी, उसकी आंखें सजल हो उठी। उसने जल्दी से आंखें पोंछ ली और भर्राए गले को साफ करके जवाब देते हुए दरवाजा खोलकर सामने आ खड़ी हुई।

ये बूढ़े सज्जन इतनी घनिष्ठता के बावजूद हमेशा एक दूरी बनाकर ही चलते थे। इस घर में आज का दिन इन लोगों का अन्तिम दिन है। शायद यही सोचकर उस दूरी को लांघ गए। एक हाथ अचला के कंधे पर रख कर दूसरे से उसका माथा चूमते हुए बोले, 'अपने चाचा से शरारत बिटिया? तुम्हें कुछ नहीं हुआ, चलो,' कहकर हाथ पकड़कर बरामदे की एक कुर्सी पर उसे बिठा दिया।

थोड़ी ही दूर दूसरी कुर्सी पर सुरेश बैठा था। उसने एक बार नजर उठाकर देखा और फिर सिर झुका लिया।

रामबाबू हंसकर बोले, 'आपकी गृहलक्ष्मी जाने किस साहब की बेटी है। दिन-तिथि, पोथी-पत्रा को नहीं मानती। आप मानें कुछ आता-जाता नहीं। लेकिन मेरे साठ वर्ष का कुसंस्कार तो जाने का नहीं। कल डेढ़ पहर के आस-पास शुभ मुहूर्त है।'

सुरेश ने समझकर आश्चर्य से कहा, 'शुभ मुहूर्त है।'

रामबाबू ठीक उत्तर न दे सके। आगा-पीछा करके बोले, 'इसके बाद एक सप्ताह के अंदर पत्रे में ढूंढ़ने पर कोई दिन नहीं मिला। इसी से...!'

अचला ने शान्त भाव से कहा, 'कल सवेरे हम उस मकान में जा सकते हैं ना।'

दंग था सुरेश। इस सीधे प्रश्न का सीधा उत्तर उसके मुंह से न निकल सका। किसी प्रकार उसने बताया कि अभी घर रहने योग्य नहीं हो सका है। फर्श गीला है, नई दीवारें कच्ची हैं। उससे तुम्हारी तबियत खराब हो सकती है या मेरी।'

लेकिन आपत्तियों की यह सूची समाप्त न हो सकी। अचला जरा हंसकर बोली, 'है तो रहे। जिस दुर्दिन में गीदड़ भी अपनी मांद से बाहर नहीं निकलना चाहता, वैसे दिन में जब मुझे खींचकर अनजान स्थान पर पेड़ तले लाकर बिठा सकते हो तो फर्श गीला है-इस डर से तुम्हें मेरे लिए घबराने की आवश्यकता नहीं। उस दिन जो नहीं मरी, वह आज भी जिन्दा ही रहेगी।' फिर रामबाबू की ओर मुड़कर बोली, 'आप चिन्ता न करें चाचाजी। हम कल सवेरे ही जाएंगे।'

कहते-कहते रोकर भाग गई और अपने कमरे का दरवाजा बन्द कर लिया।

बूढ़े रामबाबू पर जैसे गाज आ गिरी। उनकी आकुल दृष्टि कभी सुरेश के झुके चेहरे पर और कभी उस बन्द दरवाजे पर जाकर विफल प्रश्न करने लगी, 'यह क्या हुआ? कैसे हुआ?'

लेकिन अन्तर्यामी के सिवा इस मार्मिक प्रश्न का उत्तर कौन दे?

37

दूसरे दिन सवेरे से ही आकाश बादलों से ढका था। उस धुंधले आकाश के नीचे सारा संसार कैसा उदास और मलिन लग रहा था।

गाड़ी दरवाजे पर खड़ी थी। कुछ बक्स-बिस्तरे उस पर रखे जा चुके थे। पत्रे के अनुसार ठीक घड़ी में अचला नीचे उतरी और गाड़ी में बैठने से पहले रामबाबू के चरणों की धूल ली। वे जबर्दस्ती हंसने की कोशिश करके बोले, 'इस बूढ़े चाचा से छुटकारा पाना बहुत कठिन है बिटिया। पांवों की जरा-सी धूल लेकर दो मील दूर जा बसे, इससे यह न समझो कि मुक्ति मिल गई?'

गीली आंखें ऊपर उठाकर अचला ने धीरे से कहा, 'मैं तो ऐसा चाहती नहीं चाचाजी।'

इस करुणा भरी बात से बूढ़े की आंखें भर आईं। उन्हें लगा यह अपरिचित लड़की फिर जान परिचय के बाहर कितनी दूर खिसकी जा रही है। स्नेह सजल स्वर में बोले, 'भला मैं यह नहीं जानता बिटिया। नहीं तो पति के साथ अपने घर जा रही हो, इससे आंखों में आंसू क्यों आ जाते? तो भी मैं रोक नहीं पाया।' कहते हुए उन्होंने हाथ से आंसू पोंछकर हंसते हुए कहा, 'पास में थी, तो तंग करता रहता था। रात दिन अब वही करते न बनेगा। लेकिन ब्याज वसूलने से नहीं चुकूंगा। देख लेना।'

सुरेश पीछे था। आज पहली बार उसने भक्तिपूर्वक बूढ़े के पैरों की धूल ली।

व धार स बाल, 'म जानता हू, आप मर यहा सुखा नहा थ सुरश बाबू। म तन मन स आशावाद देता हूं अपने घर जाकर वह असुविधा दूर हो।'

सुरेश ने कुछ नहीं कहा। सिर झुकाकर उन्हें प्रणाम करके गाड़ी पर जा बैठा।

रामबाबू ने दुबारा आशीर्वाद देते हुए ऊंचे स्वर से कहा, 'मैंने एक इक्का लाने को कह दिया है। सांझ होते न होते शायद आ धमकूं। लेकिन नाराज न होना।' इस दिल्लगी के बाद एक लम्बी उसांस भर कर मौन हो गए।

गाड़ी चली गई तो मन-ही-मन कहा, 'अच्छा ही हुआ जो समय रहते ही चले गए।' यहां केवल मकान का अभाव नहीं था। अपनी विधवा बहन के स्वभाव को वे जानते थे। दूसरों की नब्ज टटोलने की आदत की सीमा उसमें न थी। आते ही सुरमा की कठिन कसौटी शुरू कर देगा। परिणाम चाहे जो हो लेकिन सुखकर नहीं होगा। इस लड़की के बारे में कुछ न जानते हुए भी इतना जानते थे कि भद्र है। किसी भी संकट के भय से झूठ नहीं बोल सकती। ब्राह्म की लड़की है। छुआछूत नहीं मानती इसे छिपाएगी नहीं। घर में विद्रोह मचेगा। उसकी कल्पना से ही छाती कांप उठती है।

उनके नहाने का समय हो गया था। कन्धे पर अंगोछा डालकर नदी की ओर जाते-जाते हंसते हुए बार-बार मन-ही-मन कहने लगे, 'जाते समय इस बूढ़े पर बड़ा मान करके गई है। सोचा है, अपने लोगों के कारण बड़े चाचा ने अपने यहां जगह नहीं दी। लेकिन दो दिन के बाद जब जाकर यह देखूंगा कि उसकी आंखों में हंसी समा नहीं पा रही है, तो उसी दिन इसका बदला चुकाऊंगा। उस दिन पूछूंगा, इस बुड्ढे के के सिर की सौगन्ध बिटिया, सच-सच बताओ पिछले गुस्से की मात्रा कितनी रह गई? देखता हूं क्या उत्तर देगी?' उन्होंने जैसे स्पष्ट देखा कि हंसती हुई अचला काम का बहाना बनाकर चली गई और तश्तरी से मिठाई लेकर लौटी और मुंह को बहुत ही गम्भीर बनाकर कहने लगी, 'मेरे हाथ की बनाई मिठाई है। न खायेंगे तो झगड़ा हो जाएगा चाचाजी।'

पिछली रात से जो क्षोभ मन में निरन्तर बढ़ रहा था, पूजा-पाठ करके घर लौटते हुए कल्पना की स्निग्ध वर्षा से जुड़कर पानी-पानी हो गया।

तार आया-कल ही सब जा रहे हैं। कहीं पानी न पड़ने लगे और जाने में अड़चन न आ जाए इस डर से रामबाबू ने बेला झुकते न झुकते टमटम ठीक करके इनाम का देने का लोभ देकर तेजी से चलने को कहा। लेकिन वहां पहुंचते-पहुंचते थोड़ी-थोड़ी वर्षा होने लगी।

अचला ने बाहर निकलकर पूछा, 'आज इस कुसमय में क्यों निकले बाबूजी? भीग गए होते।'

उसके चेहरे या आवाज में उल्लास न पाकर बूढ़े का मन छोटा हो गया। फिर भी उत्साह रखकर बोले, 'बाप रे, न निकलता तो खैर थी। पानी में भीगने को तो संभाल लेता लेकिन आजीवन यहां से निकाल दिए आने पर कैसे रह पाती बेटी।'

बात बस इतनी-सी थी। लेकिन वह पागल-सी होकर उनकी छाती पर आधी पड़कर फफक फफक कर रोने लगी, 'आप मुझे इतना प्यार क्यों करते हैं चाचाजी? शर्म से मैं मिट्टी में मिली जा रही हूं।'

बहुत देर तक वे कुछ कह न सके। एक हाथ उसकी पीठ पर रखे दूसरे से उसका सिर सहलाने लगे। उनका स्नेह विगलित हृदय समाज सम्मत विवाह, मां-बाप, सगे सम्बन्धियों से विद्रोह-विच्छेद, झगड़कर घर छोड़ना, पुरानी बातों की धारा में कहने लगा। धीरे से बोले, 'इसमें लज्जा कैसी बेटी? तुम मेरी सती लक्ष्मी बेटी हो। बहुत दिन पहले केवल दो ही दिन को मेरी गोद में आकर चली गई थी। लेकिन माया तोड़ न सकीं। सो फिर लौट आई हो। मैं तो तुम्हें देखते ही पहचान गया था सुरमा। इसमें कोई शर्म, कोई लाज नहीं। सब युग में ऐसा होता आया है। तुम्हें फिर से सब मिलेगा। आज जो विमुख हैं अपने होंगे। बेटे-पतोहू को अपने घर ले जाएंगे। मेरा आशीर्वाद कभी विफल न होगा।'

तभी सुरेश भीगकर कीचड़ से लथपथ तेजी से घर में -दाखिल हुआ। देखते ही अचला ने आंखें पोंछ लीं। बारिश का पानी हाथ में लेकर आंसू के चिह्न को धोकर बैठ गई।

रामबाबू को देखते ही सुरेश कुछ कहना चाहता था कि वे जल्दी से बोल उठे, 'बातचीत फिर होगी सुरेश। मैं भागा नहीं जा रहा। पहले कपड़े बदल आइए।'

सुरेश ने हंसकर कहा, 'कुछ नहीं हुआ और एक कुर्सी खींच कर बैठने लगा।'

अचला ने जल्दी से कहा, 'चाचाजी जो कह रहे हैं सुनने में दोष है क्या? महीना भर भी नहीं हुआ। इतनी बड़ी बीमारी से उठे हो। बार-बार मुझे कितना दंड देना चाहते हो?'

सुरेश बिना कुछ बोले चला गया। रामबाबू बाहर की ओर देखने लगे।

रात जितनी बढ़ती गई, वर्षा का प्रकोप भी उतना ही बढ़ता गया।

रामबाबू की घबराहट देखकर अचला ने हौले से कहा, 'लौटने में बड़ा कष्ट होगा?'

'कष्ट के लिए न सही, इस संकट में नई जगह में तुम लोगों को छोड़ कर मैं नहीं जाता। वे लोग सवेरे ही तो आ रहे हैं। घंटे भर में थम जाएगी पानी। उतनी देर तक रुक जाऊंगा।' जो लोग आ रहे हैं उस प्रसंग में बातें शुरू हुई और संसार, समाज, धर्म-अधर्म, पाप-पुण्य, इहलोक, परलोक धीरे-धीरे कितनी ओर फैल गई। दोनों बातों में इतने डूब गए कि कितनी रात हुई, पता ही न चला। बाहर मेघों का गरजना, बरसना कितना भयानक, अंधेरा कितना गाढ़ा हो उठा, यह भी किसी ने नहीं देखा।

अचानक पैरों की आहट से दोनों ने मुड़कर देखा, नौकर खड़ा है, वह बोला, 'मां जी, बारह बज रहे हैं। खाना भिजवा दूं?'

अचला ने चौंककर पूछा, 'बारह बज रहे हैं और बाबू?'

'अभी-अभी वे खाकर सोने चले गए।'

सुरेश वहां से जा गया फिर नहीं लौटा-अब खयाल आया। गर्दन बढ़ाकर अचला ने देखा पर्दे के भीतर से रोशनी दिखाई दे रही है। क्षुब्ध और लज्जित होकर रामबाबू कहने लगे, 'मुझसे बड़ी भूल हो गई बिटिया, तुम्हें मैंने रोक लिया। यह भी नहीं देख पाई कि उनका खाना भी हुआ या नहीं। खैर अब तुम खाने जाओ।'

अचला ने नौकर से पूछा, 'कोचवान समय पर गाड़ी क्यों नहीं लाया?'

नौकर ने कहा, 'घोड़ा नहीं है। इस झड़ी में निकलने का साहस नहीं कर सका।'

'तो फिर कोई दूसरी सवारी क्यों नहीं लाया?'

नौकर चुप हो गया।

रामबाबू लज्जा से बार-बार कहने लगे, 'गाड़ी की जरूरत नहीं। न जाएं तो भी चल जाएगा। अगली सुबह स्टेशन पर पहुंच जाना चाहिए। मैं रात को कुछ खाता नहीं, यह झमेला भी नहीं है। तुम खाकर सो जाओ' और जबर्दस्ती खाने के लिए उसे नीचे भेज दिया।

पन्द्रह मिनट के बाद जब वह ऊपर आई तो परेशान होकर बोले, 'बस अब एक मिनट की भी देर मत करो। सोने जाओ। मैं बेंत के सोफे पर मजे से सो रहूंगा। कोई कष्ट, कोई असुविधा नहीं होगी।'

अचला को याद आया, ऐसी ही वर्षा की एक रात ने उसे पतिविहीन कर दिया था और आज फिर वैसे ही दुर्दिन का अभिशाप उसे सदा के लिए अपार अन्धकार में डुबोने को तैयार है। लेकिन चुपचाप धीरे-धीरे सुरेश के कमरे में चली गई।

नई जगह है। रामबाबू को अच्छी नींद नहीं आई। तड़के ही आंख खुल गई। बाहर निकल कर देखा, वर्षा तो थम गई है लेकिन घटाटोप अंधेरा छाया हुआ है। कोई नौकर जागा या नहीं यह देखने के लिए बरामदे के छोर पर पहुंचे और सहसा चौंक पड़े। आश्चर्य से बोल उठे, 'तुम इतने सवेरे क्यों जाग गई बिटिया?'

अचला ने एक नजर देखकर फिर सिर मेज पर रख दिया। उसका चेहरा मुर्दे जैसा सफेद था। दोनों आंखों के नीचे कालिमा। काले पत्थरों से जैसे झरना फुट निकलता है ठीक उसी तरह उसकी आंखों से आंसू बह रहे थे।

रामबाबू उस अर्धमृत नारी को एकटक देखते रहे। गले से एक शब्द भी बाहर नहीं निकला।

38

सुबह गर्म-गर्म मुरमुरे के साथ चाय पीकर केदारबाबू ने तृप्ति की सांस ली। जूठे बर्तन लेने मृणाल कमरे में आई। बोले, 'तुम्हारे इन मुरमुरों और पत्थर के प्याले की चाय में कौन-सा अमृत है पता नहीं। एक महीना हो गया, यहां से हिल नहीं सका।'

अचला के नाते मृणाल उन्हें बाबूजी कहने लगी थी। बोली, 'आप यहां से जाने को क्या परेशान हो जाते हैं बाबूजी। आपकी यह लड़की क्या सेवा करना नहीं जानती?'

केदारबाबू का स्वर करुण हो उठा। बोले, 'भागने को अब कहां परेशान हूं बेटी। तुम्हारे हाथ की चाय, तुम्हारे हाथ का भोजन, तुम्हारे माटी के इस घर को छोड़कर स्वर्ग जाने की भी इच्छा नहीं होती। उस छोटी-सी खिड़की के सामने बैठकर अनेक बार सोचा करता हूं मृणाल, भगवान की कृपा से दो वर्ष और बच जाऊं तो जीवन में कलकत्ते में जो नुकसान उठाया है, उसकी रत्ती-रत्ती भरपाई कर लूं। जिससे वही पूंजी लेकर उनके आगे जाकर खड़ा हो सकूं।'

कितनी बड़ी वेदना से उन्होंने यह बात कही। कैसी मार्मिक लज्जा से कलकत्ते के जीवन भर के घर-मुहल्ले को छोड़कर, सदा के समाज को त्यागकर जंगल के इस झोंपड़े में शेष जीवन बिताने की अभिलाषा प्रगट की। इसे मृणाल ने समझा। इसीलिए कोई उत्तर न देकर चाय का प्याला लेकर धीरे-धीरे चली गई।

महिम से उनकी भेंट नहीं हुई थी। उनके आने का समाचार मिलते ही वह तत्काल वहां से चला गया। मृणाल ने रोकने की जिद नहीं की। क्योंकि बचपन से ही उसके संयम, सहिष्णुता, बुद्धि- विवेचना के प्रति उसका ऐसा अगाध विश्वास था कि उसने निश्चित रूप से समझ लिया कि अचला से भेंट करना इस समय उचित नहीं है। इसलिए महिम चम्पत हो रहा है। उसने सोचा था, उसी का पत्र पाकर बेटी-दामाद का बीच-बचाव करने के लिए केदारबाबू अचला को साथ लेकर दौड़े आ रहे हैं। लेकिन आए थे अकेले।

सुरेश की बुआ ने लापता सुरेश के लिए अकुलाकर मृणाल को चिट्ठी लिखी थी। वह चिट्ठी केदारबाबू के हाथ आई, महिम ने भी किसी बड़े जमींदार के यहां घरेलू शिक्षक की नौकरी का समाचार भेजा है। केदारबाबू उसे भी बार-बार पढ़ गए। लेकिन उसकी बेटी की चर्चा किसी में नहीं थी।

अचला उनकी इकलौती बेटी थी। बात इतनी ही नहीं थी, जब से उसकी मां की मृत्यु हुई थी उन्होंने ही पाल-पोसकर इतनी बड़ा किया था। उस लड़की के भारी अमंगल की आशंका से उनका शरीर दिन-दिन दुर्बल और तपे सोने जैसा रंग काला होता जा रहा था।

वे छाता लेकर खेतों की ओर निकल जाते। खेतिहरों से हिल-मिलकर बातें करते। जब दोपहर होने आती घर लौट आते।

जब वे घर लौटे तो दस बज रहे थे। मृणाल बोली, 'कल आपकी तबियत ठीक नहीं थी बाबूजी। आज फिर तालाब में नहाने मत चले जाइएगा। आपके लिए मैंने पानी गर्म करके रखा है।'

'करके रखा है?' कहकर वे मृणाल की ओर देखने लगे।

नहाकर मृणाल पूजा कर रही थी। टसर की साड़ी, खिला मुखड़ा। उसके अंग-अंग में गहरी पवित्रता विराज रही थी।

'तुमने इतना कष्ट क्यों किया बिटिया, जरूरत तो नहीं थी।' उन्होंने कहा, 'कलकत्ते का रहने वाला हूं। नल के पानी से ही नहाने की आदत है। लेकिन तुमने मुझे ऐसी पनाह दी मृणाल कि तुम्हारा तालाब भी मेरी खातिर करता है। उसके पानी से कभी तबियत खराब नहीं होती। मैं वहीं नहाऊंगा बिटिया।'

मृणाल ने सिर हिलाकर कहा, 'यह नहीं होगा। कल आपकी तबियत खराब थी। मैं पानी लाती हूं, आप तेल मलिए।'

'खैर, यही सही, लेकिन एक बात तो बताओ। दूसरों का ध्यान रखना इतनी कम उम्र में तुमने किससे सीखा?'

लाज से मृणाल का चेहरा तमतमा उठा। लेकिन जबर्दस्ती हंसकर बोली, 'क्या आप पराए हैं बाबूजी?'

'नहीं, पराया नहीं हूं। लेकिन इस तरह टालने से काम नहीं चलेगा। उत्तर देकर जाना पड़ेगा।'

मृणाल ने वैसा ही लाज भरी हंसी के साथ कहा, 'यह कौन-सा कठिन काम है, जो कोशिश करके सीखना पड़े। यह तो जन्म से ही हम सीखते हैं। लेकिन आपका पानी ठंडा हो रहा हे।' प

'होने दो', केदारबाबू गम्भीर होकर बोले, 'मैं कुछ दिनों से ठीक वही सोच रहा हूं मृणाल। मनुष्य सीखता है तब तैरता है। लेकिन जो चिड़िया या जानवर हैं, वे जन्म लेते ही तैरने लगते हैं। उन्हें कोई सिखाता नहीं।'

'लेकिन आपका पानी तो...।'

'पानी को छोड़ो बिटिया। तालाब तो सूखा नहीं जा रहा। मैं सोच रहा हूं कि यह बूढ़ा आदमी नन्हे बच्चे की तरह तुमसे कितना कुछ सीख रहा है, इसका तुम्हें पता नहीं। ठाकुर देवता, तन्त्र-मन्त्र पर अभी भी विश्वास नहीं हुआ। फिर भी जब तुम्हें देखता हूं कि नहा-धोकर फीका-फीका लट्ठे का कपड़ा पहने आह्निक को जा रही हो तभी जी में आता है कि फिर से गले में जनेऊ डालकर मैं भी पूजा करने लगूं।'

मृणाल ने कहा, 'आप अपने समाज, अपने आचार को छोड़कर दूसरों का आचार क्यों पालेंगे? उसी को कौन दोष दे सकता है?'

'लेकिन जब तुम्हें देखता हूं इतनी छोटी उम्र में इतना बड़ा आत्म त्याग-जो स्वर्ग गए उनके प्रति निष्ठा, उनकी मां को मानकर-खैर छोड़ो, और नहीं कहूंगा। लेकिन जिसमें रहकर बड़ा ध्यान, मन उसकी तुलना किए बिना भी तो नहीं रह सकता। समाज से अलग जो कर्म है, उसके लिए कोई आस्था नहीं रख पाता।'

मृणाल मन-ही-मन क्षुब्ध हो उठी। अपने व्यक्तिगत जीवन के दुर्भाग्य को सामाजिक शिक्षा-दीक्षा पर आरोपित करना कुविचार लगा। बोली, 'बाबूजी जब आप ठीक इसी तरह हमारे समाज को भी देखेंगे तो उसमें भी बहुत से दोष नजर आएंगे। तब देखेंगे हम भी अपने दोष समाज के मत्थे मढ़ देने को आमादा हैं। हम भी....।'

'तुम्हारे समाज में दोष हो मुझे क्या? सिर पीटकर मैं मर भी जाऊं तो यह वस्तु यहां नहीं मिलने की।'

मृणाल का मुंह शर्म से लाल हो उठा। बोली, 'मैं कहे देती हूं बाबूजी। मुझे इस तरह से लजाएंगे तो ऐसा भागी कि आप मुझे खोज भी नहीं पाएंगे।'

'मैं भी तुम्हें कहे देता हूं, तुम्हें यह कभी नहीं करने दूंगा। तुम मेरी आंखों की पुतली हो, मेरी एकमात्र आश्रय। इस निकम्मे अनाथ बूढ़े के भार से जिस दिन तुम्हें मुक्ति मिलेगी, वह दिन अधिक दूर नहीं।' केदार बाबू आस्तीन से आंखें पोंछते हुए बोले, 'मेरा एक काम अभी शेष रह गया है-महिम से भेंट करना। मैं उससे स्पष्ट पूछना चाहता हूं कि वह इस तरह भाग-भागा क्यों फिर रहा है। ऐसा भी हो सकता है कि वह जीवित न हो।'

आप इस तरह बेकार क्यों डरते हैं बाबूजी?'

'डर?' बूढ़े के मुंह से एक दीर्घ निःश्वास निकला, बोले, 'सन्तान का मरना ही पिता के लिए सबसे बड़ा भय नहीं है बिटिया।'

39

इकलौती बेटी की मृत्यु से भी बड़ी दुर्गति जो पिता की नजरों में साकार हो उठी है, उसके आभास मात्र से मृणाल लज्जित और कुंठित होकर सिसक उठी। और इस साध्वी विधवा की यह लज्जा किसी मुग्दर के समान केदारबाबू की छाती पर आ लगी। ये अकेले चुपचाप अपनी सफेद दाढ़ी पर हाथ फेरते रहे। उसके बाद एक लम्बा नि:श्वास छोड़कर तेल के कटोरे को अपनी ओर खींच लिया।

सवेरे आकाश साफ था। लेकिन दोपहर के कुछ बाद से ही बदली घिरने लगी। केदार बाबू बिस्तर पर अभी-अभी उठकर पश्चिम की ओर की खिड़की खोलकर बाहर देख रहे थे। सामने अमरूद का पेड़ फूलों से लद गया था। उस पर अनगिनत मधुमक्खियों के हर्ष पूर्ण कलरव का अन्त नहीं था। थोड़ी ही दूर लम्बी रस्सी से बंधी मृणाल के हाथों धोई-पोंछी मोटी ताजी गाय चर रही थी। जिसकी पीठ पर से गांव की राह का थोड़ा-सा भाग दिखाई दे रहा था।

'आपकी चाय अब ले आऊं, बाबूजी?'

तकिए के नीचे से घड़ी निकालकर बोले, 'अभी तो तीन भी नहीं बजे बिटिया।'

'बला से न बजे। लेकिन आपने दिन में ठीक से खाया नहीं है।'

केदार बाबू समझ गए, 'इंकार बेकार है।' बोले, 'ले आओ।'

मृणाल जरा देर चुप रहकर बोली, 'आप तो कहा करते हैं कि मुझे चावल बहुत अच्छे लगते हैं।'

'गलत नहीं कहता बेटी।'

'तो थोड़ा-सा ले आऊँ?'

'अच्छा, ले आओ।' कहकर जबर्दस्ती हंसने की कोशिश करने लगे।

मृणाल के जाने के बाद झरोखे से बाहर देखा। सब कुछ धुंधला हो गया है। आंसू की पांच-छ: बूंदें उनकी आंखों से निकल पड़ीं। झटपट आंसू की रेखा को पोंछकर चेहरे को शान्त और सहज बनाने के लिए इमर्सन की खुली पड़ी पुस्तक देखने लगे।

द्वार पर पैरों की आहट हुई। उन्होंने सिर उठाकर देखा। पत्थर के कटोरे में चाय और तश्तरी में भुने चावल लिए मृणाल आई। दोनों हाथ बढ़ाकर उन चीजों को लेते हुए बोले, 'अब पता चल रहा है कि आज दिन में ठीक से भोजन नहीं हुआ। लेकिन देखो...।'

'नहीं, नहीं। आप बात करेंगे तो सब ठंडा हो जाएगा।'

केदार बाबू ने चुपचाप चाय के प्याले को होठों से लगा लिया और फिर हटाकर रखते हुए एक नि:श्वास के साथ बोले, 'मैं यही कामना करता हूं मृणाल, अगले जन्म में तुम मेरी बेटी हो कर पैदा हो। कलेजे से लगाकर पालना झुलाना मुझे खूब आता है बिटिया।'

अन्तिम शब्दों पर उनका गला कांप गया। मृणाल सबसे अधिक ऐसी चर्चा से ही डरती थी। जल्दी से बोली, 'ठीक तो है, आपकी और-और संतानों में से एक मैं भी होऊं।'

केदार बाबू तुरन्त सिर हिलाकर बोले, 'नहीं, और-और नहीं-अकेली तुम। अब की जो कुछ तुमसे सीखकर जा रहा हूं सब एक-एक बार अपनी बेटी को सिखाकर और फिर बुढ़ापे में उससे सब वापस लेकर उस लोक की यात्रा करूंगा।' कहकर उन्होंने छिपे-छिपे आंखों से हाथ लगाया।

कुछ देर तक कोई कुछ नहीं बोला। मृणाल की झुकी नजर फर्श पर वैसी ही टिकी रही। केदार बाबू ने नीरवता भंग करते हुए कहा, 'मृणाल, मैंने एक धर्म को छोड़कर दूसरे की दीक्षा ली है। औरों के आगे न सही कम-से-कम अपने आगे उत्तर देने का दायित्व मुझ पर है। अब तक उसे टालता रहा हूं, लेकिन अब नहीं। बार-बार तुम्हारा मन लेकर अब मैं तुम्हें संकोच में नहीं डाका। लेकिन इतने दिनों के बाद इस सत्य को समझ पाया हूं कि लड़-झगड़कर भले ही कुछ मिल जाए, धर्म नहीं मिल सकता।'

'यह सच हो सकता है लेकिन जिस धर्म को मैंने अच्छा समझा उसे अपनाने के लिए लड़ना-झगड़ना ही पड़ेगा ऐसा तो मैं कुछ नहीं देखती।'

कुछ देर चुप रहकर केदारबाबू बोले, 'आज जीवन की भूली बातें धीरे-धीरे जाग रही है बिटिया। लेकिन इतने दिनों तक कहां छिपी थी। आज देख पाया हूं कि हिन्दुओं में जो लोग यह

शिकायत करते हैं कि देश-विदेश में उनका सिर हमने नीचा किया है, उतना ईसाई पादरियों ने भी नहीं किया। उनकी शिकायत को आज झूठ कहकर नहीं उड़ा सकते। वास्तव में विदेशी विधर्मियों के हाथ हम जैसे विभीषण तो कोई नहीं।'

मृणाल ने कहा, 'आपकी मच्छरदानी का कोना जरा फट गया है। खिसक जाइए, सी दूं।' मृणाल ने ताक पर से सिलाई का छोटा-सा डिब्बा उतारा। केदार बाबू उतर कर एक मोढ़े पर बैठ गए और काम में लगी मृणाल के झुके चेहरे की एकदम ताकते रहे। उनकी आंखें अकारण ही भर आईं, वे उन्हीं धोती के छोर से पोंछने लगे।

सिलाई समाप्त करके डिब्बे को स्थान पर रखकर मृणाल ने पूछा, 'रात को क्या खाएंगे?'

होंठों पर करुण हंसी लाते हुए बोले, 'रात के भोजन के लिए अभी अकुलाने की जरूरत नहीं बिटिया। उसी समय सोचा जाएगा।' फिर जरा रुककर बोले, 'मेरे मुंह से अब किसी की शिकायत नहीं सुनोगी बेटी। लेकिन मुझसे खीझना मत।'

चकित होकर मृणाल बोली, 'आपने यह क्यों कहा बाबूजी! मैं कभी खीझी है?'

केदार बाबू जोर से सिर हिलाकर बोले, 'कभी नहीं बिटिया। तुम बिटिया हो न मेरी इसलिए मेरा सब अत्याचार, उपद्रव हंसकर सहती आई हो।' फिर जरा रुककर बोले, 'मैं एक बार महिम के पास जाना चाहता हूं मृणाल। एक बार उसके मुंह से सुनना चाहता हूं। इसलिए मेरी छाती धू-धू जल रही है। लेकिन अकेले उसके सामने जाकर खड़ा कैसे होऊंगा।'

मृणाल ने तुरन्त अपनी करुणा भरी आंखें अभागे बूढ़े के शरमाए भयभीत चेहरे पर टिका कर कहा, 'आप अकेले क्यों जाएंगे? जाना ही पड़ेगा तो हम दोनों साथ चलेंगे।'

'सच, चलोगी?'

'जरूर चलूंगी। आपको अकेला छोड़ भी कैसे सकती हूं। आप चाहें जहां जाएं मैं साथ गए बिना न मानूंगी। कहे देती हूं। मुझे कोई साथ नहीं ले जाता बाबूजी। मैं कहीं घूम-घाम ही नहीं पाती।'

केदार बाबू ने कोई उत्तर नहीं दिया। भीतर के घुमड़ते आवेग से उनका दुर्बल सूखा शरीर थर-थर कांपने लगा।

मृणाल उनके सिराहने चुप बैठ रही। सान्त्वना का एक शब्द भी न कह पाई। इकलौती बेटी को घिनौनी दुर्गति से जिस पिता का हृदय छिद रहा हो उसे सान्त्वना देने योग्य था भी क्या। काफी देर बाद स्वयं को संभालकर केदारबाबू ने कहा, 'बिटिया।'

'क्या बाबूजी?'

'संसार में वेदना की मात्रा इतनी हो सकती है मैंने कभी सोचा तक नहीं था मृणाल। इससे छुटकारे की क्या कोई राह नहीं?'

'लोग तो मृत्यु की यन्त्रणा भी सह लेते हैं।'

'मेरे लिए वह मर चुका, तुम यही तो कहना चाहती हो बिटिया। बहुत सीमा तक यही है। बहुत बार मेरे जी में आया है। किन्तु मृत्यु का शोक जितना बड़ा होता, उसकी शान्ति और मधुरिमा भी उतनी ही बड़ी होती है। यह असह्य ग्लानि, सीमाहीन लज्जा मेरे कलेजे की राह रोके खड़ी है। इसे जरा भी खिसका सकूं, ऐसा जरा-सा भी स्थान नहीं है। सन्तान को जो मौत देते हैं, उनको हम यही कहकर क्षमा कर देते हैं कि हम उनके कार्य कारण को नहीं जानते। हम...।'

बीच में ही टोककर मृणाल बोल उठी, 'तो हम भी वही कर सकते हैं बाबूजी। चाहे कोई भी हो, जिसका कार्य कारण हमें मालूम नहीं उसे क्षमा भी कर सके कम से कम उसका विचार करके उसे अपराधी तो नहीं बनाएंगे। और मंझले दादा से मैंने सुना है संसार में ऐसे अपराध कम ही हैं जिन्हें क्षमा नहीं किया जा सकता।'

जोश में केदारबाबू तनकर बैठ गए। बोले, 'इस अपराध को भी कभी कोई क्षमा कर सकता है, मृणाल? बाप होकर उसके इस बुरे गुनाह को मैं क्षमा नहीं कर सकता। वह क्षमा के योग्य नहीं। उसे क्षमा करना उचित नहीं। यह मैं तुमसे स्पष्ट कहे देता हूं।'

मृणाल बोली, 'योग्य-अयोग्य तो विचार की बात है बाबूजी, उसे क्षमा नहीं कहते। फिर क्षमा का फल क्या केवल अपराधी ही पाता है। जो क्षमा करता है वह कुछ नहीं पाता?'

मृणाल की शान्त स्निग्ध बातों ने उन्हें अभिभूत कर दिया। जरा देर सन्न से रहकर बोले, 'मैंने इस ढंग से तो सोचा नहीं मृणाल। तुमसे आज एक नया तत्व सीखा। ठीक तो है। जो लेता है उसके हिसाब से सोलहों आना वसूल करके दाता के खाते का कड़ा रखना होगा? ठीक है किसी का गुनाह कितना ही बड़ा हो। इसका निर्णय जो चाहे सो करे मैं केवल अपनी ओर देखते हुए क्षमा करूंगा। यही तुम्हारा कहना है न?'

'आप यह कहकर मेरा अपराध क्यों बढ़ाते हैं बाबूजी?'

'तुम्हारा अपराध? संसार में इसके लिए भी स्थान है बेटी।'

मृणाल अचानक उठ खड़ी हुई। बोली, 'मां जी मुझे आवाज दे रही है शायद। मैं आई,' और वह तेजी से कमरे से बाहर चली गई।

40

मृणाल उठकर चली गई लेकिन केदार बाबू ने ध्यान ही नहीं दिया। अपने आनन्द में मगन कहते गए, 'मैं जी गया-मैं जी गया। तुमने मुझे बचा लिया बिटिया। दुर्गति के दुर्गम वन में जब मेरी आंखें चौंधिया गई थीं, मृत्यु को छोड़कर सारे मार्ग अवरुद्ध थे। ऐसे में ही बगल में ही मुक्ति का इतना चौड़ा मार्ग खुला पड़ा है, यह तुम्हारे अतिरिक्त और कौन बता सकता था? क्षमा करने की तो मैंने सोची ही नहीं थी। कभी जी में आया भी था तो उसे हटाकर यही सोचा, हर्गिज नहीं। जब बेटी होकर उसने इतना बड़ा पाप किया है, तो पिता होने के नाते इतना बड़ा दान मैं नहीं दे सकता।

लेकिन ओ मूर्ख अन्ध! अगर बाप के नाते तू यह नहीं दे सकता तो और कौन देगा भला? फिर वह तुम्हारा कितना-सा ले जाएगी? तेरी क्षमा का सब तो तेरे ही घर वापस आ जाएगा। मृणाल बिटिया के इस तत्व को जरा आंख खोलकर देख।'

फिर बादलों से घिरे आकाश की ओर देखकर मन-ही-मन कहने लगे, 'मैंने क्षमा कर दिया। सुरेश, मैंने तुमको क्षमा कर दिया। अचला, तुम्हें भी क्षमा किया। आज से मुझे किसी से कोई शिकायत नहीं। मैं आज मुक्त हूं, स्वाधीन हूं।' कहते-कहते एक अनिवर्चनीय आनन्द से उनकी दोनों आंखें मुंद गई। फिर मुंदी आंखों का कोर से पिता का स्नेह मानो झर-झर झरने लगा। उनके होठ कांपने लगे। अस्फुट स्वर में बोले, 'तू कहां है बेटी, एक बार लौट आ। मैं तुझे इस संसार में लाया हूं। कलेजे से लगाकर बड़ा किया है। अपने सारे अपराध, सारे अपमान के साथ पिता की गोद में लौट आ। मैं अपने हृदय से तेरे जख्म, तेरी सारी जलन धो-पोंछकर तुझे कलेजे से लगाकर रहूंगा। हम घर से बाहर नहीं निकलेंगे। लोगों से नहीं मिलेंगे। बस तू और मैं...।'

'बाबूजी!'

उन्होंने मुड़कर मृणाल की ओर देखा। और दूसरे ही पल फर्श पर लुढ़ककर बच्चे की तरह बिलख- बिलख कर रो पड़े। 'बिटिया, मेरा कलेजा टूक-टूक हो गया। अभी इसे जाने कष्ट-झेलने हैं। मैं अब सह नहीं पा रहा।

मृणाल ने जमीन पर लुढ़के सिर को चुपचाप अपनी गोद में रख लिया और उसे सहलाने लगी। उसकी आंखों से भी आंसू बहने लगे।

फागुन का मेघाच्छादित दिन शायद यों ही बीत जाता। लेकिन केदारबाबू उठ बैठे। बोले, 'अच्छा मृणाल, महिम को पत्र लिखें तो उत्तर नहीं मिलेगा?'

'क्यों नहीं, मेरा विचार है कल-परसों को मिल जाएगा।।'

'तुमने क्या उन्हें कुछ लिखा है?'

'हां।'

संकोच से बूढ़े ने यह नहीं पूछा कि क्या लिखा है। बाहर की ओर देख कर बोले, 'बेला अभी है थोड़ी-सी। मैं जरा घूम आऊँ।' उन्होंने चादर ओढ़ी, छड़ी उठाई और चल दिए। लेकिन एक दो कदम बढ़ते ही ठिठक कर बोले, 'देखो बिटिया....।'

'जी बाबू जी। '

'मैं डर रहा हूं, -डर ठीक नहीं-लेकिन सोचता हूं....।'

'काहे की बाबू जी?'

'बात यों हैं-मैं सोचता हूं, अच्छा तुम्हारा क्या विचार है, महिम, हम जाएं तो आपत्ति करेगा?' मृणाल को यही डर था। चिन्ता थी। मन ही मन इसका उत्तर भी खोज रखा था। इसलिए जल्दी से

बोल उठा, 'अभी इसकी चिन्ता से क्या लाभ? उनका पता चले तो हम लोग चलेंगे। अगर मझले दादा मुझे निकाल देंगे तो संसार की बहुत सी बातें स्वत: ही मालूम हो जाएंगी। किसी से पूछना नहीं पड़ेगा।'

'तो सच ही तुम मेरे साथ चलोगी?'

'सच। लेकिन मैं आपके साथ चलूंगी, आप मेरे साथ नहीं चलेंगी।'

बूढ़े कोई उत्तर देना चाहते थे लेकिन मृणाल की ओर देखकर चुप रह गए।

फागुन के ऐसे ही दिन तीसरे पहर बंगाल से बाहर और भी दो नर-नारी के आंसू बेताब हो उठे थे। सुरेश ने मुहर लगा एक बड़ा लिफाफा अचला को देते हुए कहा, 'दूं-दूं करते यह कागज तुम्हें देने का आज तक साहस नहीं हुआ। लेकिन आज दिए बिना उपाय नहीं।'

अचला ने लिफाफा लेकर दुविधा से पूछा, 'मतलब?'

सुरेश जरा हंसकर बोला,'मुझे साहस नहीं होता। ऐसी कौन-सी भयंकर चीज हो सकती है, यही तो सोच रही हो तुम? सोच सकती हो? मैंने भी बहुत सोचा है। इसका कुछ मतलब है तो कभी न कभी प्रगट हो ही जाएगा। जिस तरह ढेर सारे अपमान और दुःखों का बोझा तुमने अर्थ जाने बिना ही मुझसे लिया अचला, उसी तरह इसे भी लो।'

अचला ने सहज भाव से पूछा, 'इसमें क्या है?'

सुरेश ने हाथ जोड़कर कहा, 'तुमसे मैंने आज तक जो कुछ भी पाया है डाकू की तरह छीनकर ही पाया है। लेकिन आज तुमसे मैं एक भीख मांगता हूं-इसे जानना मत चाहो।'

अचला चुप रही। सोच न सकी, इसके बाद क्या चाहे?

पर्दे के बाहर से बैरे ने कहा, 'बाबूजी, इक्के वाला कह रहा है और देर करेंगे तो पहुंचने में रात हो जाएगी। रास्ते में बारिश की सम्भावना भी है।'

अचला ने चकित होकर पूछा, 'आज कहां जाओगे? ऐसे दिन में?'

सुरेश ने हंसकर सुधार दिया, 'यानी ऐसे दुर्दिन में। मझोली जा रहा हूं। प्लेग का कोई डॉक्टर नहीं मिल रहा। गांव का गांव मसान बनता जा रहा है। पांच-सात दिन रहना पड़ेगा। कौन जाने वहीं रह जाना पड़े।'

अचला उसकी ओर देखती रह गई। उसे थोड़ी बहुत खबर थी कि सात-आठ कोस दूर की कुछ बस्तियां प्लेग से मसान बनती जा रही हैं। उसे यह भी पता चल गया था कि सुरेश छिपाकर काफी रुपयों की दवा-दारू वहां भेज रहा है। स्वयं भी तड़के ही उठकर कहीं चला जाता है। जो महापापी भगवान को नहीं मानता, पाप-पुण्य नहीं मानता, अपने मित्र और उसकी निर्दोष पत्नी का जिसने सर्वनाश कर दिया, आज उसी को देखकर उसका मन विष से नहीं, विस्मय से भर उठा।

'तो क्या यह तुम्हारी वसीयत है?' उसने हाथ का लिफाफा दिखा कर पूछा।

'अभी-अभी तुमने जो भीख दी उसे लौटा लेना चाहती हो?'

कुछ पल चुप रहकर अचला बोली, 'खैर, मैं यह नहीं जानना चाहती, लेकिन तुम्हें मैं न जाने दूंगी।'

'क्यों?'

'तुमने मेरा चाहे जो भी किया, फिर भी मैं अपने लिए तुम्हें मरने नहीं दूंगी।'

सुरेश को महिम की याद आ गई। जीवन की ममता कितनी तुच्छ है और वह कितनी आसानी से उसे गंवाने को तैयार हो सकता है। इसका एक ही साक्षी है और वह है महिम। उसकी आज की यात्रा ही यदि महायात्रा हो तो केवल वही समझेगा कि सुरेश ने लोभ से नहीं, क्षोभ से नहीं, घृणा से नहीं, इहकाल-परकाल किसी के लिए नहीं-केवल इसलिए जान दी कि उसकी मौत आई थी।

आंखों में आंसू भर आना चाहते थे लेकिन हंसने की कोशिश करते हुए कहा, 'मैं किसी के लिए भी मरना नहीं चाहता अचला। बेकार घर बैठना अच्छा नहीं लगता, इसलिए जरा घूमने जा रहा हूं। मैं क्यों मरने लगा?'

'फिर यह वसीयत क्यों?'

'यह वसीयत है, यह तो प्रमाणित नहीं हुआ है?'

'न हो, लेकिन मुझे अकेली छोड़कर तुम चले जाओगे?'

'अब लौटूंगा नहीं, यह भी तो निश्चित नहीं हुआ है।'

'इस परदेश में मुझे असहाय छोड़कर', अचला रो पड़ी।

शान्त स्वर में बोला सुरेश, 'मैं तो तुम्हारा संगी नहीं हूं अचला। आज भी तुम अकेली हो। और अगर वह दिन सचमुच ही आ जाए तो तुम्हें इससे अधिक निराश्रित नहीं होना पड़ेगा।।'

'मुझसे तुम और क्या चाहते हो? मेरे पास और है ही क्या?' कहते-कहते आंचल से मुंह छिपाए वहां से भाग गई।

बैरे ने आकर कहा, 'जी, इक्के वाला....।'

'उसे रुकने को कहो जरा।'

तभी कोचवान ने बताया, 'गाड़ी बहुत देर से तैयार खड़ी है।'

'गाड़ी क्यों?'

कोचवान ने कहा, 'मां जी ने हुक्म दिया था। वे उस डेरे में जाएंगी लेकिन नौकरानी ने बताया उनका कमरा बन्द है। बहुत पुकारा कोई उत्तर नहीं दिया।'

'अच्छा ठहर।'

इस कमरे वाला दरवाजा अन्दर से खुला था। पर्दा हटाकर सुरेश उस कमरे में चला गया। और एक कुर्सी पर जा बैठा। अचला को उसके आने का पता ही नहीं चला। वह रोती ही रही। अचला को देखकर आज उसे इस सत्य की प्रतीति होने लगी कि ओस की बूंद मुट्ठी में आकर किस तरह पानी की बूंद सी सूख जाती है।

अनजान ही उसकी आंखों में पानी भर आया। पीछकर उसने आवाज दी, 'अचला।'

अचला चौंक पड़ी। लेकिन वैसी ही चुप पड़ी रही। सुरेश ने कहा, 'तुम्हारी गाड़ी तैयार है। आज राम बाबू के यहां घूमने जाओगी?'

फिर भी अचला न बोली तो उसने कहा, 'जी न चाहे तो घोड़े खोलें, मैं भी शायद अब न जा पाऊंगा। इक्का लौटाये देता हूं।' कहकर बैठक में चला गया।

दस-पन्द्रह मिनट तक वह क्या सोचता रहा उसे भी पता नहीं। तभी साड़ी की खसखसाहट हुई। चौंककर देखा। सामने अचला खड़ी थी। उसने भरसक आंखों की कालिमा पोंछ डाली थी। शरीर पर धनी परिवार की महिला जैसी पोशाक थी। बोली, 'उनके यहां आज जाना ही पड़ेगा।'

अचला की यह पोशाक उसके लिए नहीं, बल्कि वहां के राज-अतिथियों के लिए है, सुरेश ने समझा। फिर भी जड़ाऊ गहनों से सुसज्जित उस नारी ने उसे मोहित कर दिया। आश्चर्य से पूछा, 'जाना ही पड़ेगा, ऐसी क्या बात है?'

'राक्षसी कलकत्ते से बुखार लेकर लौटी है। और कल से चाचाजी को भी बुखार आ गया है।'

'जब से आई हो तब से क्या उनके घर कभी नहीं गई?'

'नहीं।'

'उनके यहां से भी कोई नहीं आया?'

'नहीं।'

'राम बाबू भी नहीं?'

'नहीं।'

यहां आने के बाद से प्लेग के चक्कर में सुरेश इतना परेशान रहा कि घर-गृहस्थी और अपने-परायों के बारे में इन छोटी-छोटी भूलों पर ध्यान ही न दे सका। बोला, 'जाओ।'

अचला ने कहा, 'हम लोगों ने भूल की है। एक को बुखार है और दूसरा खाट न पकड़ लेने तक मेहमानों की खातिरदारी में परेशान रहा। हम लोगों का जाना जरूरी है।'

'अच्छा। जल्दी लौट आना।'

'तुम भी साथ चलो।'

'मुझे क्यों घसीट रही हो?'

अचला नाराज होकर बोली, 'अपनी बीमारी की बात याद न हो तो डॉक्टर के नाते ही चलो।'

अच्छा चलो सुरेश कपड़े बदलने के लिए बगल के कमरे में चला गया।

इक्के वाले को कोई जवाब नहीं मिला था, इसलिए वह अभी तक खड़ा था। अचला ने नीचे उतर कर देखा। गुस्सा आ गया। बैरे से कैफियत मांगती हुई पैसे देकर उसे लौटने का हुक्म दे दिया। बैरे ने सुरेश की ओर ताकते हुए डरते-डरते हुए पूछा, 'जी?'

अचला ने उत्तर दिया, 'नहीं, बाबू नहीं जाएंगे। इक्के की जरूरत नहीं है।'

सुरेश गाड़ी में सामने वाली जगह पर बैठने जा रहा था। अचला ने उसके कुर्ते का छोर खींचकर बगल में बैठने का इशारा किया।

गाड़ी चल पड़ी। दोनों पास-पास बैठे होने के बावजूद चुपचाप दोनों ओर की खिड़की से बाहर की ओर देखते रहे।

गाड़ी जब बगीचे का फाटक पार करके सड़क पर पहुंच गई तो सुरेश ने धीरे से कहा, 'अचला।'

'क्या है?'

'जानती हो आजकल मैं क्या सोचा करता हूं?'

'नहीं।'

'आज तक जो सोचता आया हूं ठीक उसका उल्टा। उस समय सोचा करता था तुम को कैसे पाऊं और अब सोचता हूं कैसे छुटकारा दूं। तुम्हारा भार जैसे अब ढोया नहीं जाता।'

इस अप्रत्याशित कठोर चोट से अचला पलभर के लिए पंगु बन गई, बोली, 'मैं जानती थी। लेकिन यह तो...?

'हां, भूल मेरी ही थी। तुम लोग जिसे पाप का परिणाम समझती हो फिर भी यह बात सच है। मनविहीन शरीर का भार इतना दुर्वह होता है, मैंने सपने में भी नहीं सोचा था।'

अचला ने नजर उठाकर पूछा, 'क्या तुम मुझे छोड़कर चले जाओगे?'

सुरेश ने बिना झिझके कहा, 'यही समझ लो।'

इस संकोचहीन उत्तर को सुनकर अचला एकदम चुप हो गई। उसके रुंधे हृदय को मथकर एक बात घुमड़ने लगी-यह वही सुरेश है। आज वह उसी के लिए दुर्वह भार बन गई है। वहीं छोड़ जाना चाहता है। जबान से ऐसा कहते हुए आज उसे हिचक नहीं हुई।

लेकिन सबसे बड़ा गजब यह था कि वही उसके दुःख की जड़ है। कल तक उसकी हवस से सारा शरीर विषाक्त हो उठता था।

सूनी सड़क पर आवाज आती हुई गाड़ी तेजी से दौड़ रही थी। दोनों मौन बैठे थे।

अचानक उसका दायां हाथ सुरेश की गोद में जा पड़ा। बोली, 'अब क्या तुम मुझे प्यार नहीं करते?'

'इसका उत्तर बेखटके नहीं दे सकता अचला। लगता है, जो चाहे हो लेकिन इतना तो सही है कि भूल का बोझा ढोते चलने की शक्ति अब मुझ में नहीं है।'

कुछ देर चुप रहकर अचला करुण स्वर में बोली, 'तुम मुझे कहीं और ले चलो।'

'वहां क्या तुम मुझे प्यार कर सकोगी अचला?' आवेश में उसने उसका सिर छाती पर खींचकर होंठ चूम लिए।

अपमान से अचला का चेहरा लाल हो उठा। होंठ जल उठे जैसे बिच्छू ने डंक मारा हो। गर्दन हिलाकर हौले से बोली, 'हां, कभी तुमको प्यार करती थी। ना-छिः -छिः कोई देख लेगा।' यह कहकर उसने अपने को सुरेश से छुड़ा लिया और सीधी होकर बैठ गई।

गाड़ी रामबाबू के बंगले के बगीचे में घुसी और बरामदे में जाकर रुक गई।

चटकदार नई पोशाक वाले सईसों ने दरवाजे खोल दिए। सुरेश ने उतर कर अचला का हाथ पकड़कर उतारा। अचला की नजर ऊपर के छज्जे पर थी। वहां कई अन्य स्त्रियों के साथ राक्षसी भी खड़ी थी। बहुत दिनों बाद आंखें चार होते ही दोनों सखियों के होंठों पर हंसी फुट पड़ी। राम बाबू नीचे ही थे। हर्ष और स्नेह से बदन की चादर फेंक कर उन्होंने कहा, 'आओ बिटिया।'

इस अपरिचित स्वर की आकुल पुकार से उसकी मुस्कराती आंखों की दृष्टि पलक झपकते बूढ़े की ओर गई। लेकिन उनके बगल में खड़ा महिम उसे देखते ही जैसे पत्थर हो गया। आंखें मिली। पलकें नहीं गिरी। अचला के अंग-अंग का मणि-मुक्ता झिलमिला उठा। हीरा-मोती की चमक जरा सी भी मंद नहीं हुई। लेकिन उनके बीच खिला हुआ कमल मुरझा गया।

एक अपरिचित व्यक्ति के सामने कठिनाई में पड़ी समझकर उन्होंने जल्दी से दोनों हाथों से उसके माथे को पकड़कर कहा, 'छोड़ो बिटिया, तुम्हें चरणों की धूल नहीं लेनी होगी। ऊपर जाओ।'

अचला कुछ नहीं बोली, 'लड़खड़ाती हुई चली गई।'

रामबाबू ने कहा, 'सुरेश बाबू ये...!'

सुरेश ने कहा, 'गजब, हम तो एक क्लास में.. बचपन से साथ-साथ' -चेहरे पर हंसी लाने की कोशिश करते हुए बोला, 'अरे, तुम यहां महिम...।'

लेकिन बात पूरी न हो सकी। महिम झपटकर कमरे में चला गया।

काठ के मारे बूढ़े ने सुरेश की ओर ताका। सुरेश ने उत्तर में हंसने की चेष्टा की। लेकिन ऐसा न हो सका। ऊपर जाने वाले लकड़ी के जीने पर अचानक जोरों की आवाज होने से दोनों चौंक पड़े। शोर मच गया। रामबाबू दौड़े। देखा, अचला औंधी पड़ी है। वह दो-तीन सीढ़ियां ही चढ़ पाई थी। उसके बाद ही बेहोश होकर गिर पड़ी थी।

41

लौटते समय गाड़ी के कोने में सिर टिकाए अचला सोच रही थी कि काश आज की बेहोशी दूर न होती।

सुरेश ने उसे छूकर कहा, 'तुमने और कहीं जाने की इच्छा प्रगट की थी। चलोगी?'

'चलो।'

'कल तो यहां मुंह दिखाना दूभर होगा।'

'लेकिन वे किसी से कुछ नहीं कहेंगे?'

सुरेश ने लम्बी सांस ली, 'नहीं, मैं महिम को जानता हूं। घृणा होने पर भी हमारी निंदा नहीं करेगा।'

सुरेश ने यह बात बड़ी सहजता से कही थी लेकिन अचला का सर्वांग सिहर उठा। जब गाड़ी घर जाकर रुकी, सुरेश ने सावधानी से उसे उतार कह कहा, 'सोने की कोशिश करो अचला। मुझे जरूरी चिट्ठियां लिखनी हैं।' वह अपने कमरे में चला गया।

बिस्तर पर पड़ी अचला सोचने लगी, 'इक्कीस की तो अपनी उम्र है। इतनी-सी उम्र में मैंने ऐसा कौन-सा अपराध किया कि यह सर्वनाश हुआ। आज उसे अचानक उस तर्क की याद आ गई जो मृणाल से एक दिन हुआ था। पति से उसकी कभी नहीं पटी, खटपट में ही बीती। एक दिन मृणाल के गले लिपटकर रुंधे स्वर में उसने कहा था, 'ननद जी, तुम अगर हमारे समाज, हमारे धर्म मत की होतीं तो तुम्हारी जिन्दगी को इस तरह बेकार न जाने देती।'

मृणाल ने हंसकर पूछा था, 'क्या करतीं मझली दी? मेरा विवाह कर देतीं?'

अचला ने कहा, 'और क्या?'

'बख्शो बहन, तुम्हारे पैरों पड़ती हूं। यह कुश्ती इतनी लड़ी जा चुकी है कि मेरी आत्मा कांपती है।'

इसी तरह आधी रात बीत गई। आंसू का सोता सूख गया और भीगी पलकें नींद में मुंद गई। नींद टूटी तो सुबह हो चुकी थी। बाहर निकली तो बैरे ने बताया, 'बाबूजी तड़के ही इक्के से मझोली चले गए।'

'कोई साथ गया है?'

'जी नहीं। मैं जाना चाहता था, बोले, 'प्लेग से मरना चाहता है तो चल'।'

'इसीलिए तुम नहीं गए और दया करके इक्का ला दिया। मुझे क्यों नहीं जगाया?'

बैरा चुप रहा।

'इक्का कौन लाया था? तुम?'

सिर झुकाकर बैरे ने कहा, 'बुलाने की जरूरत नहीं थी। कल शाम ही बाबूजी ने उसे सुबह आने को कह दिया था।'

सुनकर अचला चुप हो गई। कल की घटना से इसका कोई सम्बन्ध नहीं था।

'कब आएंगे, कुछ बता गए हैं?'

उसने खुशी से सिर हिलाकर कहा, 'बहुत जल्दी लौटेंगे, परसों-नरसों या उसके दूसरे दिन तो जरूर।'

अचला ने और कुछ न पूछा, कल उसे सीढ़ी पर गिरने की चोट का ठीक-ठीक पता नहीं चला था। लेकिन आज सारा बदन दुःख रहा था। रामबाबू कहीं खोज पूछ को न आएं, इस आशंका से मन कांटा-सा हो गया। महिम कुछ नहीं कहेगा, इस बात को वह सुरेश के कुछ कम नहीं जानती।

सबेरा हो गया, दोपहर आई, सांझ बीत गई। रात को सुरेश के आने की आशा न थी इसलिए निश्चिन्त होकर बिस्तर पर पड़ गई।

42

बैरे ने बताया था बाबू परसों लौटेंगे। नहीं तो तरसों, नहीं तो उसके दूसरे दिन तो जरूर। लेकिन दूसरे दिन की निश्चितता को दिन भर बैठकर जांचने जैसा धैर्य अचला में न था। इन तीन दिनों के बीच रामबाबू एक दिन भी नहीं आए। वे बीमार थे। इस बीच बीमारी बढ़ भी सकती थी, यह बात उसके मन में पैदा नहीं हुई। उनका दरबान आया था लेकिन पांडेजी से बात करके बाहर से ही लौट गया था। वह क्यों आया था, क्या पूछा गया-भय से वह किसी से भी कुछ नहीं पूछ सकी। लेकिन उसके बाद से ही उसे ऐसा लगने लगा कि इस मकान से और इन लोगों के बीच से भाग जाए।

बैरे को बुलाकर उसने पूछा, 'रघुबीर, तुम्हारा घर तो इसी इलाके में है, मझोली कहां जानते हो?'

'बहुत पहले मैं वहां एक बारात में गया था मां जी।'

'कितनी दूर है, बता सकते हो?'

रघुवीर ने अन्दाज लगाकर बताया, 'छः -सात कोस होगा मां जी।'

'तुम मेरे साथ चल सकते हो?'

रघुवीर ने हैरान होकर कहा, 'आप वहां जाएंगी? वहां तो जोरों का प्लेग फैला है।'

अचला ने कहा, 'तुमसे न बने तो किसी और को राजी करके भेज सकते हो। जो मांगेगा वही इनाम दूंगी।'

रघुबीर ने दुःखी होकर कहा, 'आप जाएंगी और मैं नहीं जा सकता भी जी? लेकिन वहां अपनी गाड़ी नहीं जा सकेगी। या तो खटोला या फिर इक्का। आप तो इनमें से किसी पर जा नहीं सकेंगी।'

'जो मिल जाए, मैं उसी पर चलूंगी। लेकिन देर करने से काम नहीं चलेगा। जो मिले वही सवारी ले आओ।'

रघुबीर गया और जल्दी ही एक डोली ले आया। अपनी लाठी में लोटा कम्बल लटकाकर उसे कन्धे पर रख कर वीर की भांति चलने को तैयार हो गया। घर की निगरानी का भार नौकर-प्यादों पर सौंपकर मझोली की ओर चल पड़ी।

धूल भरी कच्ची सड़क थी। कभी तो दूर तक फैले खेतों में खो जाती और कभी किसी संकरे गांव में जाकर गायब हो जाती। लोगों की सुविधा और इच्छानुसार कभी नदी के किनारे, कभी किसी घर के सामने से ही दूसरे गांव की ओर मुड़ जाती।

बांसों पर एक लाश को बगल में से ले जाते देख भूत के डर से वह सिकुड़-सी गई। जी चाहा, पूछे किस रोग से मरा, कितनी उम्र थी इसकी, घर में कौन-कौन हैं। उसे बहुत देर से प्यास लग रही थी। नदी के किनारे एक घाट के पास डोली रोककर उतरी और मुंह-हाथ धोकर पानी पीने के लिए उधर बढ़ी तो उसने दो अधजले शव पास ही पड़े देखे। उनके घिनौनेपन ने उसके मन पर कोई चोट नहीं की। उसने पानी पिया और फिर धीरे-धीरे डोली में आ बैठी। गांव लगभग खाली पड़े थे जिससे जिधर बना भाग गया था। कहीं कोई शब्द नहीं। सभी द्वार बन्द। जैसे वे झोंपड़े भी मृत्यु को अनिवार्य मानकर आंखें मूंदे उसकी प्रतीक्षा कर रहे हों। पूरी राह तै करके जब वह मझोली पहुंचे तो शाम ढल चुकी थी। अचला का ख्याल था वहां पहुंचते ही उन सबकी राह का कष्ट दूर हो जाएगा। गांव के अहसानमन्द लोग दौड़कर उनका स्वागत करेंगे। और डॉक्टर साहब के पास लिवा ले जाएंगे। वहां रोगियों और उनके संगी- साथियों का आवागमन, दवा-दारू बांटने का समारोह चल रहा होगा। लेकिन वहां सुरेश का डेरा किस टीले में है खोजकर निकालना ही कठिन।

बड़ी छानबीन के बाद रघुवीर ने एक दुकान का पता लगाया। वह अपनी दुकान बढ़ा रहा था। उसने कहा, 'मेरे बाल बच्चे सब दूसरी जगह चले गए हैं। बस हम दो प्राणी दुकान के मोह से यहां रह गए हैं।'

उसने सुरेश के बारे में बताया कि डॉक्टर साहब नन्द पांडे के नीम तले वाले घर में अब तक तो थे। अब हैं कि महमूदपुर चले गए पता नहीं।'

'महमूदपुर कहां है?'

'यहां से दो कोस दक्खिन में।'

'नन्द पांडे का घर किधर है?'

उंगली से एक बड़े से नीम के पेड़ को दिखाते हुए कहा, 'वहां चले जाइए, मिल जाएगा।' कहारों ने डोली ले जाकर नीम के नीचे रखा तो सूरज डूब चुका था। मकान बड़ा-सा था। पीछे की ओर दो-एक पक्के कमरे दिखाई दे रहे थे।

सदर दरवाजा खुला था। हिम्मत करके रघुवीर ने अन्दर झांक देखा-बरामदे पर एक चारपाई पर सुरेश पड़ा है और पास ही एक खम्भे से टिकी एक बूढ़ी औरत ऊंघ रही थी।

'बाबूजी।'

सुरेश ने आंख खोलकर देखा और कुहनी के सहारे सिर उठाकर जरा ध्यान देकर कहा, 'कौन रघुवीर?'

सलाम करके रघुबीर उसके सामने जा खड़ा हुआ। लेकिन मालिक की लाल-लाल आंखें देखकर उसकी आवाज ही नहीं निकली।

'तुम यहां?'

रघुबीर ने फिर सलाम किया और बाहर की ओर इशारा करते हुए कहा, 'जी, मां जी।' सुरेश ने आश्चर्य से उठकर बैठते हुए पूछा, 'मां जी ने भेजा है तुझे?'

'जी नहीं, वे खुद आई हैं।'

सुरेश ने अविश्वास भरी नजरों से उसकी ओर देखा और फिर आंखें मूंदकर लेट गया। अचला जब आकर खाट पर उसकी बगल में बैठ गई और सुरेश उसकी ओर देखने लगा। इसी तरह कितना ही समय बीत गया। कहारों के पुकारने पर रघुबीर बाहर चला गया। उसी आहट से सुरेश ने आंखें खोलीं। पूछा, 'तुम्हें मेरी चिट्ठी मिली?'

'नहीं।'

सुरेश ने आश्चर्य से कहा, 'आश्चर्य है, बिना चिट्ठी पाए ही आ गई। खैर, अच्छा ही हुआ कि भेंट हो गई। मेरे लिए तुमको बहुत दुःख उठाना पड़ा। सबसे बड़ी भूल यह हुई कि मैं यह नहीं समझ सका कि तुम महिम को इतना अधिक प्यार करती हो। और तुम भी कभी नहीं समझ पाई? है न?'

अचला सिर झुकाए बैठी रही।

'मैंने सोचा था किसी तरह तुम्हारा शरीर पा लूं तो प्यार भी दुर्लभ न होगा। मैंने सर्वस्व गंवाकर जो कुछ पाना चाहा था शायद तुम स्वेच्छा से दे देतीं। लेकिन अब समय नहीं रहा, इन्तजार करने का मौका नहीं मिला।।' इतना कहकर बिस्तर पर कोहनी रोप कर उसने अपना सिर उठाया और दीये की मद्धिम रोशनी में अचला के झुके चेहरे की ओर देखने लगा।

अचला ने तुरन्त नजर झुका ली। शरमाई-सी बोली, 'इस इलाके के तो सब लोग भाग गए हैं। तुम्हारा यहां का काम अगर समाप्त हो चुका हो तो चलो। डिहरी में तो अब एक घड़ी भी टिकना दूभर हो रहा है।'

'इस मुझसे अधिक कौन जानता है' सुरेश ने एक लम्बी सांस ली और तकिए पर सिर रखकर लेट गया। कुछ देर चुप रहा। फिर बोला, 'बड़ी मुश्किल से दो चिट्ठियां लिख पाया। एक तुम्हें और दूसरी महिम को। अगर चला नहीं गया होगा तो जरूर आयेगा। मुझे पूरा विश्वास है।'

अचला आश्चर्य और भय से चौंक पड़ी, 'उन्हें क्यों लिखा?'

'इस समय मुझे केवल उसी की आवश्यकता है। बचपन से आज तक जीवन में जाने कितनी गांठें डाली हैं। उन्हें खोलने के लिए सदा इसी आदमी की जरूरत पड़ती है। संसार में इतना धैर्य किसी में नहीं है।'

अचला के अन्दर उथल-पुथल मच गई। लेकिन वह नजर झुकाए चुपचाप बैठी सुनती रही। सुरेश ने कहा, 'मेरी चिट्ठी में लगभग सब कुछ लिखा है। पढ़ोगी तो पता चलेगा। उस दिन अपनी सारी जायदाद की वसीयत तुम्हें दे चुका हूं। लेकिन मेरी किसी भी चीज से अब तुम कोई सम्पर्क मत रखना अचला। तुम मुक्त होओ-निर्विघ्न होओ। कोशिश करने पर बहुत दुख झेले जा सकते हैं। मेरा दिया दुख भी तुम सहज ही सह सकी।'

अचला अन्तिम बात से घबरा गई। बोली, 'तुम यह सब क्यों कह रहे हो? उठकर बैठो। ऐसा करो कि हम तुम यहां से चल दें।'

खम्भे के सहारे टिकी बुढ़िया ने पूछा, 'बाबूजी, अन्दर चलोगे कि रोशनी बाहर ले आऊं।' उसकी बात का उत्तर न देकर सुरेश ने आंख खोलकर बहुत ही सहज भाव से कहा, 'तुम्हें असली बात अभी बता नहीं पाया। अचला मैं अन्तिम घड़ियां गिन रहा हूं। मेरे जीने की अब कोई आशा नहीं।'

अचला काठ की मारी सी रह गई।

सुरेश कहने लगा, 'मैंने सावधानी बरतने में कोई भी कसर नहीं रखी। लेकिन कोई लाभ नहीं हुआ। तुमसे कोई पूछे तो कहना-संसार में और लोग जिस तरह मरते हैं मेरी मौत भी वैसी ही हुई।'

अचला कुछ न बोली। बोलने की उसकी शक्ति ही जाती रही थी।

अपने आपको संभाल कर सुरेश फिर कहने लगा, 'बिना आए मुझसे रहा नहीं गया इसलिए तुमसे बचकर सुबह ही चल दिया था। आकर देखा सारी बस्ती खाली हो गई है। इस घर में एक नौकर मर गया है, उसका संस्कार किए बिना ही सब भागने को तैयार हैं। मैं उन लोगों को नहीं रोक सका लेकिन लाश को ठिकाने लगा दिया। लौटकर सोचा मैं भी वापस चला जाऊं। लेकिन दोपहर को महमूदपुर से एक लड़का रोता-पीटता आया। बोला, मेरी मां बहुत बीमार है उसी के आपरेशन में यह दुर्भाग्य मोल ले बैठा। घर जाने की गुंजाइश होती तो लौट गया होता। लेकिन कोई उपाय करते न बना। बड़ी कठिनाई से तुम लोगों को चिट्ठियां भेजीं।'

अचला भर्राई आवाज में बोली, 'मैं तुम्हें अपनी डोली में ले जाऊंगी। अब एक मिनट भी यहां नहीं रहने दे सकती।'

'और तुम?'

'मैं पैदल चलूंगी। मेरी चिन्ता छोड़ो।'

'पैदल जाओगी? इतनी दूरी।'

'पैरों पड़ती हूं तुम्हारे। आनाकानी मत करो?' अचला रो पड़ी।

'खैर चलो, लेकिन मैं समझता हूं, इसकी जरूरत नहीं है।'

अचला बाहर निकली। देखा रघुबीर पेड़ के नीचे चबेना चबा रहा है। बोली, 'रघुबीर, बाबूजी बहुत बीमार है। डोली वालों से कहो, जितना मांगेंगे उससे अधिक दूंगी।'

मालकिन की अकुलाई आवाज से रघुवीर चौंककर बोला, 'लेकिन ये लोग दो का भार तो ढो नहीं पाएंगे मांजी।'

'मैं पैदल चलूंगी। लेकिन एक मिनट भी मत रुको। कहां हैं वे सब? देख जरा।'

'किराए के रुपये लेकर कुछ खाने के लिए दुकान की ओर गए हैं। बुला लाता हूं माता जी।' और चबैने को धोती के छोर में बांधते हुए दौड़ पड़ा।

अचला सुरेश के सिराहने जा बैठी। उसकी नजर दवा की एक शीशी पर पड़ी। अचला ने पूछा, 'यह तुम्हारी दवा है?'

सुरेश ने कहा, 'हां, मेरी ही है। कल तैयार की थी। पी नहीं पाया। ले जाओ।'

अचला को चोट लगी। लेकिन दवा न पीने के कारण झगड़ने को जी नहीं चाहा। उसे दवा पिलाकर उसी तरह चुपचाप सिराहने बैठ गई।

रात बढ़ने लगी। खम्भे के पास मुनिया की मां की नाक बजने लगी। तभी भूखे-प्यासे व थके मांदे रघुवीर ने भग्न दूत की तरह आकर कहा, 'कहार तो डोली लेकर कभी के चले गए। पता नहीं चला।'

अचला ने विकृत स्वर में कहा, 'कब गए? किधर गए? क्यों गए? हम अपना सर्वस्व दे तो भी क्या कोई डोली नहीं मिलेगी?'

रघुवीर सिर झुकाए चला गया।

'बेकार क्यों परेशान हो रही हो अचला। कहार मिल भी जाते तो क्या लाभ होता? मेरे लिए यही ठीक है।'

अचला बोली नहीं। माथे पर दायां हाथ रखकर बहुत देर बैठी रही।

'मां जी।'

अचला ने चौंककर देखा। रघुवीर किसी के अन्दर आने के इन्तजार में दरवाजा खोले खड़ा है।

'क्या है रघुवीर?' कहते ही अचला की नजर मिल गई। वह महिम था। कांप कर नजरें झुका लीं। पलभर के लिए महिम दरवाजे पर ही ठिठक गया। उसे यह आशा न थी कि यहां इस तरह उससे भेंट हो जाएगी। वह धीरे-धीरे पास आ खड़ा हुआ। धीमे से पूछा, 'सुरेश की तबियत अब कैसी है?'

अचला ने सिर नहीं उठाया।

सुरेश के माथे पर महिम ने जैसे ही हाथ रखा, उसने आंखें खोल दीं। कुछ देर में बोला, 'कैसे हो सुरेश?'

'ठीक नहीं। मैं चला। जानता था, तुम आओगे। मेरे सामने बैठो।'

महिम पैताने आ बैठा। बोला, 'डिहरी में डॉक्टर हैं। किसी तरह मेरे इक्के से...।'

सुरेश ने सिर हिलाकर कहा, 'ऊ हूं.. खींचातानी मत करो। मुझे क्वायटिली जाने दो।।'

'लेकिन अभी तो...?'

'मेरा जीवन गरीबों के काम नहीं आ सका। लेकिन मेरी जायदाद गरीबों के काम आए, महिम, इसीलिए तुम्हें कष्ट देकर इतनी दूर बुलाया है। वरना मरते समय क्षमा मांगकर कविता करने की अपनी इच्छा नहीं।'

महिम चुप रहा। सुरेश ने कहा, 'मैं विश्वास नहीं करता। चाहता भी नहीं। क्षमा का लोभ मुझे नहीं है। एक वसीयत है। अचला को मैंने कुछ नहीं दिया है। उसका और अपमान करने के लिए मेरा हाथ नहीं उठा। आवश्यक समझो तो कुछ दे देना।'

महिम व्याकुल हो उठा, 'इसमें मुझे क्यों लपेट रहे हो सुरेश?'

'इसलिए कि तुम्हें लपेटा नहीं जा सकता। जिसे लोभ नहीं, न्याय-अन्याय का विचार नहीं-अचला, तुम सारी रात बैठी रही हो। जाओ, हाथ-मुंह धो लो। मुनिया की मां सब बता देगी।'

अचला चली गई तो सुरेश ने कहा, 'मुझे सिर्फ एक बात का बड़ा दुःख रहा। अचला तुम्हें कितना प्यार करती है? इसे मैंने, तुमने और स्वयं उसने भी नहीं समझा। तुम्हारी गरीबी से यह गड़बड़ घोटाला हुआ। मैंने इतनी सुन्दर चीज को मिट्टी कर दिया। न स्वयं पा सका, न दूसरे को पाने दिया। बुआ को देखना, उन्हें बहुत दुःख होगा।-मैंने एक नाटक लिखना शुरू किया था महिम-दराज में है- बने तो पढ़ना।'

महिम सिर नीचा किए सुनता रहा। सिर उठाकर कुछ कहना चाहा लेकिन सुरेश ने रोककर कहा, 'बस भई, अब सोने दो। खाने-पीने के लिए सब कुछ है। लेकिन तुम लोगों को अच्छा नहीं लगेगा।' कहकर उसने आंखें मूंद लीं।

महिम ने कहा, 'मेरा अन्तिम अनुरोध मानोगे सुरेश?'

'क्या?'

'तुमने कभी भगवान को नहीं माना। उनकी बात..।'

'वह मुझे ठीक नहीं लगता।' कहकर सुरेश ने करवट बदल ली।

43

रामबाबू घर पर नहीं थे। दूसरे दिन बक्सर से आने पर उन्हें महिम की चिट्ठी मिली। उन्होंने पलभर की देर नहीं की। सारे रास्ते घोड़े को भगाते हुए अधमरा-सा बनाकर जब मझोली पहुंचे तो बेला डूब रही थी। दुकानदार ने उन्हें दरोगा समझा और स्वयं रास्ता दिखाते हुए नंद पांडे के नीम के नीचे ले गया। सामने का दरवाजा खुला था। अन्दर कदम रखते ही कुछ भी समझना शेष नहीं रहा। दो घंटे हुए सुरेश की मृत्यु हो चुकी थी। खाट पर उसकी लाश लदी पड़ी थी। कुछ ही दूर पैरों के पास अचला बैठी थी।

बूढ़े से यह दृश्य देखा न गया। चीखकर रो पड़ा।

महिम अन्दर लकड़ी की तलाश कर रहा था। रोना सुनकर बाहर निकला। बोला, 'थोड़ी देर हुई, सुरेश छोड़कर चला गया। आप आ गए, अच्छा ही हुआ वरना अकेले मुझे बड़ी असुविधा होती।' रामबाबू चुपचाप आंसू पोंछने लगे। वे निश्चय नहीं कर पा रहे थे कि क्या करें, क्या कहें? कैसे उस स्त्री के सामने इस निष्ठुर काम में सहायता दें।

महिम ने कहा, 'नदी दूर नहीं है। थोड़ी-बहुत लकड़ी रघुबीर दे गया है। थोड़ी और मिल गई है। इसे भी भेजकर हम तीनों लाश को ले चलेंगे। गांव में आदमी नहीं है। कोई होगा भी तो निकलेगा नहीं।'

रामबाबू यह जानते थे। चुपके से पूछा, 'हम दो और...।'

रघुबीर भी मदद दे सकता है।

सुनकर बूढ़े ने जल्दी से कहा, 'नहीं, ऐसा हरगिज नहीं होने दूंगा। ब्राह्मण की लाश किसी और को नहीं छूने दूंगा। नदी पास ही है तो हम दोनों ही ले चलेंगे।'

'खैर यही होगा...।' कहकर महिम फिर लकड़ी की जुगत में जुट गया।

उम्र वाले आदमी। अपने लम्बे जीवन में मौत उन्होंने बहुत देखी। अत्यधिक गहरे शोक के बावजूद उन्हें धीरे-धीरे आगे बढ़ना पड़ा है। कभी बड़े चाचा कहती हुई यही सुरमा उसकी गोदी में पछाड़ खाकर गिरी थी। इसे वे भूले नहीं थे। आज भी उनका पितृ स्नेह उसी लोभ से भीतर-भीतर घुमड़ने लगा। उसे क्या दिलासा दें मालूम नहीं। फिर भी उनका शोकाकुल हृदय मानो यही चाह रहा था कि एक बार उसे कलेजे से लगा कर कहें, 'डर कैसा बिटिया, मैं तो जिन्दा हूं।'

सूर्य अस्त हो चुका। उधर का काम निबटाकर महिम ने कहा, 'राम बाबू, अब तो इसे ले ही चलना चाहिए।' अचला की ओर मुड़कर बोला, 'रोशनी जला दी है। तुम मुनिया की मां के पास बैठी रहना। हमें लौटने में अधिक देर न होगी।'

अचला कुछ न बोली। रामबाबू स्वयं को जब्त करके उठ खड़े हुए। सिर हिलाकर अचला के झुके चेहरे की ओर देखकर रुंधा गला साफ करके भर्राई आवाज में बोले, 'कहते हुए कलेजा टूक टूक हुआ जाता है बिटिया। लेकिन पत्नी का अन्तिम कर्तव्य तो तुम्हें करना ही होगा। मुखाग्नि तो...।' कहते-कहते वे रो पड़े।

अचला की सूखी आंखें बूढ़े पर जरा देर गड़ी रहीं। फिर धीमे स्वर में बोली, 'मुखाग्नि की आवश्यकता हो तो मैं दे सकती हूं। हिन्दू धर्म में वास्तव में इसका कोई फल होता हो तो उसे मैं व्यर्थ नहीं करना चाहती। लेकिन मैं उनकी पत्नी नहीं हूं।'

जैसे गाज गिरी हो। रामबाबू सन्न होकर देखते हुए धीरे से बोले, 'तुम सुरेश की पत्नी नहीं हो?'

अचला ने वैसे ही अविचिलत स्वर में कहा, 'नहीं, वे मेरे पति नहीं हैं।'

एक पल में रामबाबू को सारी घटनाएं याद आ गईं। जब से वे उनके घर आए थे तब से उस दिन की मूर्च्छा तक की सारी घटनाएं बिजली की तरह उनके मन में कौंध गई और सन्देह की कोई गुंजाइश नहीं रही। कौन है यह, किसकी लड़की है, कौन जाती शायद वेश्या हो। मैंने इसे बेटी कहा, इसका दिया खाया, इसके पकाए अन्न का अपने देवता को भोग दिया। सब कुछ याद करके घृणा से उनका सर्वांग ठनठना उठा। जिस स्नेह, जिस श्रद्धा, माधुर्य और करुणा ने उन्हें इतने दिनों तक खींच रखा था, मरुस्थल के पानी की बूंद जैसा कब गायब हो गया पता ही न चला।

महिम भी हक्का-बक्का सा खड़ा था। चकित होकर बोला, 'जब ऐसा होना ही नहीं है तो चलिए, हम लोग ले चले।'

'चलिए' कहकर रामबाबू जैसे सपने में चल रहे हों। आगे बढ़े। उनके कानों में केवल यही शब्द गूंजने लगा, 'जात गई, धर्म गया मनुष्य जीवन व्यर्थ हो गया।'

सुरेश का दाहकर्म करने में अधिक समय नहीं लगा। रामबाबू ने आरम्भ से अन्त तक एक भी शब्द नहीं कहा। लौटते ही इक्का जोतने का हुक्म दिया।

महिम ने पूछा, 'आप कहां जा रहे हैं?'

रामबाबू ने कहा, 'मुझे सुबह की गाड़ी से काशी जाना होगा। अभी न चल पड़ा तो समय पर नहीं पहुंच पाऊंगा।'

उनके मन की बात महिम से छिपी न रही। वह ताड़ गया कि वे प्रायश्चित के लिए काशी जा रहे है। बड़े संकोच से बोला, 'मैं परदेशी हूं। इधर का कुछ भी नहीं जानता। कृपा करके अगर इनके चलने का कोई प्रबन्ध...।'

बात पूरी न हो पाई। अचला को साथ लेने के प्रस्ताव से बूढ़े आग हो उठे। बोले, 'कृपा? आप क्या पागल हो गए हैं महिम बाबू?'

महिम ने प्रतिवाद नहीं किया डरते हुए विनती की, 'दो दिन से शायद इन्हें भोजन भी नसीब नहीं हुआ। इस मौत की नगरी में इन्हें बेसहारा छोड़ जाना...!'

आचारी ब्राह्मण के जात संस्कार को ठेस लगी। तीखे व्यंग्य से बोल उठे, 'ओ, मैं तो भूल ही गया था कि आप भी ब्राह्म हैं। खैर आप कितने भी बड़े ब्रह्म ज्ञानी क्यों न हो, मेरे सर्वनाश के परिणाम को समझ पाते तो इस कुलटा के लिए दया माया की बात जबान पर न लाते। जान बचानी हो तो सवार हो जाइए। जगह मिलेगी।'

महिम ने चुपचाप उन्हें नमस्कार किया। कितना बड़ा सर्वनाश हो गया। जान बचाने के आमन्त्रण को भी स्वीकार नहीं किया। उनके चले जाने के बाद उसकी छाती से टूक-टूक होकर एक नि:श्वास भर निकला।

अंदर बैठी अचला ने इक्के की आवाज सुनकर जान लिया कि रामबाबू अन्दर क्यों नहीं आए। बिना बोले क्यों चले गए।

सुरेश की मृत्यु ने अत्यन्त चिन्तित करके जो ओट तैयार की थी वह न रही। महिम उसके सामने आ खड़ा हुआ लेकिन मन कुछ कहने को तैयार नहीं हुआ। उसे अपने लिए शर्म महसूस करने में भी कष्ट-सा होने लगा।

'अब तुम क्या करोगी?'

'मैं....? मैं तो कुछ सोच नहीं पा रही। तुम जो आज्ञा दोगे वही करूंगी।'

इस अप्रत्याशित वाक्य से महिम चकित और शंकित हो उठा। इस तरह से अचला ने कभी ताका नहीं था। यह निगाह जितनी सीधी थी उतनी ही स्वच्छ। उसके कलेजे के अन्दर दूर तक देखा। वहां भय नहीं था, चिन्ता नहीं थी, कामना नहीं थी, कल्पना नहीं थी। जहां तक देखा जा सकता था भविष्य धू-धू कर जल रहा था। उसका न रंग था न जाति, न प्रकृति बिल्कुल निर्विकार, सूना।

सताई गई अपमानित नारी के हृदय के इस चरम वैराग्य को वह पहचान नहीं सका। एक के अभाव ने दूसरे के हृदय को सूना कर दिया है। यह सोचकर उसका मन कड़वाहट से भर गया। लेकिन कुछ देर चुप रहकर सहज स्वर में बोला, 'मैं तुम्हें आज्ञा क्यों दूं अचला, और तुम्हीं उसे क्यों मानोगी?'

'लेकिन तुम्हारे सिवा और कोई नहीं है। कोई मुझसे बात भी नहीं करेगा,' अचला उसी तरह महिम को ताकती रही।

महिम ने कहा, 'मुझसे तुम्हें यही आशा है।'

उसका प्रश्न शायद अचला के कानों तक नहीं पहुंचा। अपनी ही बात का छोर बढ़ाती हुई कहने लगी, 'तुम्हें खोने के बाद से मैं भगवान से कितना कहती रही-हे भगवान् मुझे उठा लो। उन्होंने भी नहीं सुना। तुम भी नहीं सुन रहे हो। क्या करूं मैं?'

महिम कोई उत्तर न देकर बाहर चला गया और सोचने लगा क्या किया जाए? अपने भार से स्वयं ही झुक रहा था उस पर अपनी स्वीकृति का भार उस पर लादकर सुरेश जाने कहां खिसक गया। इस बोझ को कहां और कैसे उतारे।

बड़ी खोज और पूछताछ के बाद रघुबीर खबर ले आया कि डिहरी से तीनेक कोस की दूरी पर हाट लगेगी। कोशिश करे तो वहां बैलगाड़ी मिल सकती है।

महिम को जल्दी से उठते देख संकोच के साथ बोला, 'मैं फौरन जा सकता हूं लेकिन इस गांव तक आने को राजी नहीं होगा। मां जी अगर इतनी दूर...।'

'चलो, अचला ने कहा लेकिन कदम बढ़ाते ही लड़खड़ा कर गिर रहा था, महिम ने पकड़कर संभाल लिया। लेकिन लज्जा और वितृष्णा से उसकी सारी देह सिकुड़ने लगी। अचला हाथ हटाते हुए बोली, 'नहीं तो आज रहने दो।'

'नहीं चलो।'

'लेकिन तुम बेहद कमजोर हो..।'

पर अचला ने उसका हाथ नहीं छोड़ा था। सिर हिलाकर बोली-'नहीं चलो। अब मैं कमजोर नहीं हूं। तुम्हारा हाथ थामे जहां तक कहो, चल सकती हूं।'

'चलो' रघुबीर को आगे करके महिम चल पड़ा। उसांस लेकर मन-ही-मन कहने लगा, 'इसका अन्त कहां होगा? यह यात्रा कब समाप्त होगी? और कैसे?'

44

डिहरी पहुंचकर अचला ने वह लिफाफा निकालकर कहा, 'यह वसीयत है।'

महिम ने हाथ बढ़ाकर ले लिया। याद आया, इसमें सुरेश का पत्र भी है। इस पत्र में कौन- सा अनसोचा ब्यौरा लिखा है। किसी दुर्गम रहस्य की राह का पता लिखा है। यह जानने के लिए उसके मन में आंधी-सी चल उठी लेकिन उस इच्छा को दबाकर लिफाफा जेब में रख लिया। अचला ने पूछा, 'क्या तुम आज ही डिहरी से चले जाओगे?'

'हां, यहां रहने में मुझे अब सुविधा न होगी।'

'और मुझे क्या हमेशा यहीं रहना होगा?'

महिम ने जरा देर चुप रहकर पूछा, 'क्या तुम कहीं और जाना चाहती हो?'

अचला बोली, 'कल से निरन्तर यही सोच रही हूं। सुना है विलायत में मुझ जैसी अभागिनों के लिए आश्रम है। अपने यहां क्या वैसा कुछ...!' कहते-कहते उसकी बड़ी-बड़ी आंखें आंसुओं से झलमला उठीं।

महिम के कलेजे में करुणा का तीर चुभा। धीरे से बोला, 'पता नहीं लेकिन मैं खोज पड़ताल कर सकता हूं।'

'तुम्हें पत्र लिखूं तो उत्तर दोगे?'

'आवश्यकता हो तो दे सकता हूं। लेकिन मुझे समान समेटने में और निकलने में देर हो जाएगी मैं चलता हूं।'

अचला ने अपने शेष दुःख को आज मन-ही-मन स्वामी के चरणों में चढ़ाते हुए धरती पर माथा टेककर प्रणाम किया। और उसके चले जाने के बाद चौखट पकड़े चुप खड़ी रही।

डेरे पर पहुंचकर जल्दी-जल्दी उसने सामान सहेजा। पांच बजे की गाड़ी में घंटे भर की देर थी। रामबाबू को लौटने में देर होगी। वे प्रायश्चित करने काशी गए हैं। उनसे मिलकर जाना सम्भव नहीं। विदाई के कर्त्तव्य को पत्र द्वारा पूरा करने के विचार से कागज-कलम लेकर बैठा। दो-एक

पत्रिया लिखने के बाद उनके क्रोध से निकले व्यंग्य वाणों की याद आ गई। उसी के साथ अचला के आंसू कंधे कंठ की कातर विनती भी उसके कानों में गूंज उठी। रामबाबू की वे बातें जैसे उसे धक्का देकर उसे चौंका गई।

इस बूढ़े आदमी से उसका परिचय अधिक दिनों का नहीं। लेकिन उनकी दया, दान, भलमनसाहत, निश्छल भगवत भक्ति के किस्से बहुत सुन रखे थे। इन बातों ने अचानक मानो उसकी आंखों के आगे एक नई दिशा दिखा दी।

इस भद्र पुरुष ने अचला को बेटी कहकर सम्बोधित किया था। इसके सिवा दूसरे गोत्र की किसी लड़की के हाथ का अन्न उन्होंने नहीं खाया। महिम के लिए यह अनुमान करना कठिन नहीं था कि रामबाबू का सर्वनाश किधर से आया। जिस धर्म ने स्नेह की मर्यादा नहीं रहने दी। चोट खाकर धर्म ने इतने बड़े स्नेहशील बूढ़े को प्रतिहिंसा से ऐसा निर्दयी बना दिया वह कैसा धर्म है? और जिसने इस धर्म को स्वीकार किया वह कौन से सत्य को लेकर चल रहा है?

उसे सहसा लगा, तो क्या मेरा इस तरह भाग आना भी-लेकिन इस चिन्ता, को बलात् हटाकर कलम उठा लिया और संक्षेप में पत्र समाप्त करके स्टेशन की ओर चल पड़ा।

गाड़ी के आने पर जिस डिब्बे के दरवाजे को खोलकर महिम ने अन्दर जाना चाहा, उसी में से एक बूढ़े आदमी, एक विधवा स्त्री का हाथ पकड़े नीचे उतरे।

बूढ़े ने कहा, 'अरे महिम...।'

मृणाल ने झुककर प्रणाम किया। पूछा, 'मंझले दादा कहां चले?'

दोनों ने हैरान होकर देखा महिम गाड़ी पर बैठ गया है।

महिम ने कहा, 'मैं कलकत्ता जा रहा हूं। 'सुरेश बाबू के घर ले चलो' कहने से ही कोई गाड़ी वाला भी पहुंचा देगा। वहां अचला है।'

केदार बाबू ठगे से खड़े रह गए।

महिम ने कहा, 'सुरेश का देहान्त हो गया था। अचला ने मुझसे किसी आश्रम के बारे में पूछा था मृणाल। लेकिन मैं कोई उत्तर नहीं दे सका। शायद तुमसे कोई उत्तर पा सके।'

उसके चेहरे पर नजर टिकाकर मृणाल ने कहा, 'उत्तर अवश्य पाएगी मंझले दादा। लेकिन अपनी शिक्षा तो तुम्हारे पास ही हुई है। आश्रम की कहो चाहो आश्रय की-कहां है मैं बता सकूंगी। लेकिन यह बताना तो तुम्हारा उचित होगा।'

महिम ने कुछ नहीं कहा। मृणाल की तीखी नजरों से बचने के लिए मुंह फेर लिया।

गाड़ी ने सीटी दी। बूढ़े के छूटे हाथ को अपने हाथ में लेकर मृणाल ने कहा, 'चलिए बाबूजी, हम लोग चलें।'

***